やわらかアカデミズム
〈わかる〉シリーズ

よくわかる
スポーツマネジメント

柳沢和雄/清水紀宏/中西純司
[編著]

ミネルヴァ書房

はじめに

■よくわかるスポーツマネジメント

　「スポーツマネジメント」という用語が頻繁に使われるようになってきました。しかしスポーツマネジメントが研究的な専門用語として用いられるようになったのは最近のことです。日本ではスポーツをマネジメントする営みを，体育・スポーツ経営と呼称し，広く人々の運動やスポーツの実践を促す方法論を体系化しようとしてきました。スポーツに内包される楽しさや喜び，スポーツのもつ身体的，心理的，社会的便益は，第一義的にスポーツの実践から得られるからです。この参加型スポーツのマネジメントは，これからもスポーツマネジメントの中心となる内容です。また近年，観戦型のトップスポーツへの関心が拡大するにつれ，観戦行動に対する関心やトップスポーツを供給する団体や組織のマネジメントへの関心も高まってきました。とりわけ，オリンピックやワールドカップなどのメガ・スポーツイベントやプロスポーツなどに対する社会・経済的な関心の高まりを背景に，それらの運営に関わる営みをスポーツマネジメントと称してきた経緯があります。さらに高等教育機関においてもスポーツマネジメントに強い関心を寄せるようになり，スポーツマネジメントを冠するコースや授業が多くの大学で開設され，スポーツマネジメントを学習した人材養成が展開されています。スポーツマネジメント全盛期といった様相を呈しています。

　さて，スポーツのもつ経済的側面が強調されることが多くなってきたがゆえに，スポーツマネジメントとはスポーツによって経済的利潤を追求する営みであるといった偏った理解がなされることがあります。しかし，スポーツマネジメントは，経済的利潤を志向する活動だけを意味するものではありません。スポーツをマネジメントするという営みは，文化としてのスポーツの質的向上と，質の高いスポーツを人々に供給することによって人々のスポーツ生活を豊かにすることを目的としていることを確認しておく必要があります。

　一方，スポーツマネジメントという営みの全体像は十分に検討されている状況ではないので，本書では，暫定的に以下のように内容を構成しました。本書は，スポーツを行うという参加型のスポーツマネジメントが展開される学校の体育・スポーツ，地域スポーツ，商業スポーツ施設のマネジメント（第Ⅰ部）と，スポーツイベント，プロスポーツ，メディアスポーツといった観戦型スポーツのマネジメント（第Ⅱ部）をベースにしています。さらに，参加型スポーツの中でも，社会的にも課題となっている子どものスポーツ，高齢者の健

康スポーツ，障がい者スポーツのマネジメント（第Ⅲ部）を取り上げました。さらに，第Ⅳ部では，スポーツマネジメントと社会との関係を理解するために，スポーツ法制度やスポーツ団体のマネジメント，スポーツマネジメントと倫理・社会的責任，そしてスポーツマネジメントの人材養成や研究動向などを取り上げてみました。

このようにスポーツマネジメントは幅広い内容を含んだ営みであるため，現在，研究者間で共有された理論体系があるわけではありません。本書では，複雑化するスポーツマネジメントという営みを，わかりやすく整理し，その全体が俯瞰できる入門書として編集を試みました。また，執筆者には，これからスポーツマネジメントの学習・研究を始めようとしている初学者でも理解できるよう執筆をお願いしました。見開き2ページに多様な内容をまとめ上げていただきました執筆者の皆様のご苦労に，感謝申し上げます。

スポーツマネジメントの実践は，刻々と変化し，多様化し，複雑化し，高度化しています。またスポーツマネジメントは，その実践とともに理論化が要請される領域でもあります。一人でも多くの初学者がスポーツマネジメントに関心をもっていただけること，さらには学習や研究を深めてみようという人材が生まれてくることを執筆者一同願っています。

最後に，できるだけテーマに沿った研究者や実践家に執筆いただこうとしたため，多数の方々に執筆を依頼することになりました。多数の執筆者の特徴を活かしながら，根気強く編集いただきましたミネルヴァ書房編集部の河野菜穂様には大変お世話になりました。心より感謝申し上げます。

2017年3月　　　　　　　　　　　　　　　　　　　　　　　　　　編　者

もくじ

■よくわかるスポーツマネジメント

はじめに

序　スポーツマネジメントとは

1　スポーツマネジメントの発展 …… 2
2　スポーツマネジメントの目的 …… 4
3　スポーツマネジメントの捉え方 … 6
4　スポーツマネジメントの実践領域
　　……………………………………… 8

第Ⅰ部　参加型スポーツのマネジメント

1　学校体育・スポーツのマネジメント

1　スポーツマネジメントと学校体育
　　……………………………………… 12
2　学校体育をめぐるマネジメントの構造と特徴 ……………………… 14
3　学校体育の経営目的・経営計画 … 16
4　学校体育のナレッジ・マネジメント
　　……………………………………… 18
5　体育授業のマネジメント ………… 20
6　学校体育のカリキュラム・マネジメント ……………………………… 22
7　保健体育教師の力量形成 ………… 24
8　運動部活動の運営体制と資源 …… 26
9　単位運動部の自治的運営 ………… 28
10　学校体育と学社連携，協働／スクール・ガバナンス ………… 30
11　学校体育の経営評価 ……………… 32
12　学校体育団体の役割 ……………… 34
13　大学スポーツのマネジメント …… 36

2　地域スポーツのマネジメント

1　地域スポーツの変遷とスポーツマネジメント ……………………… 38
2　地域スポーツとコミュニティ …… 40
3　公共スポーツ施設の整備とマネジメント …………………………… 42
4　公共スポーツ施設の経営形態 …… 44
5　学校体育施設の有効活用 ………… 46
6　地域スポーツ推進の財源 ………… 48
7　地域スポーツクラブ育成政策 …… 50
8　総合型地域スポーツクラブの育成
　　……………………………………… 52
9　地域スポーツとスポーツNPO …… 54
10　スポーツによる地域イノベーション
　　……………………………………… 56

3 商業（民間営利）スポーツ施設のマネジメント

1. 商業スポーツ施設の分類とマネジメント特性 …………………… 58
2. 商業スポーツ施設の営業システム ………………………………… 60
3. 商業スポーツ施設の業態と戦略 … 62
4. 商業スポーツ施設のマーケティング ……………………………… 64
5. スポーツサービスとクオリティ・マネジメント ………………… 66
6. 経営組織と人的資源マネジメント ………………………………… 68
7. 顧客管理とホスピタリティ・マネジメント ……………………… 70
8. 日常生活圏域施設の変遷とマネジメント課題 …………………… 72
9. リゾート型施設のマネジメント特性と課題 ……………………… 74
10. 商業スポーツ施設のイノベーション・マネジメント …………… 76

第Ⅱ部　観戦型スポーツのマネジメント

4 スポーツイベントのマネジメント

1. スポーツイベントの類型とスポーツマネジメント ……………… 80
2. スポーツイベントがもたらすレガシー …………………………… 82
3. オリンピック・パラリンピックにおける権利ビジネスの展開 …… 84
4. FIFAワールドカップサッカーとソーシャルメディア ………… 86
5. 国民体育大会の地域活性化マネジメント ………………………… 88
6. 市民マラソンにおけるボランティアマネジメント ……………… 90

5 プロスポーツのマネジメント

1. スポーツリーグの形態とスポーツマネジメント ………………… 92
2. プロ野球リーグのマネジメント … 94
3. Jリーグのマネジメント ………… 96
4. ソーシャルビジネスとしての独立リーグのマネジメント ……… 98
5. 大リーグ野球（MLB）とプレミアリーグサッカー（EPL）のビジネスモデル …………………………… 100
6. トップスポーツと観戦行動 …… 102

6 メディアスポーツのマネジメント

1. メディアとスポーツマネジメント ………………………………… 104
2. 多チャンネル時代のスポーツ放送ビジネス ……………………… 106
3. 印刷メディアとスポーツ報道 … 108
4. 映画メディアとスポーツ文化 … 110

5 ICTビジネスの発展とメディアスポーツのイノベーション …… 112

6 メディア化される女性スポーツ … 114

第Ⅲ部 対象に応じたスポーツマネジメント

7 子どもスポーツのマネジメント

1 子どもの生活・発達とスポーツ … 118

2 子どものスポーツ環境 ………… 120

3 子どものスポーツをめぐるマネジメント課題 ……………………… 122

4 子どものスポーツ組織・団体と連携・協働 ……………………… 124

5 子どもスポーツクラブ・チームのマネジメント ………………… 126

6 少年スポーツ指導者 …………… 128

8 健康スポーツのマネジメント

1 高齢者のQoLと運動・スポーツ … 130

2 サクセスフル・エイジングの促進 ……………………………… 132

3 高齢者のヘルスプロモーションと運動・スポーツ ……………… 134

4 高齢者の心の健康と運動・スポーツ ……………………………… 136

5 高齢者の健康と社会環境 ……… 138

6 健康増進施設のマネジメント … 140

7 高齢者の健康政策 ……………… 142

9 障がい者スポーツのマネジメント

1 障がい者スポーツの発展と課題 … 144

2 障がい者スポーツの開発とマネジメント …………………………… 146

3 障がい者スポーツとバリアフリー ……………………………… 148

4 アダプテッドスポーツの思想とマネジメント …………………… 150

5 障がい者と競技スポーツ ……… 152

6 障がい者スポーツの支援体制 … 154

第Ⅳ部 社会とスポーツマネジメント

10 スポーツ法制度とスポーツマネジメント

1 スポーツに関する法制度の体系 … 158

2 国のスポーツ政策 ……………… 160

3 地方のスポーツ政策 …………… 162

4 スポーツ行政のしくみ ………… 164

5 スポーツ財政 …………………… 166

6 スポーツ政策のマネジメント … 168

7 スポーツ政策をめぐる政策ネットワーク ……………………… 170

11 スポーツ団体のマネジメント

1. スポーツ団体の役割・分類と全体構造 …… 172
2. 中央競技団体（NF）のマネジメント …… 174
3. スポーツ統括団体のマネジメント …… 176
4. 独立行政法人日本スポーツ振興センター（JSC）のマネジメント …… 178
5. 国際的なスポーツ団体のマネジメント——フランス柔道連盟の事例 …… 180

12 スポーツマネジメントと倫理・CSR

1. スポーツマネジメントをめぐる倫理と社会的責任（CSR）…… 182
2. スポーツ団体のガバナンス …… 184
3. Jクラブとハイブリッド型スポーツクラブ …… 186
4. プロスポーツ組織の社会的責任 … 188
5. トップアスリートのコンフリクトマネジメント …… 190
6. スポーツリスクマネジメントの実践 …… 192

13 スポーツマネジメント人材の養成

1. スポーツマネジメントを担う人材 …… 194
2. 保健体育科の教員養成制度 …… 196
3. スポーツマネジメントと指導者資格制度 …… 198
4. スポーツビジネスと求められる人財 …… 200

14 スポーツマネジメントの研究動向

1. 国内の研究動向 …… 202
2. 国外の研究動向 …… 204

索　引 …… 207

序

スポーツマネジメントとは

序　スポーツマネジメントとは

  スポーツマネジメントの発展

1　スポーツマネジメントへの関心

　スポーツマネジメントという研究領域の歴史は浅く，欧米において本格的な理論化に関心が寄せられるようになったのはスポーツの商業化と産業化が進んだ1980年代に入ってからです。当時，オリンピックなどのメガ・スポーツイベントはその大会規模が肥大化し，開催都市や競技団体に大きな財政的負担を強いることになりました。その財源を確保するために，独占的な権利販売システムが確立されました。そのシステムは大学スポーツやプロスポーツ，スポーツリーグやスポーツイベントの運営にも応用されるようになり，スポーツと経済との強い繋がりをつくる原型となりました。スポーツの経済的な影響力は飛躍的に増大するとともに，プロチームやリーグ，スポンサー企業，メディアなど多様なステークホルダーのマネジメントやマーケティングを専門的に扱う人材養成を目的とした高等教育機関の設置が要請されました。

　また，スポーツをめぐるマネジメントやマーケティングなどの理論化の必要から1985年に北米スポーツマネジメント学会（NASSM）が設立され，これを契機にスポーツマネジメントの用語が国際的に普及しました。NASSM では「あらゆるセクターによって事業として行われているスポーツ，エクササイズ，ダンスおよびプレイに関連したマネジメントの理論と実践」をスポーツマネジメントとしています。この定義から，スポーツマネジメントはスポーツから遊びまで幅広い身体活動に関わる事業を対象とした営みを意図していることがわかります。また，スポーツやフィットネスに関連した活動，プロダクト，サービスの供給を主たる目的とする組織で行われる計画化（planning），組織化（organizing），指導・指揮（leading），評価（evaluating）というように，組織の目的を達成する経営の機能としてのスポーツマネジメントが具体化されています。このような包括的な定義を受け，スポーツマネジメントの対象領域を，職業領域を前提とした多様なスポーツ産業の中に求めています。

2　日本におけるスポーツの発展とスポーツマネジメント

　日本においてもスポーツマネジメントという言葉を耳にすることが多くなりましたが，その用語は多義的に用いられており，明確な定義がなされているわけではありません。日本ではスポーツマネジメントという用語が用いられる以

▷1　スポーツマネジメントは，剣闘士と動物との戦いが大勢の観客を集めて行われていた古代ギリシャの時代から存在していたといわれる。しかし本書では，近代スポーツが発展する第二次世界大戦以降のスポーツを扱う。
▷2　スポーツの商業主義化が問題になったのは1984年の第24回夏季オリンピック・ロサンジェルス大会である。この大会では，独占的なテレビ放送権，スポンサーシップ権，マーチャンダイジング権（商品化権）を設定し，企業に販売するという権利ビジネスが成立した（Ⅱ-4-3を参照）。
▷3　利害関係者の意。
▷4　Ⅳ-14-2の▷1を参照。
▷5　その後，ヨーロッパ，オセアニア，アジア各地にスポーツマネジメントを冠する学会が設立される（Ⅳ-14-1，2を参照）。
▷6　NORTH AMERICAN SOCIETY FOR SPORT MANAGEMENT. Second Draft. November 16, 1985.
▷7　Parkhouse, B. L. (1991) *The Management of Sport*, Mosby Year Book, p. 5.

序-1 スポーツマネジメントの発展

前から、学術用語として体育管理（学），体育経営（学），スポーツ経営（学）という用語が用いられ，学術的に理論的な体系化が試みられてきました。

　日本における戦後のスポーツの発展は，学校体育にその基礎を置いてきました。そのため，学校の体育活動を有効に展開する施設・用具や人の管理などに関心が寄せられ，体育的現象を生起させるために必要な条件と生起された体育的現象をよりよいものに高めるための条件を整備する営みを「体育管理」として扱っていました。後に，体育管理は規制的なイメージがあるため，「体育経営」とよばれるようになります。一方，高度経済成長下の中で一般の人々も運動やスポーツを行う状況になり，民間営利のスポーツクラブやリゾート施設など，公共部門以外でのスポーツ環境も発展する時代になると，体育経営の対象も学校体育から地域スポーツや民間営利スポーツにまで広がります。そして，多様な体育・スポーツ経営組織が，人々のスポーツ行動の成立・維持・発展を目指して，体育・スポーツ事業を合理的・効率的に営む活動を「体育・スポーツ経営」として扱うようになりました。これら体育・スポーツ経営は，主にスポーツ行動の生起を前提とした「行うスポーツ」の普及を通して人々の豊かなスポーツ生活の実現を期待するものでした。一方，プロ野球やJリーグなど「みるスポーツ」への関心が高まるにつれ，スポーツをめぐる経営やマネジメントを広く捉え，人々のスポーツに対する需要に対応してスポーツを供給する営みとして，「行うスポーツ」と「みるスポーツ」も対象とした普及や高度化の営みをスポーツ経営として捉えるようになってきています。このように日本においては，豊かなスポーツ生活の実現を意図した組織的な営みに体育・スポーツ経営という用語が充てられ，研究と実践が展開されてきました。

　その後，1980年代以降，民間営利のスポーツクラブや「みるスポーツ」への関心の高まりを背景にスポーツマネジメントという用語が普及します。日本においてもスポーツの商業化と産業化が加速する中，通商産業省（現：経済産業省）は生活のゆとりと豊かさを実現するスポーツ産業の在り方を検討しました。その中でスポーツマネジメントは，産業の特性や事業化にあたっての資源と制約条件を正確に知り，これに基づいて的確な戦略を立案し，日々の経営・管理を行っていくための知識ないし技術の体系とされています。

　スポーツマネジメントは，スポーツが展開される地域や時代によって捉え方が異なります。スポーツマネジメントに関心が寄せられる背景には，スポーツの商業化や産業化が強く影響しています。しかし隣接領域として日本のスポーツ経営にみたように，スポーツマネジメントは，スポーツの経済的営みだけを目的とするものではありません。

（柳沢和雄）

▶8　江尻容・宇土正彦（1960）『学校体育の経営管理』光生館，5頁。

▶9　日本における体育管理学からスポーツ経営学にいたる理論体系を築いたのは宇土正彦である。宇土は「管理」というはたらきや機能を狭義には「一定の方針や基準にもとづいて体育またはそれをとりまく諸条件に一定の方向や秩序あるいは相互の間に調整をもたらすようはたらく作用」と，そして広義には「体育の諸条件を整備し維持向上を図るところの，間接的あるいは第2次的な体育の営みの総称」としている（宇土正彦（1970）『体育管理学』大修館書店，22-34頁）。

▶10　八代勉・中村平編著（2002）『体育・スポーツ経営学講義』大修館書店，36頁。

▶11　宇土正彦（1986）『体育経営の理論と方法』大修館書店，212頁。

▶12　通商産業省産業政策局（1990）『スポーツビジョン21』123-128頁。

おすすめ文献

†八代勉・中村平編著（2002）『体育・スポーツ経営学講義』大修館書店。

†原田宗彦・小笠原悦子編著（2008）『スポーツマネジメント』大修館書店。

†山下秋二・中西純司・畑攻・冨田幸博編（2006）『改訂版 スポーツ経営学』大修館書店。

序　スポーツマネジメントとは

 スポーツマネジメントの目的

1　「スポーツ」をマネジメントする

「経営（マネジメント）」とは，広義には経営（administration）と管理（management）を意味します。ここで経営とは，組織の設立や目的や基本方針の決定，人事の決定や業績評価などの機能を遂行すること，一方，管理は経営によって定められた方針や事項を具体的に実行するための指揮・監督を中心とした機能と理解されています[1]。このように「マネジメント」は，一定の組織目的を基本方針に沿って合理的に実現させる営みとして，営利企業はもとより地方自治体や学校などあらゆる組織体の運営に共通に求められる営みです。

しかしこの「経営（マネジメント）」の捉え方を前提に，スポーツやフィットネスなどに関わるあらゆるセクターや組織がスポーツマネジメントの主体になるわけではありません。たとえばスポーツに係わる産業はスポーツ用品産業，スポーツサービス・情報産業，スポーツ施設・空間産業などから構成される産業領域といわれ，その中にはスポーツ関連製造業や建設業，スポーツ用品流通業，スポーツクラブ業やスポーツイベント業など多様な業種が含まれています[2]。それら産業の中には，マネジメント機能は駆使されているものの，「スポーツ」の普及・発展に直接関わらない事業や産業もあります[3]。スポーツマネジメントは，人間とスポーツの関わりを促進することを意図した活動として，「行うスポーツ」と「みるスポーツ」[4]の普及・発展あるいは高度化に関わる組織体のマネジメント現象として捉えるべきでしょう。

2　多様なスポーツマネジメントの主体と目的

スポーツを直接的にマネジメントし，人々にスポーツを供給する主体も多様です。そのためスポーツマネジメントの主体がスポーツに期待する価値，すなわちスポーツマネジメントの目的も多様なものになります。

図1は，戦後日本のスポーツの変遷と，スポーツに期待されていた価値を例示したものです[5]。昭和20・30年代は学校体育が中心でしたから，スポーツには身体的・心理的・社会的効果や教育的価値の実現が期待されました。また，オリンピック・東京大会（1964年）や冬季オリンピック・札幌大会（1972年）の開催をめぐっては，イベント開催を契機とした地域開発などの価値が期待されました。一方，地域スポーツをめぐっては，コミュニティ・スポーツという用語

▷1　車戸實編（1984）『経営管理事典〈改訂増補版〉』同文舘，78頁。
▷2　スポーツ産業の類型化は，通商産業省産業政策局（1990）『スポーツビジョン21』や原田宗彦編著（1995）『スポーツ産業論入門』杏林書院に詳しい。
▷3　たとえば，地方自治体がスポーツ振興のためにスタジアムの建設をするとする。その場合，地域のスポーツ振興を意図したスポーツマネジメントの主体（組織）は自治体であり，スタジアムの建設会社は直接的にスポーツをマネジメントしているわけではない。また，スタジアムの建設事業に対してスポーツマネジメントの知見は機能しないし，新たな知識や技術を導き出すことも難しい。
▷4　北米においても，スポーツマネジメントが対象とするスポーツ活動を(1) spectator sport と(2) participant sport に分類することが有効であるとされている（Parkhouse, B. L. (1991) The Management of Sport, Mosby Year Book, p. 4)。
▷5　横軸はスポーツと社会との関連性で，スポーツが社会と強く関連性をもっていたか，自己完結型であったかを示す。また，縦軸は人とスポーツとの関わりが主体的か他律的かを意味する。そして戦後日本の

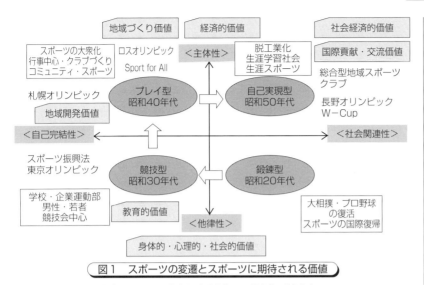

図1　スポーツの変遷とスポーツに期待される価値

出典：多々納秀夫（1987）『現代スポーツの社会心理』遊戯社，16頁を参考に筆者作成。

スポーツは，「鍛錬型」「競技型」「プレイ型」「自己実現型」とスポーツの型をつくってきたとしている。

に表されるように地域づくりといった機能が期待されました。そして民間スポーツクラブの普及やスポーツの商業化をめぐってスポーツの経済的価値への期待が肥大化します。さらに近年では，ボランティアやスポーツNPO，総合型地域スポーツクラブなど，非営利組織が生み出す社会経済的価値にも関心が寄せられるようになりました。そして国際スポーツイベント招致をめぐっては，スポーツのもつ国際貢献や交流価値の実現が期待されています。

▶6　非営利組織の活動には，社会貢献という社会的価値がある。またその活動を貨幣に換算すると大きな経済的価値になる。

3　スポーツマネジメントの目的：その基本価値と領域価値

スポーツマネジメントに関わる多様なアクター（関係者）は，それぞれの立場から固有の価値の創造と提供を目的としています。それらの価値は，スポーツマネジメント各領域の領域価値ということができます。そしてその領域価値の実現に向けた領域固有のスポーツマネジメントの知識と技術の体系化が試みられることになります。たとえば学校体育のマネジメントとプロスポーツリーグのマネジメントでは領域固有の価値は異なりますし，子どもを対象としたマネジメント技法と障がい者を対象とした技法は同じであるはずがありません。

それらスポーツマネジメント領域固有の理論や技術の独自性の必要性は認めつつも，スポーツマネジメントを基礎づける基本価値を確認する必要があります。それは，スポーツマネジメントとそれに関わるアクターが"社会の中で存続しうる根拠はどこにあるか"という問いの確認です。答えはその活動が人間の生活や社会にとって欠かすことのできない営みであるという社会的承認が得られるところにあります。このように多様なアクターのスポーツマネジメントに共通する目的は，「人々のスポーツ生活の豊かさの実現を目指して，質の高い文化としてのスポーツを創造し供給する」ことにあると理解できるとともに，そこにスポーツをマネジメントする意義を確認することができます。　（柳沢和雄）

▶7　たとえば，民間スポーツクラブは一定の利潤を追求するが，利潤の前提は提供されるスポーツサービスが会員の健康づくりや生活の豊かさに連動しているからである。また，プロスポーツの観戦者の維持・拡大には，質の高いスポーツ文化の創造と供給が前提となる。

おすすめ文献

†八代勉・中村平編著（2002）『体育・スポーツ経営学講義』大修館書店。
†山下秋二・原田宗彦編著（2005）『図解　スポーツマネジメント』大修館書店。
†原田宗彦編著（1995）『スポーツ産業論入門』杏林書院。

序　スポーツマネジメントとは

スポーツマネジメントの捉え方

 いろいろなスポーツマネジメント：スポーツマネジメント概念の混乱

　スポーツマネジメントという用語は，今では広く普及し日常的な会話の中でも自然に使われるようになってきました。学会や大学の学部・学科・コースの名称としてだけでなく，会社名や資格名にも使用されているようですし，スポーツマネジメントの専門家を自ら名乗る職業人も出てきています。また，スポーツマネジメントを専門的に学ぶことを希望する若者たちは明らかに増加し，彼らが学ぶための書籍も多数出版されています。しかしながら，いざ「スポーツマネジメントって何？」，と素朴に問われると明確に説明することが難しい用語でもあります。スポーツを用いた営利ビジネスをうまく進めたり，スポーツイベントを成功させる技術など，何となくスポーツの「運営面」を表す用語としては使い勝手がよく，類似語の「スポーツ経営（学）」よりソフトなニュアンスであることがこの用語の普及を促進しました。しかし，逆にそのことが専門用語としてスポーツマネジメントを正確に定義し，共有化させる努力を遅らせたのかもしれません。現在でも，この用語の厳密な概念定義を的確に説明することは，研究者や専門家であっても難問なのです。

 マネジメントの意味

　まず，「マネジメント」についての理解から始めましょう。マネジメントという用語を定義する場合，次の2つの点がポイントです。1つは，自分ではなく他者に何らかの活動をさせるための技術や職能を指しているということです。また，「人を通して物事を成し遂げる機能（getting things done through people）」というクーンツとオドンネルの古典的な定義から，マネジメントは対象である「物事（things）」に働きかけて，その目的を遂げるための働きであり，よって働きかける対象ごとに様々なマネジメントが考えられることになります。第2のポイントは，目的達成の「効率性（目的合理性）」を高める働き，つまり物事を効率的に進めるための機能であるということです。「効率的」とは，活動に投入される経営資源（インプット：ヒト・モノ・カネ・情報・時間・労力など）と活動の結果産出される成果（アウトプット）の比率（アウトプット／インプット）が高いということです。つまり，ムダ・ムリ・ムラを除き，できるだけ少ない資源（コスト）で，大きな成果を生み出すことがマネジメントの使命なのです。

▷1　Koontz, H. and O'Donnell, C. (1955) *Principles of Management：Analysis of Managerial Functions*, New York, NY：McGraw-Hill, Inc., 1st edition.

▷2　たとえば，タイムマネジメント，セルフマネジメント，ライフマネジメント，チームマネジメント等々である。

そしてこの使命を遂行するための働きをマネジメント機能（管理要素）といいます。マネジメント機能の分析については、論者によって様々ですが、(1)活動の事前に計画を立てる機能（計画化）、(2)計画を実行するための組織をつくる機能（組織化）、(3)活動後に結果と過程を評価し、次の活動にフィードバックする機能（評価・統制）という3つの機能については、おおむね共通しています。

3 スポーツマネジメントの主体と対象

さて、スポーツマネジメントの意味を定める上でポイントとなるのが「組織（マネジメントの主体）」と「事業（マネジメントの対象）」です。つまり、スポーツマネジメントとは、「誰が」、「何を」マネジメントすることなのか、その主体と対象の捉え方によって広狭様々に使い分けることが可能です。特に、マネジメントの対象をどのくらいの広さで捉えるかが論者によって異なっています。

本書では、スポーツマネジメントの主要な対象を「スポーツ事業」とし、スポーツ事業のマネジメントを中心に位置づけることにしています。スポーツ事業とは、人々がスポーツと関わる機会や場をスポーツサービスとして提供する事業のことです。このスポーツ事業には、スポーツを行う機会を提供する事業（参加型スポーツ事業）とスポーツをみる機会（みる・読む・語り合うなども含む）を創る事業（観戦型・視聴型スポーツ事業）に大別され、また、いずれの場合にも営利事業と非営利事業が含まれます。さらに、スポーツ活動から得られる多様な価値や効用を得るためには、単にスポーツの機会を創り出すだけでなく、質の高いスポーツ活動が実際に展開される必要があります。本書では、事業の効果やサービスの品質を高めるために行われる現場レベルのマネジメントをも含めてスポーツマネジメントを広く緩やかに捉えておくことにします。

上記のようにスポーツ事業を定義することで、プロスポーツやフィットネスクラブのような営利事業を営むスポーツ組織だけでなく、地域スポーツクラブやスポーツ団体そして学校のような非営利もしくは公共事業を営む公的組織もスポーツマネジメントの主体であることになります。他方、スポーツを行ったりみたりするスポーツの機会を直接提供しないスポーツ関連の事業（たとえば、シューズやウェアなどスポーツ用品の製造販売業やスポーツ施設の建設業など）のマネジメントは除外されます。このようにスポーツマネジメントの主体と対象を限定するのは、人間がスポーツと結びついてスポーツ活動（実践）を行ったりみたりする状況を創り出すところにこそ、一般の企業経営学とは異なる独自の固有な理論構築が期待されるからです。したがって、スポーツマネジメントとは、スポーツによる営利追求のための方法・技術の学（Management by Sport）ではなく、人々のスポーツライフと文化としてのスポーツ発展のためのマネジメント理論（Management for Sport）であると捉えることがとても重要なことです。

（清水紀宏）

▷3 近年、実務界では、P（Plan）、D（Do）、C（Check）、A（Action）サイクルがよく用いられている。

▷4 人間生活に必要な物財あるいはサービス財（用役）を継続的・反復的に提供する営みである。また事業は、諸資源（ヒト・モノ・カネ・情報）を調達し、これらを活用してモノやサービスを生産し、人々にとどけるという一連の仕事（タスク）から成っている（山本安次郎・加藤勝康編（1982）『経営学原論』文眞堂）。

▷5 八代勉・中村平編著（2002）『体育・スポーツ経営学講義』大修館書店、25-29頁。

▷6 スポーツを行う機会を提供するスポーツサービスには、クラブサービス、エリアサービス、プログラムサービスがある。八代・中村、前掲書、74-108頁を参照。

▷7 たとえば、スポーツチーム・集団の目標達成のためのマネジメントやプロスポーツ選手の年俸交渉などに携わるマネジメント業（スポーツエージェント）など、が含まれる。

おすすめ文献

†八代勉・中村平編著（2002）『体育・スポーツ経営学講義』大修館書店。
†山下秋二・原田宗彦編著（2005）『図解 スポーツマネジメント』大修館書店。
†原田宗彦・小笠原悦子編著（2008）『スポーツマネジメント』大修館書店。

序 スポーツマネジメントとは

4 スポーツマネジメントの実践領域

1 多岐にわたるスポーツ活動の場や機会

V. A. ペストフ[1]は，福祉分野における非営利セクター（ペストフは第3セクターと定義）の活動を「福祉トライアングルモデル」で説明しました。このモデルを参考に，現代社会のスポーツ活動（行う・みる・支える）を配置すると，「活動Ⅰ（私的・非営利・未組織）：個人・家庭やグループ中心の私的な自立行為（自助）[2]としてのスポーツ」「活動Ⅱ（公的・非営利・組織化）：公的行為（公助）[3]としてのスポーツ」「活動Ⅲ（私的・営利・組織化）：企業主体の私的行為（私助）[4]としてのスポーツ」，そして，これらの中間に位置する「活動Ⅳ（私的・非営利・組織化）：地域住民主体の共同行為（共助）[5]としてのスポーツ」の4つに分類することができます。中でも，中央の円内（図1）は，非営利活動の範囲となります。

活動Ⅰには「伝統的な地域スポーツクラブ」（単一種目・チーム型クラブや対象別クラブなど）やスポーツ愛好集団などの活動が，活動Ⅲには商業スポーツ施設やプロスポーツ，企業スポーツ（職場スポーツも含む）などの「ビジネスないしはCSRとしてのスポーツ活動」[6]が，また，活動Ⅳには「新しい公共」[7]を担う総合型地域スポーツクラブの活動などが，それぞれ配置されます。活動Ⅱには，行政や外郭団体，学校，スポーツ推進委員会，体育協会や種目別競技団体などの公的な機関・組織が直接的・間接的に関わって地域住民に提供する各種スポーツ活動が位置づけられます。

このように，私たちの身の回りには，多岐にわたるスポーツ活動の場や機会（活動Ⅰ～Ⅳ）が多数存在し，各自の目的やニーズなどに合わせて自由にスポーツ活動を選択することができるのです。

2 スポーツ活動を生産する様々なアクター

それでは，誰がこうしたスポーツ活動を生産しているのでしょうか。スポーツ活動とは本来，営利・非営利を問わず，多様な人々が人間生活における多様な価値の実現や楽しさを求めて行う協働行為によって生産されるものであるため，個人や集団・グループ，団体や組織など，様々な目的や特徴を有するアクター（担い手）がその主体や客体（対象）となって，自分たちに合ったスポーツ活動の場や機会を自由にデザインしながら生産することができます。

たとえば，活動Ⅰや活動Ⅳでは，地域社会を舞台に地域住民が主体となって，

▷1 V. A. ペストフ (Pestoff, V. A.) は，スウェーデンの政治経済学者。*Beyond the Market and State : Social enterprises and civil democracy in a welfare society*, Ashgate : Aldershot, UK., 1998."（=2000, 藤田暁男ほか訳『福祉社会と市民民主主義──協同組合と社会的企業の役割』日本経済評論社）の中で，国家を第1セクター，市場を第2セクター，アソシエーションを第3セクター（わが国では非営利セクターに該当する），そしてコミュニティを第4セクターとして分類している。

▷2～5 「自分（個人・家庭）でできることは自分で行い（自助），自分でできないことは地域住民みんなで互いに助け合い（共助），個人や地域住民でも解決できないことは行政が助ける・支援する（公助）」といった「補完性の原理」である。また，行政や地域住民ではできない，もしくはやりにくいことは民間企業（市場）に代替してもらうという「私助」もありうる。

▷6 「企業の社会的責任」(Corporate Social Responsibility) を意味し，企業が倫理的かつ経済的観点から事業活動を通じて社会全体に貢献する責任であり，「よき企業市民」を目指すという考え方である。詳細は，Ⅳ-12-1, 4 を参照。

高齢者・障がい者スポーツや子どもスポーツなどの対象別グループ・クラブや単一種目・チーム型クラブ，および総合型クラブといった地域スポーツ活動を自主的にマネジメントしています。また，活動Ⅱでは，行政や外郭団体，学校，各種スポーツ団体などが政策や法制度に従って，市民マラソン大会や公共スポーツ施設，学校体育施設（開放），学校体育・スポーツ（活動），国民体育大会，競技大会（全国・地方レベル），各種スポーツ教室・大会などを地域住民や児童生徒を対象に公正かつ公平なマネジメントをするよう努めています。さらに，活動Ⅲでは，商業スポーツ施設やプロスポーツリーグ（NPBやJリーグなど），企業リーグ，独立リーグ，スポーツイベント会社（TV局やスポンサー企業なども含め）などがスポーツ参加・観戦・視聴といった無形の商品としてのスポーツ活動（スポーツサービス）を顧客との良好な交換関係に基づいて合理的にマネジメントしています。

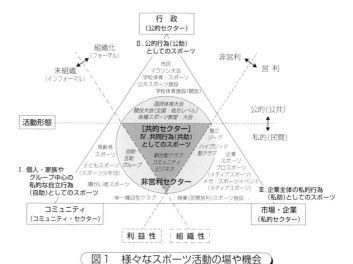

図1　様々なスポーツ活動の場や機会

出典：ベストフ（1998）を参考に筆者作成。

3　スポーツマネジメントの実践領域

　このように，各アクターは，それぞれのスポーツ活動の在り方に合わせたスポーツマネジメントを実践し，その用語も便利な言葉として多様な意味で使っているといってもよいでしょう。たとえば，学校体育・スポーツのマネジメントでは「計画・指導・管理」と捉えることができますし，地域スポーツのマネジメントでは「自主運営」という意味合いが強いように感じます。また，行政や各種スポーツ団体などの公的機関・組織のスポーツマネジメントでは，「企画・運営」や「大会運営」などをイメージすることもできます。一方，商業スポーツ施設，メガ・スポーツイベントやプロスポーツ，メディアスポーツなどのスポーツマネジメント領域では，営利目的のスポーツビジネスとしての色彩が強く，「サービス提供」や「生産・販売」および「興行」という企業経営的な含意を読みとることができるでしょう。

　本書では，「学校体育・スポーツ」「地域スポーツ」「商業スポーツ施設」「スポーツイベント」「プロスポーツ」「メディアスポーツ」「子どもスポーツ」「健康（高齢）スポーツ」「障がい者スポーツ」「スポーツ行政」「スポーツ団体」といった様々な実践領域において，参加型スポーツ活動や観戦・視聴型スポーツ活動などのスポーツ生産に主体的に関わろうとする個人・集団・組織などが行うマネジメントの在り方について解説します。

（中西純司）

▷7　新しい公共とは，「人々の支え合いと活気のある社会の創造に向けた様々な当事者たちの自発的な協働の場」（『『新しい公共』宣言」[2010年6月4日]；内閣府「新しい公共」円卓会議 http://www5.cao.go.jp/entaku/，2016年7月7日最終アクセス）であり，国民・市民も「公共」の担い手としての自覚と責任をもち，NPO，NGOや市民活動団体などの共的セクターが主体となって公共サービスを提供する社会を創るという考え方である。

おすすめ文献

†山下秋二・原田宗彦編著(2005)『図解　スポーツマネジメント』大修館書店。
†山下秋二・中西純司・畑攻・冨田幸博編(2006)『改訂版　スポーツ経営学』大修館書店。
† Pedersen, P.M., Parks, J. B., Quarterman, J. and Thibault, L. (2011) *Contemporary Sport Management* (4th ed.), Human Kinetics：Champaign, IL, USA.

第 I 部

参加型スポーツのマネジメント

■ イントロダクション

　第Ⅰ部では，人々がスポーツを行うための場や機会を，スポーツサービスとして提供する際に必要となるマネジメントの原則や手法について解説します。現代のわが国では，実に多様な組織によって参加型のスポーツサービスが創られ，供給されています。ここでは，そうした様々な組織・団体を「学校体育・スポーツ」「地域スポーツ」「商業スポーツ」という3つのフィールドに大別し，それぞれのフィールドに固有な目的・役割を確認し，それに即したマネジメントの実践的な考え方や取り組み方を学びます。

　まず，学校の体育・スポーツのマネジメントでは，児童生徒の誰もが平等に体育事業（教科体育，体育的行事や運動部活動などの教科外体育）に参加して，積極的かつ活発に運動・スポーツを行うことができるようにするとともに，「スポーツの教育的機能」を高めるようなマネジメントの工夫が求められます。また，地域スポーツのマネジメントでは，「スポーツの社会的機能」を最大限に活用することで，地域住民間の交流や関係性を深め，住民自らが主体的・協働的に地域コミュニティの形成に参画する方向性が重視されています。他方，商業スポーツの領域では，営利企業という性格上，厳しい市場競争の中で生き残るために「スポーツサービスの経済的価値（交換価値）」を高めたり，コスト削減など経済的な効率性を追求することが重要な経営課題となります。

　このように，参加型スポーツのマネジメントには，スポーツを行う場や機会の供給という共通のミッションであっても，それを担う組織・団体の目的・役割や性格の違いに応じて，対応すべき具体的なマネジメント上の課題やポイントは随分異なっているのです。

第Ⅰ部　参加型スポーツのマネジメント

1　学校体育・スポーツのマネジメント

スポーツマネジメントと学校体育

スポーツ・プロモーションと学校体育

　スポーツマネジメントに関心をもつ人たちにとって，本書で学校体育の分野を扱うことに違和感を抱く人がいるかもしれません。スポーツマネジメントを営利事業領域に限定して捉えてしまうと，学校体育は少なくとも経済的な利益を目的にしていない領域だからです。しかし，スポーツマネジメントが，文化としてのスポーツの価値や魅力を多くの人々に伝え，そのことによって人々の生涯にわたる健康で豊かな生活の形成に寄与することを目的とする営みであるとしたら，学校体育も重要なスポーツマネジメントの一領域です。

　特に，わが国においては，スポーツの普及や振興に果たす学校の役割が，諸外国に比べてひと際大きなものがあります。まず歴史的にみると，欧米先進諸国発祥のスポーツが明治維新以後わが国に導入されたのは，高等教育機関の課外活動（現在の運動部活動）でした。また，教科としては，1872（明治5）年から小学校教科の中に身体教育に関する教科『体術』が設置され，1926（大正15）年改訂の「学校体操教授要目」から『競技』（現在のスポーツ教材）が登場しました。さらに，今日でも全国の学校で恒例となっている運動会というイベントは，明治10年代後半から全国の小学校に広まっていったとされています。

　その後も，わが国のスポーツ政策は今日まで，一貫して学校体育の条件整備を中心にしてきました。学校体育は，多くの日本人にとってスポーツとの出合いの場であり，スポーツの価値や魅力を知る場であり，スポーツの知識や技能を習得する場であり，スポーツを通じて人間的な成長を遂げる場であり，結果として生涯にわたるスポーツライフの基礎となる資質や能力を培う場となっています。また他方で，学校運動部活動は，国を代表するトップアスリートやプロスポーツ選手も数多く輩出し，競技スポーツの発展に大きな貢献をしています。したがって，わが国では学校体育におけるマネジメントの成否が，スポーツの大衆化[1]と高度化に大きな影響を及ぼしていることは間違いないのです。

学校体育の目的

　マネジメントとは，ある一定の目的を効率的に達成するための働きでした。そこでここでは，マネジメントの対象となる学校体育の目的について確認しておきましょう。体育の果たすべき社会的役割は，時代によって歴史的に変化し

▷1　スポーツの大衆化とは，スポーツの多様化により誰もがスポーツに参加するようになることであり，スポーツの高度化とは，スポーツにおける記録の向上や技術の発展を指す。森川貞夫・佐伯聰夫編著(1988)『スポーツ社会学講義』大修館書店。

ていますが，現在では，その目標が学習指導要領によって定められています。この目標から，体育には，(1)身体の教育（フィットネス教育），(2)運動による教育（運動を手段とした人間形成），(3)運動の教育（運動そのものを目的・内容とする教育），(4)運動についての教育（運動・スポーツに関する科学的知識の教育），(5)スポーツへの教育（生涯スポーツに向けた教育）という5つの使命が課せられていることがわかります。したがって，学校体育のマネジメントでは，このような体育のもつ教育的使命を全国民に対して果たすことで，社会におけるスポーツのプロモーションに大きく貢献することが期待されています。

3 学校体育マネジメントのミッション

スポーツマネジメントという業務のスタートは，領域の違いを問わず，目的・目標の決定です。そして，目的を定めるためには，ニーズを的確に把握し，ニーズにどのように対応するかを明確にすることが非常に大切です。

ところで，学校体育とその他のマネジメント領域では，「誰のニーズにどう対応するか」という点で大変異なっています。たとえば，民間営利部門（企業）のスポーツマネジメントでは，「顧客のニーズ」に対応し，「顧客ニーズの充足」が目的となります。このことは，地域スポーツや民間非営利部門のマネジメントでも共通しています。市場調査や住民調査などを通じて，顧客や住民の関心や意識を摑んでおくことが重視されるのもこのためです。一方，学校体育では児童生徒のニーズを充足させることよりも，「社会のニーズ」に応え，児童生徒の「ニーズの開発や深化」を目的としています。すなわち，学校体育のマネジメントが対応すべきニーズとは，個々の子どもたちや保護者のニーズではなく，わが国の社会が未来の発展のためにどのような人間を求めているのかという社会の教育ニーズに応えていくことが主要なミッションとなります。また，学校体育の対象となる子どもたちは，運動・スポーツに旺盛な意欲や興味関心をもつ者ばかりではありません。さらに，スポーツが大好きな子どもでも，スポーツの多様な魅力や価値を，自らの実経験を通して知っているわけではありません。学校という教育機関は，「嫌いなこと・辛いこと・つまらないこと」が「好きなこと・楽しいこと・やりがいのあること」に変容する場であり，自分の中に「ない」と思っていたものが「自分にもあった」を見つける自分探し（人間の可能性の拡張）の場でもあるのです。

スポーツマネジメントの一般的目的は，人々の生涯にわたるスポーツライフを豊かにすること，また，そのためにスポーツという文化をよりよいものに再創造し続けていくことでした。学校体育では，この一般的目的を達成するために，すべての子どもたちを生涯にわたるスポーツ享受主体（権利主体）およびスポーツ文化の創造主体として育成することが主要なミッションとなります。

（清水紀宏）

▶2　運動の合理的・計画的な実践を通して，④知識を深めるとともに③技能を高め，運動の楽しさや喜びを深く味わうことができるようにし，自己の状況に応じて①体力の向上を図る能力を育て，②公正，協力，責任，参画などに対する意欲を高め，健康・安全を確保して，⑤生涯にわたって豊かなスポーツライフを継続する資質や能力を育てる（文部科学省（2009）『高等学校学習指導要領』）。

▶3　教育課程審議会答申(1998)「幼稚園，小学校，中学校，高等学校，盲学校，聾学校及び養護学校の教育課程の基準の改善について（答申）」。

おすすめ文献

†宇土正彦編著(1982)『学校体育経営ハンドブック』大修館書店。
†竹田清彦・高橋健夫・岡出美則編著(1997)『体育科教育学の探求』大修館書店。
†杉本厚夫編著(2001)『体育教育を学ぶ人のために』世界思想社。

1 学校体育・スポーツのマネジメント

 学校体育をめぐるマネジメントの構造と特徴

1 学校体育におけるマネジメントの仕組み

　学校には，実に多様なスポーツサービスが体育の目標を達成するために事業化されています。おそらくこれほど，スポーツの機会に恵まれた生活空間はわが国では他にありません。まず，運動・スポーツの学習プログラムとしての体育の授業は，小学校から高等学校まで，ほぼ週に3回，専門の資格をもった教員によって実施されます。また，始業前や自由時間には，体育施設が児童生徒たちに開放され，自発的にスポーツ活動を実施することができますし，放課後や休日には，運動部活動やスポーツ同好会などのクラブ活動も盛んです。さらに，このような日常的なスポーツサービスに加えて，体育に関する行事・イベントが年に複数回実施されています。このように多様で豊富な体育事業をマネジメントしているのは，教員側の組織と児童生徒側の組織です。学校では，教員と児童生徒が協働して，体育予算を編成し，必要な物品等を調達し，上記のような事業を企画・運営・評価というマネジメントを遂行しています。また，事業の企画や実施にあたっては，教育基本法等の各種法規に基づき，教育委員会（教育行政）の指導・監督・支援を受けながらスポーツマネジメントが展開されています。

2 学校体育・スポーツのマネジメントにおける基本原理

　学校体育・スポーツのマネジメントは，スポーツ関連企業や地域スポーツのマネジメントとは，大きく異なる次のような特徴があります。
　それは，すべての児童生徒（経営対象）に一定レベル以上の教育的・体育的な効果・効用を保障しなければならないという公平性・平等性の原則です。企業経営の場合には，商品交換の場となる市場（マーケット）は不特定多数の人々で構成され，この不特定な人々の集まりの中から，いかに多くの顧客を獲得するかが重要課題となります。市場占有率が企業評価の指標とされるのもこのためです。つまり，企業経営は，市場競争の過程を経て，できるだけ高い確率で顧客を獲得しようとする「確率志向」があるといえます。一方，学校は初めから特定の児童生徒を対象としています。もちろん，高等学校や私立学校では，入学前に児童生徒の獲得競争は発生しますが，入学後に他校の生徒を奪い合うというようなことはほとんど考えられません。しかし，いったん入学をし

▷1　体育事業とは，スポーツ事業のうち，教育的・体育的な成果がともなうことを意図して実施されるものを指す。

▷2　市場占有率（マーケット・シェア）とは，特定の業界の総売上のうち，ある会社の製品の売上高が占める割合のこと。

たら，児童生徒の個性や能力に応じて，公平に教育が施され，すべての者に体育的活動から得られる便益を平等に得られるようにしなければなりません。学校におけるスポーツマネジメントでは，少なくとも，「卒業したら運動なんかするものか」とスポーツに対してネガティブな態度をとる子どもを1人でも出してはならないのです。このため，地域間・学校間・教師間で教育格差が生じることがないように，学習指導要領により教育課程の基準が提示され，各学校はこの基準の範囲内で自律的なマネジメントを展開することになります。

③ 学校体育におけるマネジメント課題

学校は，平等原理に基づいて計画的かつ組織的に教育を営む機関であるところに独自の特徴があります。したがって，教育の平等原理を尊重するためには，高質な「計画性」と「組織性」が重要となり，そのためのマネジメント力が求められることになります。そして，前者がカリキュラム・マネジメント、後者が組織マネジメントに対応します。

カリキュラム・マネジメント（その中心はカリキュラム・デザイン）においては，特に教育目標・内容の「系統性」と「総合性（相互関連性）」がポイントとなります。学校体育の対象となる子どもたちは，多くの場合，小学校から高等学校卒業まで12年間にわたり学校の体育事業に参加します。この長期間にわたるカリキュラムを編成するには，体育が育成すべき資質能力の確実な習得に向けて適切で合理的な学習内容（運動技能，運動における思考力・判断力，運動に対する意欲や関心，運動に関する知識など）を適時性に配慮しながら段階的・系統的に配列することが重要です。また，学習指導要領の総則に示されているように，体育・健康に関する指導は，運動部活動や体育的行事など教科の枠を超えて展開されています。このため，教科の体育と教科外の活動との相互関連性や内容の発展性を構造化した総合的なカリキュラムを構想することも求められています。

次に，平等性の原則に基づけば，個々の教員によって提供される教育内容や指導の質が著しく異なることは避けなければならず，組織的に目的を共有しながら体育活動を展開することが必要です。また，学校における体育事業は，保健体育科の免許状を有する教員だけで企画・運営することはできません。管理職を含めた全教職員，児童生徒，さらには保護者や地域住民との協働体制を築くことが必要となります。そのためには，組織構成員の教育意思の統一，体育事業に対する組織構成員の動機づけ，役割分担と人員配置など，組織マネジメントに関わる課題に適切に対処しなければなりません。さらに近年では，特に教科外の体育活動において，地域指導者や地域組織・クラブなどとの連携を図ることも要請されています。それだけに，保健体育科教員は，体育指導の専門家としてだけでなく学校体育組織におけるトップ・マネジメントとして管理職とともに全校的なリーダーシップを発揮することが期待されます。（清水紀宏）

▶3 学校の教育目標を実現化するために教育活動と条件整備活動との対応関係を，組織文化を媒介として，PDSサイクルによって組織的・戦略的に動態化させる営み（田村知子（2005）「カリキュラムマネジメントのモデル開発」日本教育工学会論文誌29, 137-140頁）。Ⅰ-1-6を参照。

▶4 教師が組織し子どもが体験している学びの経験（履歴）の総体であり，顕在的カリキュラムと潜在的カリキュラムを含む（佐藤学（1996）『カリキュラムの批評』世織書房）。

▶5 総則体育では，1968（昭和43）年の学習指導要領から，冒頭の総則の第三番目の項目に，体育に関する問題を取り上げ，体育・健康に関する指導は学校教育活動全体を通じて適切に行うように求めている。

【おすすめ文献】

†佐伯年詩雄（2006）『これからの体育を学ぶ人のために』世界思想社。

†宇土正彦監修（1995）『学校体育授業事典』大修館書店。

†宇土正彦（1986）『体育経営の理論と方法』大修館書店。

1 学校体育・スポーツのマネジメント

学校体育の経営目的・経営計画

1 学校の目的と学校体育の役割

　学校体育では，体育・保健体育の授業，運動部活動，体育的行事（運動会・体育祭など），自由時間（休み時間）などを通じて，子どもたちが様々な運動やスポーツと関わります。その点で学校は，スポーツ環境がもっとも整備された場の1つといえるでしょう。ただし学校は，そこに通うすべての子どもたちの人格を形成し，社会生活に必要な諸能力を身に付けさせる，公教育の成果を保障するための機関です。したがって学校体育も，ただスポーツの機会を子どもたちに与えるだけでなく，スポーツと関わる経験を通じて，すべての子どもたちの人格形成と生きていくために必要な諸能力の獲得をもたらす場でなければなりません。なぜなら学校で行われる体育的活動は，学校教育の目的を達成するための教育活動の一環だからです。

2 学校体育の経営目的とその内容

　教育活動として営まれる学校体育の目的は，すべての子どもたちが生涯にわたって自律的に健康を保ち，生活を豊かにしていくための運動・スポーツとの関わり方を学ぶことです。けれども，全国にある1つひとつの学校は，設置されている地域・児童生徒・教員・施設・設備・用具の状況，その他多くの面で異なっています。そのため，学校体育の目的を達成し，子どもたちに等しく教育成果を保障する上での課題も，個々の学校によって違います。そこで学校体育の目的を達成するためには，まず，学校が置かれた個別の状況や環境を把握し，学校体育活動に必要な経営資源を踏まえた上で，実現したい子どもの姿や具体的な成果を定めなければなりません。このように，各学校が個別性や独自性を踏まえつつ，未来を見据えて設定する到達点が，学校体育の経営目的です。

　学校体育の経営目的は，主に経営理念と経営目標から成り立っています。前者は，体育事業を通じて実現したい子どもの姿に現れる理想像や価値観を表現したものです。後者は「運動やスポーツが好きな児童生徒の数や割合」「運動部活動への加入率」などのように，具体的な数値や短期的なゴールとなるものです。経営目標は，教科体育・教科外体育別の目標や体育事業ごとの目標など複数の目標が立てられます。

▷1　これらの機会や場は，主に「教科体育」（体育・保健体育の授業）と「教科外体育」（運動部活動・体育的行事・自由時間の運動）に分けられる。またこれらの場や機会を「スポーツサービス」，スポーツサービスを生み出し提供する営みを「体育事業」とよぶ。

▷2　経営学では，経営理念（managerial ideology）・ミッション（mission），目標（objectives）などのように到達点やゴールを表すもののほか，ビジョン（vision）やドメイン（domain）といった方向性を表すものもある（井原久光（2006）『テキスト経営学 増補版』ミネルヴァ書房，220-221頁）。

▷3　ここでは，学校体育の経営における「体育事業の内容」についての計画と，それをよりよく運営するための「経営資源」（人的資源・物的資源・財務的資源・情報資源）についての計画に大別している。

▷4　たとえば，体育的行事を例にした場合，「プログラムの企画・運営を生徒主体で行うことで，自分たちでスポーツの楽しさや喜

③ 学校体育の経営目的を達成するための経営計画

　経営目的は学校体育の目指すべき方向性やゴールを表します。ですがそこに到達するためには，経験やカンを頼りに進んでいくのではなく，進むべき道をあらかじめ定める必要があります。これは目的を効率的・合理的に達成し，成果を実現するための台本やシナリオを描くことでもあります。このように，学校体育の経営目的を達成するための道筋やシナリオが経営計画です。

　学校体育の経営計画には，多様な事柄についての判断や決定が含まれます。特にその中心になるのが，子どもたちが運動やスポーツと関わる場や機会をどのようなものにするか，そのために必要な経営資源（教員，施設設備，予算，指導法，子どもに関する情報など）をどのように調達し，運用するかについての計画です。この他にも，学校外関係者（保護者，地域住民，外部指導者）との関係構築や教師の力量形成のための研修計画などがあります。多くのことについて詳細に計画するからこそ，経営計画にはその学校における経営の在り方が鮮明にあらわれます。さらに経営計画は，実際の活動をコントロールする働きを有していることから，経営目的の達成と学校体育の成果実現を大きく左右します。

④ 経営目的・経営計画の策定における課題

　個々の学校が，いかに学校体育の現況を的確に捉えて，目指すべき姿と目標を設定し，どのような道筋でそれを達成していくかには，まさにその学校における体育経営の手腕が発揮されます。学校体育の経営目的と経営計画は，経営の成果を左右する車の両輪ともいえるでしょう。

　なお，個別の学校が置かれている状況の違いを踏まえると，有効な経営目的・経営計画にはおのずと，その学校としての特徴が色濃く映し出されます。しかし実際には，学習指導要領に記載された内容をそのまま学校体育の経営目的にする例や，学校独自の詳細な経営計画を立てていない例がみられます。つまり，「○○学校としての」経営目的と計画がないということです。

　学校としての経営目的と計画を立てるためには，まず学校の状況を把握するための資料を収集しなければなりません。これらの資料をもとにして，学校長や体育主任，保健体育教師が経営目的・経営計画の骨子を作成し，学校内の全教員で吟味・共有することが必要です。学校体育の経営目的の達成には，計画に基づく協働が不可欠です。また，クラスによって成果の違いがあってはなりません。そのため，各教員の専門性や役割分担を考慮して，経営目的と計画を吟味し，共有するプロセス自体にも大きな意義があります。

　なお，毎年子どもたちが卒業と入学を繰り返す学校内の状況と学校を取り巻く環境は一定ではありません。そのため，一度策定された経営目的・経営計画については，継続的に見直し，改善していくことも重要です。　（朝倉雅史）

▶びを味わう『場』を創ることを学ぶ機会にする」「そのために生徒会役員を中心とした生徒たちの組織をつくり，企画・運営に生徒を参加させる」といった計画などが考えられるだろう。
▶5　学校体育の目的は，教育成果を等しく保障する公教育機関としての学校の目的に左右される。ゆえに経営目的と経営計画の特色は，単にユニークさやオリジナリティを追求するものではなく，学校教育の目的を達成するために，学校の実態をつぶさに把握し，吟味を重ねることであらわれてくるものである。
▶6　資料としては，児童生徒の体力テストのデータや運動習慣などに関する調査結果，体育授業を通じて得られた運動やスポーツに対する態度についてのデータ，または学校独自で実施する児童生徒対象のアンケートや観察データなどがある。
▶7　経営目的と経営計画を見直すために重要なのが「経営評価」であり，経営目的および経営計画を洗練させ，よりよい経営を行う上で不可欠の活動である。I-1-11 を参照。

おすすめ文献

†宇土正彦編著（1994）『最新学校体育経営ハンドブック』大修館書店。
†ICSSPE編集／日本体育学会学校体育問題検討特別委員会監訳（2002）『世界学校体育サミット――優れた教科「体育」の創造をめざして』杏林書院。
†八代勉・中村平編著（2002）『体育・スポーツ経営学講義』大修館書店。

1 学校体育・スポーツのマネジメント

学校体育のナレッジ・マネジメント

学校体育経営に必要な情報的資源

　教科体育，運動部活動，体育的行事，自由時間の運動遊びを含む学校体育のマネジメントには，子どもの身体的，精神的発達に関わる知識，子ども一人ひとりの身体的・精神的な発達具合や学校内外での子ども同士の関係性や家庭環境に関する情報，子どもたちを育てるための適時的・系統的・効果的な指導・支援を支える多様なノウハウなど，様々な情報や知識が資源として必要になります。

　情報的資源は，学習・蓄積することの容易な知識・情報（形式知）と，教職員や外部指導者（以下，これらをまとめて「指導者」とよぶ）が経験から獲得するノウハウ（暗黙知）があります。

② 情報的資源の調達・共有

　情報的資源には，簡単に調達・共有できるものとそうでないものがあります。自己学習や研修などで学習することができる知識や指導者によって収集可能な情報は，そのための時間と労力をかければ，調達することも，指導者間で共有することもできます。たとえば，子どもの運動能力の発達に関する基礎知識は，職員室にわかりやすい資料集や書籍を収集（調達）し，誰もが手に取って読めるように置いておけば共有可能です。子ども一人ひとりの情報は，学校内に閉じたITネットワーク上の共有フォルダに入れておけば，アクセス権限をもつ指導者なら誰でも確認することができます。

　しかし，指導のセンスやテクニックは同じようにはいきません。センスやノウハウは経験から得られた知識であり，他の指導者へ伝えることが難しいものです。ここに，学校体育の情報的資源の調達，共有，そして創造にまつわるマネジメント（ナレッジ・マネジメント）の必要性がみえてきます。

③ 組織的な知識共有・知識創造の重要性

　情報・知識を共有することは，教員によって格差の少ない体育学習指導や運動部活動指導を実現する上で重要です。そして，情報や知識の共有と同時に，既存の情報・知識を組み合わせたり，相互比較したりすることで，より有効な知識を生み出すことは，指導・支援を継続的によりよくしていく上で重要です。

図1 SECIモデル

出典：野中・遠山・紺野（1999：37）より筆者作成。

野中・竹内（1996）は，組織的な知識共有・知識創造のプロセスの普遍構造をSECIモデルという形で明らかにしています（図1）。[1]

SECIモデルに基づけば，指導に関わる知識には言葉にできない暗黙知と言葉にされた形式知があります。指導経験や研修などで獲得したイメージや感覚，経験的な知識を，暗黙知のまま伝授させ（共同化），言葉で表現する努力をして共有可能な形式知に変換し（表出化），それらを別に獲得した情報や形式知と組み合わせたり，同僚の形式知と比較・統合したりして（連結化），新たなに編集された形式知を次なる指導実践で活用することで新たな暗黙知を獲得する（内面化）という絶え間ないスパイラルアップによって知識は共有され，創造されます。

4　知識共有・知識創造を促進するマネジメント

知識共有や知識創造は自然には成立しません。そのための指導者同士のコミュニケーションが必要です。そこで必要になってくるのが，「ワークプレイス・デザイン」[2]や「場のマネジメント」[3]です。

暗黙知の伝授や形式知への変換には，多様な言葉が飛び交う自由で濃密なコミュニケーションが必要です。また，形式知の組み合わせや比較には集団での論理的な思考とコミュニケーションが求められます。自由で濃密なコミュニケーションには，人と人との物理的・心理的な距離を近づけることが必要です。一方，論理的なコミュニケーションには，整理しながら話す工夫が必要です。それぞれに合わせたテーブルの形，広さ，椅子の数や距離，ホワイトボードといったワークプレイスの工夫と，コミュニケーションの雰囲気づくりや議論を整理したり，流れを変えたり，留めを打つようなファシリテーションが知識共有・知識創造を促進するマネジメントになります。

（高岡敦史）

▷1　この図は，野中郁次郎・遠山亮子・紺野登（1999）『知識創造企業 再訪問』『組織科学』33(1)，35-47頁を参考にしている。

▷2　ワークプレイスとは，組織における創造性や知的生産性の向上を支える活動空間や職場環境のことである。財団法人建築環境・省エネルギー機構（2010）『知的創造とワークプレイス』ランダムハウスジャパンが参考になる。

▷3　場のマネジメントとは，組織の中に，メンバーが互いに観察したり，対話したり，共通の体験をしたりするような情報の相互作用をする様々な場（活動空間や状況）を生み出す組織マネジメントの1つである。

（おすすめ文献）

†野中郁次郎・竹内弘高（1996）『知識創造企業』東洋経済新報社。

†野中郁次郎・遠山亮子・平田透（2010）『流れを経営する』東洋経済新報社。

†伊丹敬之（1999）『場のマネジメント』NTT出版。

第Ⅰ部　参加型スポーツのマネジメント

1　学校体育・スポーツのマネジメント

体育授業のマネジメント

1　優れた体育授業を実現するための2つのマネジメント

　わが国で義務教育を受けるほぼすべての人々が，体育授業を経験します。優れた体育授業をつくることはすべての学校，すべての教師に共通のマネジメント課題です。なお，体育授業における学習指導過程について専門的知見を積み重ねてきた体育科教育学分野では，優れた体育授業は「目標が達成され，学習成果が十分に上がっている授業である▷1」とされています。

　では，この優れた体育授業をつくるために必要なモノやコトには何があるのでしょうか。多くの人々は，体育授業の場面を想像して「優れた教師の優れた指導」を思い浮かべるかもしれません。しかし体育授業は，学習者が授業内で目にする事柄や教師による学習指導だけで成り立っているものではなく，また，1回の授業で完結する単発の運動指導プログラムでもありません。

　学校における体育授業を学習指導としての側面からではなく，マネジメントの観点から捉えると，大きく2つに分けることができます。1つ目は「授業におけるマネジメント」です。これは多くの人々が経験し，思い浮かべることのできる体育授業場面でのマネジメントを指します。2つ目は「授業を支えるマネジメント」です。継続的・反復的かつ安全に子どもたちに平等な学習成果を保障するためには，授業場面以外で営まれる計画の立案や人員配置，評価の実施が不可欠です。

2　授業を支えるマネジメント

　学校における体育授業は，施設・用具の整備，学習指導計画の作成，教員間での役割分担・授業担当計画，教材づくりや授業研究など，授業場面での学習指導を担う教員間の協働によって支えられています。「授業を支えるマネジメント」の中心は，主に授業をつくるために必要な経営資源（ヒト・モノ・カネ・情報）を調達・運用し，整備と評価を行うことです。具体的には，1回の授業時間（1単位時間）から年間にわたる学習指導計画を立案し，誰がどの授業を担当するかを決め，施設・用具を整備し，実施した授業の評価を教員集団・組織で行っていきます▷2。授業を支えるマネジメントは，授業を受ける学習者からは見えませんが，優れた体育授業を実現するために不可欠かつ重要な機能を担っています▷3。

▷1　高橋健夫（2010）「よい体育授業の条件」高橋健夫ほか編『新版 体育科教育学入門』大修館書店，48-53頁。

▷2　体育授業を支えるマネジメントを担う教員集団・組織として，小学校で体育科を研究する教科部会組織，中学校・高等学校では体育科教員組織などがある。

▷3　授業についての経験や知識を交流するナレッジ・マネジメント（I-1-4 を参照）や学習者の学びを系統的・段階的に構想するカリキュラム・マネジメント（I-1-2 の▷3，I-1-6 の▷6 も参照）も授業を支える，マネジメントにあたる。

▷4　動機づけは心理学の概念である motivation の訳語で，「行動を喚起し，持続させ，一定の目標に方向づける心理的過程」と定義されている。授業の中で主体的・自主的に子どもたちが運動・スポーツに取り組む体育授業において，最も重要な概念の1つである（鈴木秀人ほか編著（2015）『中学校・高校の体育授業づくり入門』大修館書店，153-162頁）。

▷5　授業時間内で学習場面（特に運動学習場面）に多くの時間が配当され，学

❸ 授業におけるマネジメント

「授業におけるマネジメント」は，授業内の学習成果を直接的に左右します。優れた学習指導計画であっても，それを授業実施段階で実現することができなければ，授業の成果は望めません。とりわけ，学習者が相互に関わり合いながら運動やスポーツについて学ぶ体育授業では，授業でどのような学習集団を組織し，学習者と学習内容をいかに結び付けるかが授業の成果を左右します。そのために実際の体育授業では，学習者が授業に積極的に関われるための動機づけ，効率的な運動と学習時間の確保，協同的で効果的な学習集団を組織することが課題になります。その意味で体育授業を担当する教師は，人々の積極性や意欲を喚起し，効率的・効果的に課題追求していくために協働を促し，その産出物（学習成果）を最大化するマネジャーでなければなりません。

体育授業は，教室の何倍も広いグラウンドや体育館で，学習者が行動的・集団的に学習活動に取り組みます。この特徴を踏まえると，どのような授業を行うかは，施設や用具を含めた物理的な環境に規定されることになり，教室よりも行動する範囲が広く，活動的な学習者をまとめる能力も必要です。また，運動やスポーツの好き／嫌いや得意／不得意をはじめ，学習者の意識や運動能力の違いを踏まえて学習集団と課題を設定しなくてはいけません。

❹ 授業を支える／授業におけるマネジメントの関連性

体育授業のマネジメントにおける基本的課題は，物理的・人的な環境を整え，よりよい学習の「場」を構成することといえるでしょう。なお体育授業は，「教師」「学習者」「内容（運動・スポーツ）」によって生じる「学習活動」を「学習集団」「施設・用具」「学習計画」が支える構造になっています。このうち学校の体育施設・用具をどのように整備し活用するか，体育授業を方向づける長期的な学習計画をどのように立てるかは「授業を支えるマネジメント」として進められます。また，個別の授業で学習の「場」が成立しないことがあれば，評価の実施と改善策を組織的・協働的に模索することも必要です。授業を支えるマネジメントは，学習活動を規定する「授業におけるマネジメント」を想定して機能すべきです。

体育授業における学習の「場」は，「授業を支えるマネジメント」と「授業におけるマネジメント」が関連し合いながら構成されています。マネジメントの視点に立つと，体育授業の成果は授業を担当する教師個人の成果とはいえません。また，すべての子どもたちに学習成果を保障するためにも，個々の教師が構成する学習の「場」の違いが，学習成果の格差となってはいけません。体育授業のマネジメントでは，学校や教員組織全体の成果として授業を捉え，2つのマネジメントを相互に関連させることが大切です。

（朝倉雅史）

習に従事する量が高い授業は「勢いのある授業」であり，よい体育授業の重要な特徴の1つとされている（高橋健夫編（2003）『体育授業を観察評価する──授業改善のためのオーセンティック・アセスメント』大修館書店）。

▶6 たとえば学習集団の違いによって「一斉学習」「班別学習」「能力別学習」「グループ学習（班別学習とは異なり，グループごとに学習者が主体的に課題設定する）」「個別学習」など，学習形態の違いが現れる（大友智（2009）「体育の学習形態論」高橋健夫ほか編『新版 体育科教育学入門』大修館書店，66-74頁）。

▶7 一般的に授業は「学習者」「学習内容（教材）」「教師」の3つの要素によって成立しているが，宇土はこの3つの要素に用具・施設と学習計画を加えることによって体育授業の特徴を踏まえた構造を示した（宇土正彦（1986）『体育授業の系譜と展望』大修館書店，55-72頁）。

おすすめ文献

†ICSSPE編／日本体育学会学校体育問題検討特別委員会監訳（2002）『世界学校体育サミット──優れた教科「体育」の創造をめざして』杏林書院。

†鈴木秀人・山本理人・佐藤善人・長見真・越川茂樹・小出高義編著（2015）『中学校・高校の体育授業づくり入門』学文社。

†高橋健夫・岡出美則・友添秀則・岩田靖編（2010）『新版 体育科教育学入門』大修館書店。

第Ⅰ部　参加型スポーツのマネジメント

1　学校体育・スポーツのマネジメント

 学校体育のカリキュラム・マネジメント

▷1　文部科学省体育・保健体育，健康，安全ワーキンググループ（2016）「体育・保健体育，健康，安全ワーキンググループにおける審議の取りまとめについて（報告）」。

▷2　田村知子ほか編著（2016）『カリキュラムマネジメント・ハンドブック』（ぎょうせい）には，今日の教育改革の動向を踏まえ，カリキュラム・マネジメントが求められる背景や考え方，方法などが幅広く議論されており，それに基づいた事例なども多く紹介されている。

▷3　学校体育のカリキュラム・マネジメントを体系的にまとめたものとして宇土正彦編著（1994）『最新学校体育経営ハンドブック』（大修館書店）がある。目次（一部抜粋）をみても，PDCAに関わっては「体育経営の目標・方針の意義」「学校の体育経営方針と体育計画」「学習指導の計画」「特別活動の全体計画と組織」「業間運動の計画と運営」「体育的行事の計画と運営」「課外クラブ（部活動）の計画と運営」「教科体育の経営評価」，組織運営については「学校経営組織と体育経営組織との関連」「教科体育の経営組織」など，また経営資源に関わっても「体育施設・用具の管理」「体育財務・体

1　カリキュラム・マネジメントが求められる背景

　現在，学習指導要領の改訂の議論が中央教育審議会で進められています。教育課程企画特別部会の「論点整理」では，これからの時代を生きる上で必要とされる資質・能力として「知識・技能」「思考力・判断力・表現力等」「学びに向かう力・人間性等」の3つの柱が示されています。体育科，保健体育科においては，「心と体を一体としてとらえ，生涯にわたって健康を保持増進し，豊かなスポーツライフを実現する資質・能力を育成することを重視する観点から，運動や健康に関する課題を発見し，その解決に向けた主体的・協働的な学習活動を通して，これらを育成することが目標」とされています。▷1

　カリキュラム・マネジメントは，子どもたちの姿や地域の実情などを踏まえて，各学校が設定する教育目標を実現するために，学習指導要領などに基づき教育課程を編成し，それを実施・評価し改善することで，先の資質・能力を育成する手立てとして，その重要性が説かれています。▷2

2　学校体育のカリキュラム・マネジメントの過程

　学校体育のカリキュラム・マネジメントと聞くと，体育授業の目標・計画の設定，授業実施，評価のことを思い浮かべる人が多いかもしれません。しかし，学校が提供する体育・スポーツ活動の機会は，体育授業だけではなく，体育的行事や業間運動，運動部活動もあります。また，運動・スポーツとの関わり方も「行う」「みる」「支える」など多様にあります。▷3

　体育のカリキュラム・マネジメントは，こうした学校で提供される多様な運動・スポーツの機会や場をよりよいものにするため，各学校が総合的・全体的な視野をもって，体育事業を計画的・組織的に進めていく営みを指します。総合的で全体的な視野が必要なのは，運動の喜びやその楽しみ方の習得といった体育的成果をすべての子どもたちに保障できるようにするためです。たとえば，同じ学校に通いながら，「教師によって体育授業のねらいや内容，指導法にかなりの差がある」「運動部でもクラブ間によって練習環境に大きな差がある」という状況では，子どもたちに体育的価値が平等公平に行き届いているとはいえません。

　このように考えると，体育のカリキュラム・マネジメントでまず大切なことは，学校教育全体の目標との関わりを考えながら，学校体育全体の方向性を定

め（ビジョン形成），学校として子どもたちにどのような力をつけるのかを設定すること（目標設定）です。そして，それを実現する過程を描き，組織的に計画立てていきます（計画化）。その中で，各体育事業が全体のどの部分を担っているのかを明確にしつつ，互いに関連づけながら，それぞれの計画，実施，評価を進めていくことになります。ここで，「関連づけ」が必要なのは，体育事業間に齟齬がでないようにするためです。たとえば，「体育授業で運動の楽しさに気づき，自ら課題発見・解決をする学習をしたのに，運動部活動が教師の一方的指導で体育授業での学習が活かせなかった」というのでは整合性のとれたマネジメントができているとはいえないでしょう。この例のように，学校体育全体のビジョンに照らし合わせながら教科体育の計画と運動部活動の計画を関連づけ，互いの相乗効果（シナジー）が期待できる視点をもつことが重要です。

次に，設定した目標・計画を遂行する組織づくり（組織化）が重要になります。この組織も，教科体育，運動会・体育祭，部活動などといったように体育事業ごとに組織化されます。さらに，各組織を機能させる上では，役割と仕事の配分をどうするか（組織構造）や組織を動かすリーダーは誰か（リーダーシップ），メンバー間でどのようにものの見方を共有化していくか（組織文化）等々，考慮すべき点が多くあります。

もう一点，今日のカリキュラム改革と関連して強調しておきたいことは，子どもの学びの質を「主体的」「対話的」で「深いもの」にしようとしていることです。体育のカリキュラム・マネジメントにおいても，子どもの学びを捉えながら，運動・スポーツの主体者（運動者・スポーツ生活者）にいかに育てるかを重要課題としてきました。教師たちは，子どもたちの学びの質（深さ）をめぐる議論からも多くの情報を得て学び，様々な体育事業の中で，総合的かつ体系的にこの課題に対応していくことが，今後，より重要になるでしょう。

❸ 学校体育改善の源泉としての教師の創造性，自律性

今日のカリキュラム・マネジメント論では教科横断の重要性が指摘され，必要とされる資質・能力から教科を眺め，どれとどれが繋がっているのか「見える化」し，接点を見出そうとする試みもなされています。先にみたように，学校体育のカリキュラム・マネジメントでも，総合的で全体的視野をもった営みと捉えることが必要です。

他方で，最終的なサービス提供者である教師の教育実践は，各人がねらいや内容，指導方法を創造しながら自律的に行われています。学校全体や他者との整合性（関係づけ）を考えつつ，いかに各々の創造性，自律性発揮を保障するのか。たとえば，ある一人の教師の指導観やスポーツ観の変容が学校体育の在り方を変えることがあるように，教師の創造性や自律性は，学校体育の改善の大切な源泉であることも理解しておく必要があります。

（横山剛士）

育事務」などが体系づけられている。また，教育課程内外問わず，子どものスポーツ生活全体が網羅されている。

▷4 このほかにも，協働や動機づけ，組織間関係などもある。経営学の基礎理論が参考になる（加護野忠雄・伊丹敬之（1989）『経営学入門』日本経済新聞社）。
▷5 深い学びとは何かを理解するものとして，溝上慎一（2014）『アクティブラーニングと教授学習パラダイムの転換』（東信堂）がある。また，求められている結果から遡ってカリキュラムを作成し，子どもたちの深い学びを促そうとする理論もある（ウィギンズ，G.／マクタイ，J.／西岡加名恵訳（2012）『理解をもたらすカリキュラム設計』日本標準）。
▷6 宇土，前掲書。
▷7 田村ほか，前掲書。
▷8 たとえば，友添秀則編著（2016）『運動部活動の理論と実際』（大修館書店）の事例では，運動部活動をめぐるその一端が理解できる。

おすすめ文献
†八代勉・中村平編著（2002）『体育・スポーツ経営学講義』大修館書店。
†宇土正彦編著（1994）『最新学校体育経営ハンドブック』大修館書店。
†田村知子・村川雅弘・吉冨芳正・西岡加名恵編著（2016）『カリキュラムマネジメント・ハンドブック』ぎょうせい。

第Ⅰ部 参加型スポーツのマネジメント

1 学校体育・スポーツのマネジメント

 保健体育教師の力量形成

① 保健体育教師に求められる力量

　学校（特に，中学・高等学校）では，保健体育科についての専門性を有する保健体育教師が子どもに対して授業を行います。保健体育の授業は，生徒がスポーツの楽しさや喜びを味わうだけでなく，スポーツとの関わり方を学ぶ場として，子どもたちの生涯にわたるスポーツライフを大きく左右します。そのため保健体育教師には，優れた授業を計画・実施・評価することで，よりよい授業を展開していく「学習指導者」としての力量が求められます。

　けれども学校体育活動には，保健体育の授業だけでなく，学校全体で取り組む運動部活動や体育的行事などの教科外体育が含まれます。そこで保健体育教師には，専門的な立場から多くの教師とコミュニケーションをとりつつ，それらの企画・立案・調整を行うことも求められるのです。したがって，専門家としてリーダーシップを発揮しながら他の教師と協働し，学校体育活動全般を企画・運営する「経営管理者」としての力量が，保健体育教師には必要です。

　このように保健体育教師には，「体育の指導能力」と「体育の経営能力」の両方が求められます。これらの力量を形成し高めていくことは，個々の教師の課題であることはもちろん，学校体育全体の質を高め，子どもの生涯にわたるスポーツライフを豊かにするための経営課題でもあります。

② 学校体育の課題と保健体育教師の経営能力への期待

　日本では2000年以降，スポーツ推進に関わる体制整備が急速に進みました。その中では一貫して，学校体育活動の充実と教員の資質向上が求められてきました。その体制整備が進められる中，学校体育と地域スポーツクラブの連携や学校外部のスポーツ指導者の活用などの新しい仕組みが導入されてきています。そのため保健体育教師には，これまでの職務に加えて，学校外部とのコミュニケーションや関係づくり，外部指導者という新たな資源を有効に活用することが求められます。さらに学校体育では，子どもの体力低下や事故などのリスク管理，勝利至上主義とその過熱化，暴力などの問題を抱える運動部活動改革も差し迫った課題です。学校体育についての専門性を有する保健体育教師には，これまで以上に，体育の経営能力が要請されることになるでしょう。

▷1　武隈晃（2000）「教師に求められる資質」高橋健夫ほか編『新訂　体育科教育法講義』大修館書店，189-193頁。
▷2　子どもにとって体育授業経験はもちろんのこと，教科外の運動部活動，体育的行事（運動会・体育祭など）における経験が，成人期におけるスポーツへの参加意欲を規定することも明らかにされている（金崎良三（2000）『生涯スポーツの理論』不昧堂出版）。
▷3　2000年に策定された「スポーツ振興基本計画」（2006年改訂），2010年に策定された「スポーツ立国戦略」，2011年に制定された「スポーツ基本法」および2012年に策定された「スポーツ基本計画」では，常に学校体育の充実とその指導者の資質向上に関する事項が記されている。
▷4　たとえば，運動部活動における外部指導者の活用や総合型地域スポーツクラブとの連携による施設の共有や交流などが行われるようになってきている。また小学校では，体育授業を支援するスポーツ指導者を派遣する「小学校体育活動コーディネーター」の導入も進んでいる。

3 教師の力量形成をもたらす学び

　学校体育の経営という観点に立つと，保健体育教師は経営資源の1つである「人的資源」とみなされます。ただし人的資源は，自分の意思で他の経営資源（物的資源・財務的資源・情報資源）を調達し，運用することができる点で，もっとも重要な経営資源です。さらに，自らの意思で力量を高め，資源としての価値を大きくすることのできる唯一の資源でもあります。

　近年では，管理する対象として人的資源を捉えるのではなく，主体的に学び成長する人間的な側面が重視され，その学びをどのように支え促すかが，あらゆる経営体における課題になっています。このような視点は，保健体育教師の力量形成においても例外ではありません。とりわけ教師は，教職に就いたときから十全な能力を有しているわけではないため，教師としての生涯を通じて学び続ける存在であることが，国内外における共通認識になっています。

　教師の力量形成にとっても「学び」は重要な営みです。その中心は，学びをもたらす「経験」とそこから新たな気づきや理解，能力の獲得を引き出す「ふり返り」(省察または内省)です。何も経験しないで学ぶことはできませんし，経験すれば必ず何かを学べるわけではありません。何かを経験し，それを省察することが，教師の力量形成にとって不可欠な行為といえます。

3 保健体育教師の力量形成における課題とシステム

　保健体育教師の力量形成における重要な経営課題は，良質な経験と省察によって学びを促すことです。一般的に，教師の力量形成を促す経験には「教育実践上の経験」(授業や生徒指導など)や「学校内でのすぐれた人物との出会い」(優れた先輩教師との出会いなど)等があります。また省察については，授業における子どもへの声かけや指導の仕方のような技術的なものから，「よい授業とはいったいどのような授業なのか」「なぜ自分は保健体育教師になったのか」といった，すぐに答えの出せない根本的なふり返りがあります。

　ところが，保健体育教師が職務の中で何を経験するかを，すべて事前に決めることはできません。また，自分の授業実践や価値観について丁寧にふり返るためには，他者との対話を通じて自分の考えを表現すること，先輩教師や専門家からアドバイスを受けることも必要です。そのため，良質の経験と内省を促すには，それらが生じる環境をいかに整備するかが，経営上の課題になります。そこで，保健体育教師の良質な学びを支えるために，学校内外において企画・実施されているのが教員研修です。とりわけ，保健体育教師が担う社会的な期待と学校体育の課題解決のためには，保健体育教師の「体育の指導能力」はもちろんのこと「体育の経営能力」を高める学びとそれを支える研修体制をどのように構築していくかが，緊要の課題といえます。

（朝倉雅史）

▷5　中原淳・金井壽宏 (2009)『リフレクティブ・マネージャー——一流はつねに内省する』光文新書。

▷6　その他にも，「勤務校の異動」や「学校外での優れた教師との出会い」「地域における社会的活動」「個人や家庭生活の変化（結婚や子どもの誕生など）」といった学校内外における多様な経験が，力量形成の契機になる（山﨑準二(2002)『教師のライフコース研究』創風社）。

▷7　教員研修には，自己研修，校内研修，教育委員会または教育センターなどでの研修，民間の研究団体などの研修，長期派遣・海外派遣研修，大学が開催する公開講座などがあり，様々な機関が教師の力量形成を支援している。

【おすすめ文献】

†原成一郎・徳永隆治・村井潤編 (2015)『体育授業を学び続ける——教師の成長物語』創文企画。

†宇土正彦・高島稔・永島惇正・高橋健夫編 (2000)『新訂　体育科教育法講義』大修館書店。

†山﨑準二・榊原禎宏・辻野けんま (2012)『考える教師——省察・創造・実践する教師』学文社。

1 学校体育・スポーツのマネジメント

運動部活動の運営体制と資源

▷1 友添秀則（2013）「学校運動部の課題とは何か──混迷する学校部活をめぐって」友添秀則編著『現代スポーツ評論』28, 創文企画, 8-18頁.

▷2 国立教育政策所編（2014）『教員環境の国際比較──OECD国際教員指導環境調査（TALIS）2013年調査結果報告書』明石書店.

▷3 次世代の学校指導体制にふさわしい教職員の在り方と業務改善のためのタスクフォース（文部科学省）「学校現場における業務の適正化に向けて」（平成28年6月13日）. 文部科学省では、教職員の在り方と業務改善の方策に関する検討を実施し、「学校現場における業務の適正化に向けて」と題する報告の中で、「教員の部活動における負

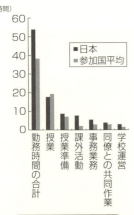

図1 中学校教員（中等教育学校前期過程も含む）の1週間当たりの勤務時間

出典：国立教育政策編（2014）より筆者作成.

1 問われるスポーツ教育システムとしての学校運動部活動

わが国の中学校および高等学校における学校運動部は、国民のスポーツライフの形成に多大な影響を及ぼしながら発展を遂げてきました。しかし、中学校から高等学校への進学時に見られる生徒の部活動離れ、指導者による体罰、顧問教員の指導力不足や負担増の問題が顕在化（図1）しており、改めて学校運動部活動の在り方が問われています。

運動部活動は、スポーツに興味と関心をもつ同好の生徒がスポーツの楽しさや喜びを味わい、学校生活を豊かにする活動であるとともに、生涯スポーツの素地や「生きる力の形成」にも極めて効果的な活動です。このような効果を引き出すためには、それぞれの学校や運動部が置かれた環境の中で、学校の内部および外部環境のマネジメントが重要となります。

2 学校運動部活動における内部資源のマネジメント

(1) 生徒のスポーツ実践力の素地を養う：生徒の部活動に対する価値観や志向が多様化する傾向にあります。そこで、部の方針や活動の計画に際し、生徒の自主性を尊重し意見を取り入れ、生徒のスポーツ実践力やマネジメント力などの生涯スポーツの素地を養い、部員の経営的な資質・能力を育成していきます。また、部活動も学校教育活動の一環であることから、保健体育科などの学びとの関係を明確にし、教科との関連を図っていく必要があります。

(2) 顧問教員の指導力の向上：各学校の保健体育科教員や指導経験の豊かな教員などを中心に、生徒の発育・発達や精神的な成長の段階、競技種目の特性を踏まえた研修の場を設定し、顧問教員の指導力の向上を図ります。また、教育委員会やスポーツ団体などが主催する指導者講習会を活用し、顧問同士が情報共有できる場や、近隣の学校間で顧問が交流し専門的指導力の向上を図り、運動・栄養・休養のバランスを考慮した効果的な指導法について、知識を共有できる環境を整えます。

(3) 学校組織としてのマネジメント体制の整備：学校長のリーダーシップのもと、学校全体で部活動をマネジメントする意識の醸成と体制の整備を行います。学校の教職員、保護者、地域のスポーツ関係者、学校医や医療関係者が部活動連絡協議会（仮称）を組織し、練習時間や内容、休養日の設定、保護者や

地域との連携の在り方などの観点から，部活動の取り組みや活動評価を通して，関係者の理解と協力を図ります。特に，発育発達期の練習時間や休養日の設定，学校生活とのバランスや教員の負担の問題などを考慮し，社会の変化に対応した地域に開かれた部活動運営の在り方を検討する必要があります。

③ 外部資源のマネジメントと地域との協働

(1) 複数校合同部活動や拠点校による部活動の推進：生徒数や教員数の減少にともなう部活動の縮小に対応するために，交流可能な範囲の近隣校との複数校合同部活動を推進していくことも1つの方法です。生徒の移動や安全の確保，指導体制などの課題は多いですが，知恵を出し合いその解決を図っていくことが求められています。基本的に学校は校庭や体育館などの施設を有しており，学校によっては体操場やアーチェリー場などの特別な施設を有している場合もあります。近隣の学校施設や公共体育施設の拠点化を進める工夫や，少子化にともなう学校の統廃合後の施設の有効活用を積極的に進めていくことは今後重要となります。

(2) 外部指導者の活用と連携：学校や地域の実情に応じて，専門的な指導ができる地域の外部指導者の積極的活用も大切です。外部指導者の活用に際しては，学校長のリーダーシップのもと，全教職員の共通理解を図り，学校の基本方針の下に，顧問教員と外部指導者の役割分担を明確にし，定期的に協議しながら進めていく必要があります。

(3) 地域スポーツクラブなどとの連携：生涯スポーツの素地を養う点からも，地域のクラブでの活動を認め，生徒の多様なスポーツ活動の場を保障するとともに，そのような活動の在り方を推奨していくことも大切です。ただし，学校生活に支障が出ないことや活動が過度の負担とならないこと，本人や保護者の責任のもと行われる活動であることなどを周知しておく必要があります。また，新たな取り組みとして，民間企業などと契約し休日の部活動にコーチを派遣する事業も行われています。財源や費用負担など課題は残されていますが，企業も含めた様々なセクターと分業あるいは協働し，多様な部活動の在り方を模索していくことは，これからの学校運動部活動の新たな方向として検討する必要があるといえます。

学校運動部がわが国独自のスポーツ教育システムとして機能していくためには，まず学校組織（学校長，体育教員および顧問教員を中心に）として運動部をマネジメントする必要があります。さらに，これからの学校運動部は，各学校と教育委員会などとの連携のもと，学校間の連携や地域，企業などの様々な人，組織，施設などの資源を活用し，学校運動部活動を社会に開かれた活動へと転換させ，子どもたちの多様で豊かなスポーツ活動の場を地域と協働して創造していくことも大切です。

（中　比呂志）

担を大胆に軽減する」とし，休養日の明確な設定等を通じた部活動の運営の適正化，部活動指導員（仮称）の配置など部活動を支える環境整備の2つの改革案を示している。
http://www.mext.go.jp/a_menu/ shotou/ uneishien/ detail/ 1372315. htm（2016年12月12日最終アクセス）

▶4　友添，前掲書，8-18頁。運動部活動の在り方に関する調査研究協力者会議（2013）「運動部活動の在り方に関する調査研究報告書――一人ひとりの生徒が輝く運動部活動を目指して」．http://www.mext.go.jp/a_menu/sports/jyujitsu/1335529.htm（2016年12月12日最終アクセス）

▶5　課外活動振興協議会（2007）「部活動振興基本計画――運動部活動振興に向けた20の提言」東京都教育庁指導部指導企画課。http://www.kyoiku.metro.tokyo.jp/pickup/p_gakko/shidoushiryou. html（2016年12月12日最終アクセス）

▶6　松瀬学（2013）「地域ぐるみのサポート体制構築へ」友添秀則編著『現代スポーツ評論』28，創文企画，93-100頁。

(おすすめ文献)

†内田良（2015）『教育という病――子どもと先生を苦しめる「教育リスク」』光文社新書。

†友添秀則編著（2013）『現代スポーツ評論　学校運動部の現在とこれから』28，創文企画。

†神谷拓（2015）『運動部活動の教育学入門――歴史とのダイアローグ』大修館書店。

第Ⅰ部　参加型スポーツのマネジメント

1　学校体育・スポーツのマネジメント

9　単位運動部の自治的運営

1　運動部活動の位置づけ

　学校の教育活動の中心にあるのは授業です。教科指導は教師が計画し，それに基づいて生徒が活動する中で知識や技能を学んでいくものです。一方で，学校にはホームルーム活動や行事などの教科外活動があります。そこでは，みんなを大切にする思想やみんなと協力する行動などを学んでいきます。たとえば運動会などの体育的行事では，生徒たちが目標を決めその目標に向けて実際にやり遂げることを経験していきます。いわば「自治」を学ぶ場になっています。学校では，これらの教育活動を通じて生徒の人格形成に寄与していきます。

　運動部活動も，学校の教育活動の1つです。中学校学習指導要領によると，運動部活動は教育課程外にあるものの，「学校教育の一環として，教育課程との関連が図られるよう留意すること」と記されています。したがって，学校の教育目標，特に学校体育経営の目的や方針に沿った運営がなされなければなりません。たとえば学校の体育経営の目標が「運動の楽しさ・喜びを体験させられるように運動に親しませる」であれば，一人でも多くの生徒が運動部に加入するように運営されなければならないでしょう。勝つことばかりを追い求め，生徒がついていけなくなるような活動では学校教育の一環とはいえません。

2　顧問会議の重要性

　そこで重要になってくるのが顧問会議（運動部運営委員会）の役割です。顧問会議には各クラブの顧問がそのメンバーとして参加し，クラブの運営に関する諸事項を協議する場です。体育主任がその議長を務めることが多いようです。具体的には，クラブ運営の基本方針，練習の曜日・時間・場所などの調整，対外試合参加に関する方針や手続き，外部指導者に関する事項，クラブ予算の配分などが話し合われます。また，一部の指導者に過大な負担を強いたり，逆に一部指導者の独善をまねいたりしないように，学校としての統一した方針を決定することが必要です。

3　外部指導者に関わる留意点

　神奈川県教育委員会の調査によると，外部指導者は教員と比べたときに，より長い時間，より多くの日数を部活動に費やすべきと考えていることがわかっ

▷1　神谷拓（2015）『運動部活動の教育学入門——歴史とのダイアローグ』大修館書店，286-287頁。
▷2　文部科学省（2017）『中学校学習指導要領』第1章総則　第5学校運営上の留意事項には，「生徒の自主的，自発的な参加により行われる部活動については，スポーツや文化及び科学等に親しませ，学習意欲の向上や責任感，連帯感の涵養等に資するものであり，学校教育活動の一環として，教育課程との関連が図られるよう留意すること」とある。
▷3　「中学校・高等学校における運動クラブの指導について（通達）」(文部省初等中等局長　昭和43年11月8日）
　1　校長をはじめ運動部長などの運動クラブの責任者，種目別の各クラブ担当教員などによる指導組織を確立し，関係教員全員が連係を密にし，協力して指導の徹底を図るようにすること。

ています。外部指導者のもとでは、それまで以上に練習量が増加することが考えられます。顧問教員は学校としての部活動の運営方針を正確に伝えて、理解と協力を求めることが必要になります。

また、複数校合同で部活動を行う場合には、各学校の部活動運営の基本方針をすり合わせておくことが必要になります。理想的には、各学校の顧問・コーチによって「合同部活動運営委員会」を組織し、新たな運営方針を検討することが望まれます。各学校長間で「協定書」を取り交わすこともできます。

4 運動部活動で「自治」を学ぶ

運動部活動の中心にあるのは練習や試合です。まずは生徒たちが話し合って、練習計画や練習内容を決めるように促しましょう。当然、技能が適切に身に付くような方法をアドバイスすることは顧問教師の役割ですし、練習における安全管理はもっとも大切な教師の役割です。試合に際しては、戦い方やメンバーも生徒自身で決めさせましょう。「あいつ頑張ってるからメンバーに入れようぜ」など、生徒たちはお互いをよく見ているものです。自分たちで決めた戦い方なら、苦しい場面でもあきらめずに戦えるでしょう。しかし、こうした目に見える部分だけを整備しても活動は維持できません。

スポーツを楽しむためには仲間や組織が必要です。一緒に練習したり、支え合ったりする仲間がいなければ活動は成り立ちません。仲間と協力するための一定のルールづくりも必要になります。たとえば、練習は原則として休まない、事情があって欠席する場合には顧問教師とリーダーに連絡するなどの約束事も必要になります。また、クラブ組織を維持していくためには、各自が一定の役割を果たさなければなりません。練習計画の作成や練習場所の確保、道具や部室の管理など一人ひとりが役割をもてるような組織づくりが必要です。

スポーツ活動を成立させるためには、場や環境が整っていなければなりません。スポーツをする施設や用具がなければ、活動そのものが成り立ちません。時間やお金も必要になります。それらがすべて揃って、はじめて活動が成立するのです。それらを整えることも自分たちの手で行わなければなりません。たとえば、他の運動部と練習場所の調整をすることも必要になります。用具も自分たちで管理するものと学校が管理しているものとがあるでしょう。それを揃えておくことも必要です。練習時間も各自の授業の終わる時間や行事の準備などに配慮して決めなければなりません。これらすべてを生徒たちだけで行うことは難しいかもしれません。ときには顧問教師の手助けが必要になります。特に金銭に関わる部分は顧問教師が管理しなければならないでしょう。

生涯スポーツの実践者となり、社会の形成に貢献していくためには、運動部活動の中で「自治」を経験しておくことが必要になります。それを学べるような運動部活動のマネジメントが、今求められているのです。　　　　（嶋﨑雅規）

▶4　神奈川県教育委員会（2014）『中学校・高等学校生徒のスポーツ活動調査報告書』によると、1週間の適切な活動日数「6日以上」と答える者の割合は、教員30.3％、外部指導者60.7％。1日当たりの適切な活動時間「2時間以上」と答える者の割合は、教員73.9％、外部指導者85.9％となっている。

▶5　嶋﨑雅規・八代勉（2003）「複数校合同運動部活動に関する事例の研究」『体育・スポーツ経営学研究』第18巻第1号、13-23頁。

▶6　富山県教育委員会（2014）『運動部活動運営の手引き』には、「合同部活動実施の手続」として、「合同部活動を実施する学校は、別紙様式2の例による［合同運動部活動に関する協定書］を事前に取り交わすこと」とある。

おすすめ文献

†神谷拓（2016）『生徒が自分たちで強くなる部活動指導』明治図書。
†杉本直樹（2015）『部活動指導スタートブック』明治図書。
†内海和雄（1998）『部活動改革──生徒主体への道』不昧堂出版。

1 学校体育・スポーツのマネジメント

10 学校体育と学社連携,協働／スクール・ガバナンス

1 学校と地域の関係の再構築

1980年代以降,個性尊重の教育への転換・生涯学習社会への移行を背景に,学校が社会教育施設などをより積極的に活用したり（中央教育審議会「生涯教育について（答申）1987年」）,学校を生涯学習の場として位置づける（臨時教育審議会（答申）1987年）など,学校と地域社会との関係を重視する議論が活発化しました。学社連携という概念は,こうした背景から,1996年に,生涯学習審議会「地域における生涯学習機会の充実方策について（答申）」で示されました。学社の「学」は学校教育を,「社」は社会教育を意味し,学社連携とは「学校教育と社会教育がそれぞれ独自の教育機能を発揮し,相互に足りない部分を補完しながら協力しようとするもの（答申）」です。そして,「学校教育と社会教育がそれぞれの役割分担を前提とした上で,そこから一歩進んで,学習の場や活動など両者の要素を部分的に重ね合わせながら,一体となって子供たちの教育に取り組んでいこうという考え方であり,学社連携の最も進んだ形態」を学社融合といいます。

学校における学社連携の例では,当初,授業や総合的な学習の時間,学校行事,部活動などの教育活動に保護者や地域住民が外部指導者として学校を支援する実践が多く展開されました。その後,国や地方自治体の施策としても様々な形態をとりながら展開されています。2015年12月には,学校と地域の連携・協働の在り方として,「地域とともにある学校」への転換,「子供も大人も学び合い育ち合う教育体制」の構築,「学校を核とした地域づくり」の推進が示されました。東京都教育委員会には「教育庁人材バンク」という学校教育活動を支援する人材の情報を東京都の公立学校に提供する制度があります。学校体育においては,保健体育科教員と地域の指導者との連携によって安全を確保した武道指導の普及促進などを行う事業が展開されています。また,多くの地方自治体で運動部活動支援のための外部指導者の派遣事業を行っています。こうした事業は,一見するとよい試みのようにみえますが,反面,体育科教員の専門性の問題とも関わってくるので,慎重な議論が必要です。

2 学校体育における学校と地域の協働

学社融合は学校と地域の「協働」と捉えられます。学校体育における学校と

▷1 開かれた学校やコミュニティ・スクールという概念によって学校と地域の関係の在り方が問われている。金子郁容（2000）『コミュニティ・スクール構想』岩波書店。また,現行の改正教育基本法第13条において「学校,家庭及び地域住民その他の関係者は,教育におけるそれぞれの役割と責任を自覚するとともに,相互の連携及び協力に努めるものとする」と規定されている。

▷2 中央教育審議会「新しい時代の教育や地方創生の実現に向けた学校と地域の連携・協働の在り方と今後の推進方策について（答申）」。2016年1月には,「一億総活躍社会の実現と地方創生の推進のため,学校と地域が一体となって地域創生に取り組めるよう」（傍点引用者）,「次世代の学校・地域」創生プランが示された。学社連携・融合の目的が「学校側の意図する教育目的をより効果的に達成するため」,つまり,子どもの学習がより豊かになるためであったことを考えれば,今日の学校と地域の連携・協働の目的も変容してきているといえよう。そのほか,関係の施策として,教育再生実行会議「『学び続ける』社会,全員参加型社会,地方創生を実現する教育の在り方について（第六次提言）」（2015年3月）やコミュニティ・ス

地域の協働の事例として，学校の運動会と地域の運動会を子どもたちや地域住民が一体となって開催する合同運動会があります。ある小学校では，子どもと地域住民が交互にバトンを受け渡すリレーを行ったり，その学校の伝統種目であるソーラン節を地域住民の演奏で実施し，学校と地域双方を活性化しました。ところで，こうした合同運動会を成功させる際，重要なことは，合同運動会を創るマネジメント（計画や準備，反省）に学校と地域が協働で取り組むことです。この小学校では「学校の運動会の理念は何なのか」「学校と地域の合同運動会にふさわしい種目をどうするべきか」「子どもへの支援の在り方はどうあるべきか」等々，運動会を開催する意味を学校と地域が一体となって問い直し，共通理解を図りました。こうしたプロセスを意味形成といいますが，学校教育における学校と地域の連携・融合の成否は，教育活動場面の相互補完，ないし，一体性だけでなく，それを支えるマネジメント場面での協働が握っています。

③ スクール・ガバナンス

学社連携を教育レベルの学校と地域の連携問題と捉えれば，スクール・ガバナンスは経営レベルの学校と地域の連携問題といえるでしょう。スクール・ガバナンスとは，文部科学省，教育委員会といったガバメントのみに依拠してきた学校の統治構造を，保護者や地域住民，企業，NPO などの多様なステークホルダーとの連携，協働に転換し，今日の複雑・多様化した教育問題の解決を図っていこうとする概念です。その理念は，(1)アカウンタビリティ導入による学校経営の責任の明確化を図ることと，(2)保護者や地域住民などの学校経営への参加によって信頼関係の再構築と教育改善を進めることです。わが国においては，校長が保護者や地域住民から学校運営について意見を聴取する仕組みである「学校評議員」制度（2000年）や保護者や地域住民などによって構成される委員が学校運営の基本方針の承認や教職員人事に意見を述べる権限が与えられている「学校運営協議会」制度（2004年）が確立しています。特に，学校運営協議会は，コミュニティ・スクールや地域運営学校などともよばれています。

学校体育においても，すでに「体育授業は何をめざし，何を内容として学習させようとするのかを明示するとともに，それらの目標や内容は授業実践を通してどれほど実現されたか，厳しくアセスメントする必要がある。そうすることが，体育授業に課せられたアカウンタビリティー（説明責任）である」と指摘されています。この指摘は，教科としてのアカウンタビリティの重要性を指摘したものですが，今後は，各学校において「この学校の体育授業では，子どもたちにどのような力をつけてくれるのか」といった各学校のアカウンタビリティが問われてくることになります。スクール・ガバナンス機能による不断の体育授業改善が子どもたちの明るく豊かな生活に結びつくことで，教科としての体育の存在意義を高めていくことが重要です。

（横山剛士）

クールの推進等に関する調査研究協力者会議「コミュニティ・スクールを核とした地域とともにある学校づくりの一層の推進に向けて」（2015年3月）などがある。
▷3 佐藤晴雄（2002）『学校を変える 地域が変わる』教育出版。
▷4 横山剛士（2012）「地域との合同運動会を創り上げた勝山小学校」浜田博文編著『学校を変える新しい力――教師のエンパワーメントとスクールリーダーシップ』小学館，159-179頁。
▷5 小島弘道（2007）『時代の転換と学校経営改革』学文社。
▷6 アカウンタビリティ（accountability）は説明責任と訳されることが多いが，本来は「組織が生み出した成果を一定の指標に基づいて評価し，それが社会的に望ましいレベルに達していない場合には責任者に制裁が課されるという厳しい概念」である。水本徳明（2006）「スクールマネジメントの理論」篠原清昭編『スクールマネジメント』ミネルヴァ書房，27-42頁。
▷7 高橋健夫編著（2003）『体育授業を観察評価する――授業改善のためのオーセンティック・アセスメント』明和出版。

おすすめ文献

†エドワード・G. オルゼン（1950）『学校と地域社会』小学館。
†金子郁容（2000）『コミュニティ・スクール構想』岩波書店。
†大林正史（2015）『学校運営協議会の導入による学校教育の改善過程に関する研究』大学教育出版。

1 学校体育・スポーツのマネジメント

 学校体育の経営評価

経営評価の重要性

　経営評価とは，スポーツマネジメント機能の1つである「統制」の働きのことをいいます。一般に評価とは，一定の立場から望ましいと考えられる基準に基づいて，活動の過程と結果をチェック・判定し，次の活動に活かすために行われます。学校体育においても同様に，教育目標を達成する立場から，望ましいと考えられる基準を設定（標準の設定）し，この標準に照らして，経営活動の全過程（体育事業の過程とマネジメント過程）および経営活動の成果を振り返り（分析評価），その結果を後の経営活動（特に目標と計画の決定）に活かす（修正活動），という一連の過程を経て遂行されます。

　経営評価を実施することの意義は，「体育・スポーツ経営をよりよいものにするため」です。この「よりよい」には「より効果的に」と「より効率的に」という2つの意味があります。経営に「最善」や「最良」というものはなく，「これでよい」ということはありません。1つの目標が達成されたら，さらに次の目標を立て，その達成に向けてより合理的な経営への創意工夫が施されます。経営とはそうした「よりベター」を求める上昇志向の営みであり，この絶えざる創意工夫（改善）を促進させる機能が評価機能なのです。

経営評価の観点

　学校体育の経営評価については「経営条件の評価」「経営成績の評価」の2つの視点で評価する方法が一般的です。

　「経営成績の評価」は，「学校体育経営の成果とは何か」を決定することから始めなければなりません。企業のように経済的利潤を数字で示し，それを経営成績として評価することは困難です。そこで，年間計画を立てる段階や体育的行事の計画を立てる段階で，今年度の成果や行事の成果を具体的に設定（標準の設定）することが大切です。つまり，「経営成績」とは目的を達成できたかどうかを明確な結果として表現（数値化）し，年度末や行事終了後に評価できるようにすることなのです。一方，「経営条件」とは「経営成績」を生み出すための組織や手段および方法のことで，目的を達成するために行う学校体育の様々な事業（授業・部活動・行事など）の実践をめぐる準備や計画の立て方，経営資源の確保などの運営方法がふさわしかったかどうかを確かめる評価という

ことです。つまり、目的を達成できたかどうかを「経営成績」で評価し、その経営成績（結果）をもたらした原因や要因は何かを評価することが「経営条件の評価」ということになります。

たとえば、ある学校が体育経営目標として「運動部活動加入率を80％から85％へ」と設定した場合、生徒数1,000人の学校であれば1％は10人です。新たに50人を部活動へ入部させるために部活動顧問と部活動主将による合同プロジェクトチームを組織し、部活動の魅力を伝えるための新規事業を立ち上げ、実践したとします。年度末にこの新規事業が有効であったかどうかを加入率のデータと生徒によるアンケート結果から評価します。その際、誰（組織）が評価をするのかをあらかじめ決めておくことが重要です。また、経営条件の評価としてプロジェクトチームメンバーによる新規事業自体の評価も重要です。

3 経営評価の実際

学校経営評価の具体的手順は一般的に(1)標準の設定、(2)分析評価、(3)修正活動の3つのプロセスを経て遂行されます。標準とは、経営実績と比較するための尺度であり、固定化・計量化された基準を意味します。評価を行うために必要な観点と基準となるもので、具体的には経営目標、予算計画、施設整備計画などの各種計画に加え、児童・生徒の運動技能の到達目標や組織のメンバーの業務に関する基準などです。いずれもその評価・反省のもとになるように標準を明確に設定すべきで、それを明確にしておく時期は計画作成時です。第2段階である分析評価とは、実際の活動やその結果に関する各種の情報や資料を収集し、計画の段階で設定された標準と照らし合わせ、経営活動が適切になされているかを判断し、差異が出ている場合には分析してその原因を明確にすることです。そのためには事前に、どのようなデータを、いつ、どのような方法で収集するのかを定めておくことが重要です。情報はヒト、モノ、カネにならぶ経営資源の主要要素であり、正確な情報をいかに迅速に捉えるか、そしていかにその情報を分析し、次の段階である「修正活動」のために情報をつくり出すかの必要があります。第3段階の修正活動とは、経営成果や経営活動の分析評価の結果、経営体の諸活動が計画段階で設定された標準に対して許容を超える差異があるかどうかを判断した後に行われるもので、標準に適していれば、そのまま維持・前進させ、不適当なものについては、その解決の対策を講じることになります。具体的には、計画の変更、組織の改編、個人行動の在り方の変更など広範囲にわたって行われます。

先ほどの例であげた「部活動加入率を5％上げる」ための新規事業の評価でいえば、事業終了直後に評価し、その計画を見直し、第2回目の事業を実施してみるなどが修正活動にあたります。その他、評価自体を外部の第三者の組織に依頼し、実践することもあります。

（川崎登志喜）

▶1 経営評価の基本的観点例
①経営成績の評価の観点
○体育の目的が成果として表現されているか。
○体育の目標が評価できるように数値化（明確化）されているか。
②経営条件の評価の観点
○体育経営組織は目的を達成するのにふさわしい協力の仕組みとなっているか。
○目的達成にふさわしい体育事業が選択・実行されているか。
○体育事業が合理的・効率的に進められているか。
○体育経営を取り巻く環境との間に適合的な関係が築かれているか。

▶2 東京都立高等学校では「学校経営シート」を作成し、公開している。それぞれの高校の特色を活かし、教育目標、経営目標を明確にしている。また、さらに各学校のホームページに別途詳細な数値目標も掲げている。この中には体育に関するものも多数見受けられ、経営成績や経営条件の評価が年度末にできるように「見える化」が工夫されている。特に部活動満足率などの評価がされている。東京都教育委員会ホームページ。
http://www.kyoiku.metro.tokyo.jp/buka/gakumu/keiei_sheet.htm#koutoug

おすすめ文献

†（一社）日本体育学会監修（2006）『最新スポーツ科学事典』平凡社、259-260頁。
†宇土正彦編著（1994）『最新学校体育経営ハンドブック』大修館書店。
†八代勉・中村平編著（2002）『体育・スポーツ経営学講義』大修館書店。

1 学校体育・スポーツのマネジメント

 学校体育団体の役割

1 (公財)全国高等学校体育連盟と(公財)日本中学校体育連盟

　全国高等学校体育連盟(以下,「全国高体連」)は,1948年6月に創設され,1963年に第1回全国高等学校総合体育大会(以下,「全国高校総体」)が開催されました。現在は,約120万人の高校生が都道府県高等学校体育連盟に登録し,全国高校総体をはじめ各種の大会で日々の練習の成果を発揮しています。また,日本中学校体育連盟(以下,「日本中体連」)は,1955年に全国中学校体育連盟として発足しました。現在は,約220万人の中学生が都道府県中学校体育連盟に登録し,活動しています。

　学校体育団体の目的は,いずれも生徒の健全な心身の育成,体力の増強および体育・スポーツ活動の普及と発達を図ることにあります。

2 全国高等学校体育連盟と日本中学校体育連盟の組織と事業

　全国高体連のもっとも大きな事業は大会の企画・運営です。全国高体連の33競技専門部のもとに都道府県高体連競技専門部を置き,都道府県大会の企画・運営を行っています。競技によっても違いはありますが,年に何回か行われる大会の運営には専門部の委員の先生方が総出であたります。その他に,常任委員になると,勤務時間が終わった後に月に1回程度の会合をもち,専門部の運営について話し合います。大会運営のほかに,各競技専門部では,普及活動,国民体育大会などに向けての選手強化,指導者の育成,審判の育成などを行っています。

　その各競技専門部などの組織を所管しているのが都道府県高等学校体育連盟です。各競技専門部から選出された常任理事と会長以下の役員で話し合いをもち,調整を図ります。

　その他の事業としては,全国高体連研究部のもとに都道府県高体連研究部を置き,調査研究活動を行い,年に1度の全国研究大会に研究内容やその成果を発表しています。都道府県によっては,独自に研究大会を開催したり,研究紀要を発行したりして,研究活動の活性化を図っています。

　さらには広報活動として全国高体連では,機関誌として『全国高体連ジャーナル』を年2回発刊しています。また,全国高体連ホームページを開設し,随時更新して情報発信に努めています。

▷1　その後2001年3月に財団法人化され,2012年4月には公益財団法人としての認定を受け,現在に至る。

▷2　その後1989年2月に(財)日本中学校体育連盟として認可され,2011年3月に公益財団法人の認定を受け,現在の名称となる。

▷3　全国高体連ホームページには上記の趣旨に関わる主な内容として以下の3つがあげられている。
http://www.zen-koutairen.com/f_outline.html (2016年12月22日最終アクセス)
(1)高校生の健全育成を目指す
(2)競技力の向上
(3)生涯スポーツ実践の基礎づくり

▷4　日本中体連のホームページにも目的を達成するために次の事業を行うとして,以下の5つがあげられている。http://njpa.sakura.ne.jp (2016年12月22日最終アクセス)
(1)全国的な中学校体育大会の開催
(2)中学校体育に関する調査研究
(3)各地域の情報及び資料の交換
(4)都道府県中体連への助成事業
(5)広報・会報の発行

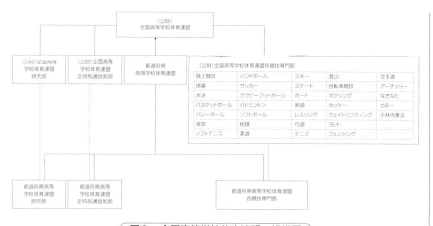

図1　全国高等学校体育連盟　組織図

出典：全国高等学校体育連盟ホームページより。

中体連についても同様の組織と事業が展開されています。▸14

3 学校体育団体の役割

学校体育団体では、同世代の生徒同士がスポーツの力と技を競い合い、高め合うことができれば、競技力の向上はもとよりその人間性を高め育成することにも大きな意義があると考えてきました。そのため、全国高校総体や全国中学校体育大会を頂点とする大会などの企画・運営にもっとも力を入れてきました。その中で、体罰や暴力の問題、勝利至上主義的活動や休日もない過度の活動、生徒のバーンアウト症候群▸5など数多くの問題も発生してきました。また最近では顧問を担当する教員の過重な負担も問題になっています。今後は、一部で加熱するこれらの大会の在り方を再検討することも学校体育団体に課せられた役割と考えます。

顧問となり部活動の指導を行う教員は、必ずしも保健体育科の教員ばかりではなく、その競技の経験があるとも限りません。▸6これらの教員の負担を軽減し、生徒に対して適切な実技指導が行われるような方策を考えることも、これからの学校体育団体の役割の1つです。この点については、宮崎県高体連が部活動運営支援ハンドブック『こんなとき　どんげすっと？　部活動』を作成し活用している事例が、2009年度の第44回全国高体連研究大会で報告されています。▸7さらに、今後数多く導入されることが予想される外部指導者に対して研修の機会を提供することも、学校体育団体の新たな役割となるでしょう。

また、少子化による生徒数の減少で活動が成り立たなくなっている部活動に対しても、現在行われている複数校合同部活動だけでなく、複数種目を行える総合運動部を創設したり、競技種目ごとにシーズン制の活動にするなどの大きな改革を行うことができるのも学校体育団体の重要な任務となるでしょう。▸8

（嶋﨑雅規）

▸5　バーンアウト症候群とは、スポーツなどに全力を傾けてきた人が意欲を失う現象。部活動を終えた高校3年生やオリンピックなど大きな大会を終えたスポーツ選手が「それまでの人生最大の目標を終え、打ち込むものが何もなくなった」という虚脱感に襲われること。また高校1年生や2年生など、活動が終了していない時期に起こることもある。燃え尽き症候群ともいう。

▸6　2014年に（公財）日本体育協会が行った「学校運動部活動指導者の実態に関する調査」によると、「担当教科が体育ではない」かつ「現在担当している部活動の競技経験なし」の教員が顧問を担当している割合は、中学校で45.9％、高等学校で40.9％となっている。

▸7　川口真紀（2010）「どんげかしたい宮崎の部活動——顧問支援ハンドブックの作成と活用」『全国高体連ジャーナル』Vol. 19, 14-18頁。

▸8　嶋﨑雅規（2010）「複数校合同運動部活動の成果と課題に関する研究——ラグビー専門部の取り組みから見えるもの」『全国高体連ジャーナル』Vol. 19, 20-25頁。

おすすめ文献

†中澤篤史（2014）『運動部活動の戦後と現在』青弓社。

†神谷拓（2015）『運動部活動の教育学入門——歴史とのダイアローグ』大修館書店。

†加賀高陽（2003）『このままでいいのか!?　中学校運動部』東京図書出版会。

第Ⅰ部　参加型スポーツのマネジメント

1　学校体育・スポーツのマネジメント

大学スポーツのマネジメント

1　わが国の大学スポーツの現状

　わが国では，スポーツ系クラブ・サークルに所属する学生が1割未満の大学が12.4％，1割以上3割未満が41.7％，3割以上5割未満が27.5％，5割以上が16.4％であったと報告されています。大学におけるスポーツは高等学校までの運動部活動とは異なり，様々な組織が様々な方法で運営されており，日本の大学スポーツ全体を掌握する組織は存在しません。一般的に「体育会」とよばれる競技志向の組織と「サークル」とよばれる楽しみ志向の組織に大別されことはよく知られています。ここでは競技志向である大学競技スポーツのマネジメントについて考えてみます。

　日本の大学競技スポーツは1886年，東京大学に「運動会」が組織されて以来，課外活動の一環として，学生主体の組織によって管理運営されています。しかし，大学によってその位置づけは大きく異なり，施設・設備をはじめ，専任コーチといった人的資源，そして予算（補助金・運営費）にも大学間格差がみられます。また，統括組織をみてみると，各競技によってそれぞれ統括組織が存在し，競技間を統合する組織が存在しないことが特徴といえます。すなわち，（公財）全国高等学校体育連盟のような組織はありません。

2　アメリカの大学スポーツ

　アメリカでは，4大プロスポーツとよばれる，野球（Major League Baseball：MLB），バスケットボール（National Basketball Association：NBA），アメリカンフットボール（National Football League：NFL），アイスホッケー（National Hokey League：NHL）が人気ですが，大学生によるスポーツ（カレッジスポーツ）もプロに匹敵する人気を集めています。特に，アメリカンフットボールとバスケットボールの人気が高く，人気校の試合は全米ネットワークでテレビ放送され，大学に大きな収益をもたらしています。その統括組織がNCAA（National Collegiate Athletic Association：全米大学競技スポーツ協会。以下，「NCAA」）であり，1,121校（2016年）の大学が加盟しています。NCAAには加盟大学の規模や様々な条件によりDivision Ⅰ・Ⅱ・Ⅲの3つに区分され，99のカンファレンスでリーグ戦などを行っています（Division Ⅰに加盟するにはたとえば3万人収容のスタジアムを所有することなどの要件があります）。NCAAはカレッジスポーツの選手

▶1　西垣景太・北徹朗ほか（2014）「課外スポーツ支援に関する調査結果報告」公益社団法人全国大学体育連合編『大学体育 第104号』。

▶2　NCAAの2011年から14年間のテレビ放送権料は総額108億ドル（1兆円超）。

▶3　米雑誌 Forbes によれば，「世界で最も高価値なスポーツイベント」のランキング2015でNCAA男子バスケットボール6位，NCAAフットボールが9位にランクインしている。ちなみに1位スーパーボウル（ブランド価値：5億8,000万ドル），2位夏季オリンピック（3億4,800万ドル），3位冬季オリンピック（2億8,500万ドル），4位FIFAワールドカップ（2億2,900万ドル）。この価値の金額は各イベントのメディア収入，スポンサー契約料，チケットおよび物販のライセンス収入を合計して集計し，1日当たりの売り上げを試算したもの。
http://forbesjapan.com/articles/detail/9599

権大会の運営をはじめ，選手登録，トレーニング期間の制限などすべてを管理運営し，テレビ放送権で得た収入を加盟大学に配分する役割も担っています。

NCAAに加盟している各大学には学内の競技スポーツを統合して管理運営するAthletic Department（以下，「AD」）があります。ADは学生選手の入学，奨学金の授与，指導者の雇用，施設の管理運営そしてテレビ放送権やスタジアム収入など，大学内のスポーツマネジメントを取り仕切る組織で，それぞれの部署で専任職員が配置されています。また，Division Ⅰの大学においてはRevenue Sports（稼げるスポーツ）であるフットボールとバスケットボールで得た収入でNon-Revenue Sportsであるその他のスポーツチームを支えるという構造になっています。

③ 大学スポーツの課題とマネジメント

かつて大学スポーツはプロ野球を凌ぐわが国の花形スポーツでしたが，いまでは高校スポーツよりもテレビ放送の少ないコンテンツに甘んじています。わが国の大学スポーツは「競技団体としての学連のマネジメントの問題」「各大学の体育会としての組織の問題」「競技力向上に関する問題」など個々には様々な問題点を抱えていますが，「カレッジスポーツ」として，高校スポーツに負けない魅力あるものにするためには，(1)統一ルールの不在，(2)統轄組織の不在，(3)各大学における統括組織の不在，の3つのマネジメント課題が解決されなければならないでしょう。

NCAAには公平性を保つため，チーム練習が可能な期間，奨学生の人数，試合出場のための学業成績など様々な統一ルールが存在します。しかし日本には競技を超えた統一ルールは存在せず，各競技の学連による留学生選手の制限以外に公平性を保つためのルールがみあたりません。また，大学スポーツを支援する組織を有する大学もありますが，未設置の大学や旧態依然とした「体育会」組織が大多数です。

NCAAのような大学スポーツに関する競技の枠を超えた組織をもつことによって，大学スポーツ全体のブランド価値を高め，箱根駅伝のような魅力あるコンテンツを複数提供できるように全体としてマネジメントすることが必要でしょう。具体的には，各競技間で日程の重複している大会や試合について，重なりをなくすことができるようにしたり，シーズン制を採用することで，大学スポーツ全体の競技期間を長くするということも考えられます。

これらを実現させるためには，たとえば〈仮称：日本カレッジスポーツ連合〉のような組織の創設やその組織による全国統一ルールの制定が期待されます。さらにそのルールに基づく各大学の「競技スポーツセンター」の設置など，学内外に学生スポーツの価値を高めていくための様々な施策が可能になると考えられます。

（川崎登志喜）

▶4　NCAAの問題点は，大きく「免税特権」と「学生選手の無給労働」にある。巨額の放送権は法人税の対象外となっており，教育機関であるNCAAは非営利団体であるためさらに法人税も免除，さらにスタジアム建設における免税処置などもある。利益は加盟大学に分配されているが，特権を与えすぎているという批判を受けている。また，プロスポーツの経営を圧迫している人件費（選手の給与）であるが，大学スポーツであるため当然無給である。しかし，これも批判の的の1つとなっている。2009年「オバンノン訴訟」なるかつての学生選手からNCAAは肖像権を不当に利用しているとして訴訟を起こされ，2016年の入学生から補償することになった。http://www.antitrustupdateblog.com/blog/ninth-circuit-hears-oral-argument-in-obannon-v-ncaa/#.VSWS_eAEJ3o.linkedin

▶5　NCAAホームページ。http://www.ncaa.org/about/resources/media-center/ncaa-101/what-ncaa（2016年5月13日最終アクセス）

おすすめ文献

†吉田良治（2015）『スポーツマネジメント論――アメリカの大学スポーツビジネスに学ぶ』昭和堂。
†池田勝・守能信次編（1999）『スポーツの経営学』杏林書院。

第Ⅰ部　参加型スポーツのマネジメント

2　地域スポーツのマネジメント

 地域スポーツの変遷と
スポーツマネジメント

戦後復興と社会体育の振興

　戦後の社会体育の復興においてスポーツ振興の中心的な担い手となったのは体育行政でした。1949（昭和24）年に社会体育の法的根拠となる「社会教育法」が制定され，1951（昭和26）年には文部省（現：文部科学省）から社会体育における地方公共団体の任務を示し，地域や職場の体育指導者の手引きとして作成された「社会体育指導要項」が公表されました。この時期，社会体育は戦後の生活再建と民主主義的な生活を志向する活動として公的に位置づけられていました。1950年代後半からの高度経済成長によって，国民の生活が豊かになり余暇にも関心が向けられるようになると，1958（昭和33）年，わが国にとって戦後初の国際大会となるアジア大会が開催され，翌年にはオリンピック・東京大会（1964年）の開催が決定しました。こうした国内外のスポーツ状況の変化に対応して，国民スポーツのさらなる振興を図るために，1961（昭和36）年，わが国初のスポーツ独自法である「スポーツ振興法」が制定されました。この法律は，施設整備の制度化や体育指導委員（現：スポーツ推進委員）の身分確立など，その後のスポーツ振興において重要な役割を果たすことになります。[1]

❷ コミュニティ・スポーツ論からみんなのスポーツ論，そして生涯スポーツ論へ

　昭和40年代の高度経済成長は，スポーツの大衆化にも大きく貢献しました。この時期にはスポーツ行事や教室が盛んに開催されるようになり，教室参加者をクラブやサークルに組織化する方策（いわゆる「三鷹方式」）が多くの地方自治体で採用されるようになりました。スポーツによってコミュニティの活性化を図ろうとする「コミュニティ・スポーツ論」が注目されるようになったのもちょうどこの頃です。1972（昭和47）年の保健体育審議会答申では，日常生活圏におけるスポーツ施設の整備，参加を促すためのグループづくりや教室の奨励，指導者養成と指導体制の整備といった体系的なスポーツ政策の指針が示されました。また，1975（昭和50）年より市区町村のスポーツ振興を支援する専門職員として派遣社会教育主事（スポーツ担当）制度が開始され，専門職員がいない市区町村であってもスポーツ計画の策定や各種事業の企画立案ができるようになりました。さらに，慢性的なスポーツ施設の不足という課題を踏まえて，1976（昭和51）年，文部省は学校体育施設の開放を促すため，開放時の管

▷1　柳沢和雄（2015）「コミュニティスポーツと生涯スポーツ」中村敏雄・高橋健夫・寒川恒夫・友添秀則編『21世紀スポーツ大事典』大修館書店，56-59頁．
▷2　1975年に欧州評議会（Council of Europe）において採択された「ヨーロッパ・スポーツ・フォー・オール憲章」では，すべての人がスポーツをする権利を有すること，そしてスポーツは単なる「私的」活動ではなく，「公的」に取り組まねばならない社会的課題であることが明言されている．みんなのスポーツは，ヨーロッパ各国において健康・文化面のみならず，

理責任を学校長から当該教育委員会に移すことを全国に通知しました。これ以降、学校体育施設の開放は広がりをみせ、地域におけるスポーツ活動の場は拡大していきました。ときを同じくして、スポーツの格差を是正し、スポーツの平等化と民主化を推進する「みんなのスポーツ論」が登場します。みんなのスポーツ（sports for all）とは、スポーツが性・年齢・国籍などを超えたすべての人間の基本的権利であるという認識に基づくスポーツの大衆化運動でした。このみんなのスポーツ論はコミュニティ・スポーツを包摂しながらも、スポーツの大衆化を目指したより大きなムーブメントとなっていきます。

1981（昭和56）年の中央教育審議会答申を契機として、わが国の文教政策は「生涯学習」を基軸とするようになり、これ以降、「生涯スポーツ」という用語がさかんに用いられるようになりました。こうして「みんなのスポーツ論」は、生涯を通じた健康の保持増進やレクリエーションを目的とし、誰もが、いつでも、どこでも、気軽にスポーツに参加できる「生涯スポーツ論」へと展開していきました。

3 地域スポーツクラブとマネジメント

ここまでみた社会体育から生涯スポーツへの変遷において通底するスポーツ政策は、地域におけるスポーツクラブの育成と住民主体・主導によるスポーツ振興という考え方でした。1972（昭和47）年の保健体育審議会答申においても、自主的なグループが数多く生まれ、それが活発な活動を展開するようになるためには、施設の整備、指導者の養成確保などの諸施策を推進し、自発的なグループが活動しやすい条件を整備するなど、国のクラブ育成支援の必要性が語られています。その後も生涯スポーツ振興施策の柱となる地域スポーツクラブの育成は継続的に実施されており、文部省は1987（昭和62）年からクラブを有機的に連合させた組織を育成して活動を活性化し、この連合組織による施設の有効利用を図ることを目指した「地域スポーツクラブ連合育成事業」、さらに1995（平成7）年からは、多種目・多世代・多目的などを旗印とする「総合型地域スポーツクラブ育成事業」を展開しています。これらはいずれも地域住民がマネジメントの主体となることを念頭に置いたものでした。2012（平成24）年に策定された「スポーツ基本計画」においても総合型地域スポーツクラブの育成はスポーツ推進に向けた主要な施策とされ、その基本的な考え方は今も変わりありません。戦後から現在に至るまで、体育・スポーツ行政は人々がスポーツを行い、楽しむための、ハードウエア（施設・設備）、ソフトウエア（イベント・情報）、ヒューマンウエア（指導者）を整えてきましたが、それらはたんなる活動条件の整備ではなく、地域住民自身が主体的・自発的にスポーツに取り組むための条件を整える営みとして理解することができるでしょう。

（作野誠一）

経済・政治面でも格好の統合キャンペーンとなり、スポーツが人々の生活に不可欠の文化として大衆化していった。荒井貞光（2006）「スポーツ・フォー・オール」（一社）日本体育学会監『最新スポーツ科学事典』平凡社、388頁。
▶3　柳沢、前掲書。

▶4　「生涯スポーツ論」は戦後の社会体育の復興を皮切りに高度経済成長を背景とする「コミュニティスポーツ論」、さらにはスポーツ権を基盤とする「みんなのスポーツ論」を包摂した概念として捉えることができる（柳沢、前掲書）。
▶5　総合型地域スポーツクラブとは、多種目・多世代・多目的といった特徴のほかにも、活動拠点をもつことや質の高い指導者を抱えること、そして住民自身による自主運営などが特徴とされる。多様な地域住民がそれぞれの欲求を満たすだけでなく、共通の生活課題の解決に向けて連帯・協力しながら各種の事業を主体的に運営するスポーツ組織（事業経営体）である（柳沢、前掲書）。I-2-8 を参照。

おすすめ文献
†松村和則（1993）『地域づくりとスポーツの社会学』道和書院。
†日本体育・スポーツ経営学会編（2004）『テキスト総合型地域スポーツクラブ（増補版）』大修館書店。
†菊幸一・齋藤健司・真山達志・横山勝彦編（2011）『スポーツ政策論』成文堂。

2 地域スポーツのマネジメント

地域スポーツとコミュニティ

1 スポーツによるコミュニティ形成

「地域の人々の主体的な協働により、深い絆で結ばれた一体感や活力がある地域社会」。これは、「スポーツ基本計画」(2012年) において「スポーツを通じて目指す社会」の1つの姿として提起されたフレーズです。少子高齢化や地域社会の希薄化、東日本大震災による被害といった昨今の社会状況を踏まえ、地域での互助活動を通じて信頼に満ちた「絆」を築くというコミュニティ形成への期待がスポーツに寄せられたのです。しかし、こうした「スポーツで地域の絆を繋ぐ」という発想自体は、これが最初というわけではなく、実はかなり古くから社会体育やコミュニティ・スポーツという文脈で、その時々の重要な政策課題と関連づけられながら注目され続けてきたものです。

2 いつ頃からスポーツとコミュニティが切り結ばれたのか

「スポーツで地域の絆を繋ぐ」という政策的意図の芽生えは、文部省 (現:文部科学省) が終戦直後に着手した「社会体育」の潮流の中にみることができます。社会体育とは、「学校体育に対することばで、学校がその計画に従って行う体育活動を除いた、その他のすべての体育活動」のことで、学校教育活動以外の場における体育が重視される中で、家庭や職場に加えて、「地域」という空間に視野が向けられました。軍事色の払拭というねらいのもとで開始された社会体育でしたが、経済成長が急激に進む時代の中で、次第に、地域の人々を繋ぐ機能をもつものとしての期待を高めていきます。1960年に文部省が公表した『社会体育──考え方・進め方』では、「個人中心」へと向かう当時の都市化状況が問題視され、地域における中間集団を形成する契機としてスポーツが捉えられました。運動技術の向上のための活動に偏重するのではなく、地域住民がレクリエーションを積極的に活用しながら、良好な人間関係を築き、自分の地域に対する意識を高め、ひいては地域問題の解決を担うようになるといったロジックが示されました。

60年代後半以降には、国民生活審議会による報告書『コミュニティ──生活の場における人間性の回復』を端緒とした施策が中央省庁をあげて推進される中で、「スポーツで地域の絆を繋ぐ」という発想はさらに重視されていきました。「コミュニティ・スポーツ」という用語を初めて使用した「経済社会基本

▷1 多義的な「コミュニティ」の定義に共通するのは、メンバー間の社会的相互作用を意味する「共同性」、地域空間が限定されているという「地域性」、心理的なつながりを表す「共通の絆」という3つの要件だとされる (Hillery, G. A. (1955) "Definition of Community," *Rural Sociology*, 20(2): 111-123)。

▷2 文部省 (1960)『社会体育──考え方・進め方』教育出版、1頁。

▷3 中間集団とは、個人と国家とを媒介する機能を果たす集団のことである。

▷4 ここでは、コミュニティが「生活の場において、市民としての自主性と責任を自覚した個人および過程を構成主体として、地域性と各種の共通目標をもった、解放的でしかも構成員相互に信頼感のある集団」と定義され、都市的生活様式の中で新しい繋がりを形成する必要性が提起された。

▷5 「活力ある福祉社会」の形成に向けて、経済審議会が1973年に提起したプランで、コミュニティ・スポーツは、増大する余暇を楽しみながら人間本来の活動力を取り戻すための機会として位置づけられた。

計画」を大きなきっかけとし，コミュニティ・スポーツ政策が開始されました。地域スポーツ施設の整備や自主グループの形成などの施策が実施されながら，生活の場に立脚したスポーツの活性化が目指されたのです。

③ 総合型地域スポーツクラブとコミュニティ形成

70年代半ば以降，「みんなのスポーツ」や「生涯スポーツ」という文脈からの施策が重視されるようになります。そうした流れを汲みつつ，「スポーツ振興基本計画」（2000年）や「スポーツ基本計画」において重要施策とされているのが，総合型地域スポーツクラブ（以下，「総合型クラブ」）の育成です。総合型クラブは，スポーツ人口の増加策としての側面がしばしば強調されますが，地域の連帯意識の高揚，世代間交流といった「地域の絆を繋ぐ」役割をもつものとしての期待も受けています。さらに，市民活動の重要性が高まる中で，総合型クラブの育成は，従来政府のみが担ってきた社会問題を解決する役割を住民や企業が協働で担うという「新しい公共」の考え方とも結びつけられています。総合型クラブの考え方で中心となる「住民による自主運営」といった特徴がこの「新しい公共」のコンセプトと視野を共有することが強調されつつ，総合型クラブがコミュニティの核となり，住民が主体的にスポーツ環境を充実させる「新しい公共」を実現させることの意義が主張されています。

④ 「地域スポーツとコミュニティ」をめぐる今後の論点

こうしてみてくると，スポーツで地域を繋ぐことを目指した政策の歴史においては，政策を推進する側が，スポーツの場がもつ「地域の絆を繋ぐ」という社会的機能を重視し続けてきたこと，そして，その機能についてはかなり簡単な論理立てによって説明することが多かったことがわかります。さらに，そこに通底したのは，戦後の民主化や都市問題の解決，行財政のスリム化といったその時代で解決すべき政策課題，いわば「推進側の事情」を重ね合わせながら，スポーツを推奨してきたということでした。こうした中で，今後求められることの1つは，推進側が謳う「スポーツによるコミュニティ形成」への道筋を冷静に見直し，スポーツによっていかなる特徴をもったコミュニティがどのように形成されるのかについて，「地域住民の側の事情」を直視しながら検討し，スポーツのもつ力の実態とその活用方法について考えることです。なぜならば，シンプルに語られることが多い「スポーツによるコミュニティ形成」への期待は，実際にはそれとは異なり，日々の生活の中，地域社会の中に複雑に埋め込まれ，当事者としての住民が背負う多様な背景から影響を受けているものだからです。「スポーツによるコミュニティ形成」を本気でマネジメントするには，そうした住民の目線からの議論が求められています。

（関根正敏）

▷6 全体社会で生じた弊害についてその基本的な原因にふれることなく，生活の場という部分社会で解決しようとする政策的な思惑については，厳しい批判がなされている（森川貞夫(1975)「コミュニティ・スポーツ論の問題」『体育社会学研究』4，21-54頁）。

▷7 佐伯年詩雄（2006）「スポーツ政策の歴史と現在」友添秀則・清水論編『現代スポーツ評論』15，創文企画，36-48頁。

▷8 「新しい公共」を担う総合型クラブという論理の裏側には，従来政府が担ってきたコストを地域のボランティアに転嫁し，行財政のスリム化を図りたいという思惑も伏在するという指摘もある（小林勉(2013)『地域活性化のポリティクス──スポーツによる地域構想の現実』中央大学出版部）。

おすすめ文献

†柳沢和雄・向陽スポーツ文化クラブ編（2008）『総合型地域スポーツクラブの発展と展望──KSCC30年の軌跡』不昧堂出版。

†小林勉（2013）『地域活性化のポリティクス──スポーツによる地域構想の現実』中央大学出版部。

†松村和則（1988）「生涯スポーツ，コミュニティ・スポーツを考える」森川貞夫・佐伯聰夫編著『スポーツ社会学講義』大修館書店，90-100頁。

第Ⅰ部　参加型スポーツのマネジメント

2　地域スポーツのマネジメント

 公共スポーツ施設の整備とマネジメント

1　公共スポーツ施設の設置の現況

　わが国の体育・スポーツ施設の設置数や施設の開放状況は，文部科学省による「体育・スポーツ施設現況調査」により明らかにされています（図1）。その2008年度調査によりますと，設置数は学校体育・スポーツ施設がいちばん多く全体の61.2％（13万6,276カ所）を占めます。次に多いのが公共スポーツ施設であり，5万3,732カ所（24.1％）設置されています。前回の2002年度調査と比較すると，民間スポーツ施設を除く他の体育・スポーツ施設においては設置数が減少しているのが現状です（公共スポーツ施設では2,743カ所減少しています）。

2　公共スポーツ施設の整備のあゆみ

　公共スポーツ施設の整備基準などの策定を担った組織として(旧)保健体育審議会をあげることができます。保健体育審議会は1972年に「体育・スポーツの普及振興に関する基本方策について」を答申し，その中で日常生活圏域における体育・スポーツ施設の整備基準を策定しました。5種類の施設種別に対して人口規模を勘案し，どれくらいの面積の運動施設が何カ所あると望ましいかがその中で示されています。

　その後，1989年には「21世紀に向けたスポーツの振興方策について」を答申します。各都道府県，各市区町村や各地域において一般的に整備することが望ましいスポーツ施設の機能，種類や標準的な規格・規模といった整備指針を提示している点に特徴があります。前回の答申との比較では，日常生活圏をゾーニングし，地域住民の日常的なスポーツ活動のための身近な施設として地域施設（他には市区町村域施設と都道府県域施設という施設区分があります）という施設の区分を新たに設けたことが特筆されます。またその指針は，地域のそれぞれの態様に応じ地方公共団体が実情に即して計画的に整備する際の参考となるよう留意する必要があるとされており，柔軟な対応が求められています。さらに，運動局面のみならず運動のプロセスをも合わせて施設整備を捉えるとの考えに基づき，整備指針中に具備すべき主な付帯施設・設備も具体的に明示されています。

　上述の答申に基づき各地域でしかるべき公共スポーツ施設の整備がなされるべきですが実情はどうでしょうか。特定の県を対象とした公共スポーツ施

▷1　全国施設対象の悉皆調査として1969年から5-6年おきに文部科学省により実施されており，現状を明らかにすることにより，今後のスポーツ振興・推進施策の企画・立案に必要な基礎データを得ようとするもの。
▷2　1990（平成2）年の調査において，民間スポーツ施設と職場スポーツ施設については調査票の回収率が著しく低かったため，当該設置カ所数は調査報告からは除外されている。
▷3　屋外運動場（運動広場，コート），屋内運動場（体育館，柔剣道場），プールを指す。
▷4　人口を1万人，3万人，5万人，そして10万人規模の4つに区分している。
▷5　運動を行う際に，往路→更衣→運動（局面）→更衣→談話→帰路というようなプロセス全体を問題にし，このプロセスを快適かつ効果的に進めるための環境整備を重視するということ。

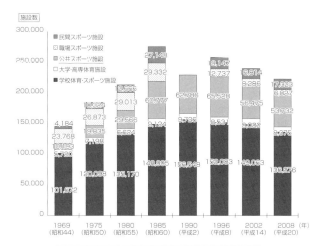

図1 わが国のスポーツ施設種別数の推移

出典：「体育・スポーツ施設現況調査」(2010) を参照し、筆者作成。

(2003年分のデータを使用) の整備の現状を分析した結果，個々の市区町村において著しい地域格差 (特に市区部に比べると町村部において未整備状態が多い) がみられること，また保健体育審議会答申の整備指針に準じたスポーツ施設を保有する市区町村はかなり少なく，制度と現実との間にはずれが生じていることも指摘されています。

3 公共スポーツ施設のマネジメント

公共スポーツ施設の整備に関する制度と現実のずれに対しては，行政側の現状認識およびその改善方策が必要になります。地方公共団体における地方スポーツ推進計画に盛り込むなどし，施設整備を計画的かつ段階的に遂行していく姿勢が求められます。

一方で新規の公共スポーツ施設の建設や付帯施設・付属設備の整備が現実的ではない場合，不足する施設の代替として学校体育施設の開放が活用されてきました。ただし，施設種類や学校段階によっては開放率が高くないこと，また施設開放の頻度や時間帯にも熟考を要するなど学校体育施設の開放事業は容易ではありません。

さらに近年では，公の (スポーツ) 施設における指定管理者制度やネーミングライツ (命名権) というような公共スポーツ施設をマネジメントしていく上で検討が不可欠なシステムが出現しているのも事実です。

これらの諸課題に対してそれらを効果・効率的に改善していくためには，個人としてはスポーツマネジメントを専門的かつ高度に学んできた者を関係団体で積極的に採用したり，また組織としては総合型地域スポーツクラブに公共スポーツ施設の管理・運営を委ねたりするなどの試みも有効と考えられます。

(永田秀隆)

▶6 永田秀隆 (2009)「公共スポーツ施設の設置・整備状況に関する地域比較——保健体育審議会答申の整備指針に基づくM県下の市区町村域施設の分析」『体育経営管理論集』1，13-18頁。

▶7 2011年公布の「スポーツ基本法」に基づく「スポーツ基本計画」において，都道府県や市区町村の各団体の長は，地方の実情に即して「地方スポーツ推進計画」を定めるよう努めるものとする，とされた。

▶8 2003年の地方自治法の一部改正・施行により導入された指定管理者制度によって，これまで地方自治体が直営か出資した財団や公社などに限定されていた公の (スポーツ) 施設の管理・運営が，民間事業者にまで拡大された。

▶9 スポーツ施設の名称にスポンサー企業の社名やブランド・商品名を付与する広告概念であり，スポーツ施設の建設および運用資金調達のために用いられる。

おすすめ文献

†八代勉・中村平編著 (2002)『体育・スポーツ経営学講義』大修館書店。
†文部科学省 (2010)『わが国の体育・スポーツ施設』。
†間野義之 (2007)『公共スポーツ施設のマネジメント』体育施設出版。

第Ⅰ部 参加型スポーツのマネジメント

2 地域スポーツのマネジメント

 公共スポーツ施設の経営形態

施設がもつ「公共」の性格と経営形態

　公共スポーツ施設は，国や地方公共団体の「公金」で建てられたスポーツ施設で，一般的には「公（おおやけ）の施設」といわれています。つまり，国公立の病院や図書館と同じように，国や地域における住民の福祉を目的として，法律によって管理することが規定されている施設であり，その開放や設備の改修など様々な経営上の行為はすべて法律で定められています。

　次に公共スポーツ施設といっても，身近な運動公園から何万人もの人が訪れる国立競技場まであり，その規模や性格は実に多様です。また，利用者からは同じような体育館に見えても，多様な行政目的に基づき施設は建設されています。施設の規模や役割も，それぞれ個別の法律で定められ，国や都道府県，市区町村といった地方公共団体が役割分担をして設置しているので，施設の経営管理をする事業者は，それらを理解しなければ困難に直面します。

　また，公共スポーツ施設の経営管理は，施設そのものだけでなく，付帯設備や用具などの管理まで多くの業務で成り立っています。一方で，図書館（司書）や博物館（学芸員）のような専門業務に携わる資格はなく，施設を所有する地方公共団体の行政職員もすべての業務に携わることはできません。そこで，これまでは個別の業務を専門業者に委託をして，経営管理を行ってきました。これが公共スポーツ施設を所有する地方公共団体が，その職員を主に配置して管理するいわゆる「直営」と呼ばれる公設公営の直接経営管理方式であり，現在も全国の約1割程度がこの制度で管理運営されています。

▷1　総務省自治行政局(2016)「公の施設の指定管理者制度の導入状況等に関する調査（平成27年4月調査）」。http://www.soumu.go.jp/menu_news/s-news/01gyosei04_02000015.html (2016年7月20日最終アクセス)

　さらに，1980年代頃から，人口規模の大きな都道府県や政令市では，自らが出資して設立した民間だが公共的な性格をもつ団体に経営管理を任せてきました。これは「○○市文化スポーツ振興事業団」といった名称の，いわゆる「外郭団体」とよばれている団体です。民間事業者への合理的な経営参加を求めて設立し，運営されてきましたが，制度改革によって多くの団体が整理・統合され，現在は公共スポーツ施設の約3割程度がこの方式で管理運営されています。

2 合理化と民間事業者による積極的な経営形態

　公共スポーツ施設を所有する都道府県や市区町村の多くは，厳しい財政状況に直面し，管理運営の合理化や効率化が厳しく求められています。施設の管理

運営において，大きな割合を占める事業は施設の開放です。さらに，施設の利用促進や住民への健康増進などの取り組みを目的に施設の管理者がプログラムサービスなどの自主事業も行われています。そしてそれらプログラムは類似する民間事業者のサービスと対比されるため高度化や専門性の向上が求められています。この質の高いスポーツサービスの提供と無駄を省いてコストを削減する減量経営という逆の要望に応えるべく，近年では様々な制度を活用した経営の合理化に関する取り組みが行われています。

公共スポーツ施設に関わる法律が2003年に改正され，これまで直営もしくは地方公共団体が2分の1以上出資している団体である外郭団体，農協などの公共的な団体にしか管理ができなかった公共スポーツ施設の経営管理は，株式会社を含む一般的な民間の団体でも可能になりました。これが，いわゆる指定管理者制度とよばれている制度改革です。公共スポーツ施設の管理を任された期間，多くは3年から5年の間に，指定を受けた事業者は自らが得意とする専門能力を駆使し，あらゆる経費の削減，一時的な施設の修繕にも手を加え，スポーツサービスを自主事業として施設の利用者に提供することで収益を上げ，契約した期間の対価として指定管理料を受け取ることで経営しています。

これまで，地方公共団体が決める指定管理料の適正な額の決定，指定期間内の業務における外部からの監視，指定管理期間満期を含む事業者の交代によるサービスの安定提供と雇用の安定性など，少なからず課題も散見されています。しかし，全国で約3割の公共スポーツ施設がこの制度を活用し，民間事業者が専門性を活かし優れたスポーツサービスを提供し，効率化により財政負担の軽減を図っています。

❸ 住民が協働で地域を支える経営形態

公共スポーツ施設の中には，規模の小さい広場や公園のような施設もあります。この場合は，専門的な経営能力や効率化の追求による合理化の視点もさることながら，むしろ「新しい公共」の観点から住民同士が協働で支えて管理運営をしていくということが国からは求められています。地域住民にとっても，地域の資源を自ら支えることによって，自分たちがその地域社会を支えているという意識が芽生える機会となり，スポーツを通じたよりよい地域社会の形成のきっかけにもなると考えられます。その役割の中心的な存在である地域のスポーツ組織，たとえば総合型地域スポーツクラブのような団体が中心となって，地域のスポーツ環境を住民自ら支えていくことが，これからの地域スポーツ環境の維持と充実には必要とされているのです。

公共スポーツ施設の経営管理は，日常的なスポーツ実践の基礎となる重要な役割を担っています。その規模や性格に応じて多様な方法がありますが，安全で安定したスポーツサービスを住民に提供できることがもっとも重要です。

（天野和彦）

▷2 都道府県や市区町村の組織や運営に関わる法律である地方自治法が2003年に改正され，「公の施設」の管理について定めている第244条も改定された。

▷3 内閣府（2012）「新しい公共」宣言。http://www5.cao.go.jp/entaku/pdf/declaration-nihongo.pdf（2016年7月20日最終アクセス）

▷4 文部科学省（2012）「スポーツ基本計画」（平成24年3月30日）。http://www.mext.go.jp/component/a_menu/sports/detail/_icsFiles/afieldfile/2012/04/02/1319359_3_1.pdf（2016年7月20日最終アクセス）。

おすすめ文献

†小林真理編（2006）『指定管理者制度──文化的公共性を支えるのは誰か』時事通信社。
†原田宗彦・間野義之編著（2011）『スポーツファシリティマネジメント』大修館書店。
†金森喜久男（2015）『スポーツ事業マネジメントの基礎知識』東邦出版。

第 I 部　参加型スポーツのマネジメント

2　地域スポーツのマネジメント

5　学校体育施設の有効活用

▷1　アクセシビリティとは，施設に対する近づきやすさを示す概念であり，それは物理的距離にとどまらず，精神的な近づきやすさ（例：フロントの対応や手続きの簡素化，または居心地の良さ）も含む。八代勉・中村平編著（2002）『体育・スポーツ経営学講義』大修館書店。

▷2　学校体育施設に関する法的根拠として，「教育基本法：第7条2項」「学校教育法：第137条」「社会教育法：第44条」「スポーツ基本法：第13条」，そして「スポーツ基本計画：第3章3.(3)地域スポーツ施設の充実」がある。さらに，1971年に出された文部省（当時）事務次官通知「学校体育施設開放事業の推進について」や1997年保健体育審議会答申において「学

① 地域資源としての学校体育施設

　学校体育施設の基本的特徴は，わが国のスポーツ施設総数の61.2%（13万6,276カ所）を占めるほどの圧倒的な保有数にあることと，小学生でも通える日常生活圏内にグラウンド・体育館・プールを総合的に構えるだけのアクセシビリティが備わっていることの2点があげられます。以上のことから学校体育施設は，学校教育資源としての役割と同時に，その公共的利用についても議論が重ねられてきました。種々の法制度では「学校教育に支障のない限りで，その利用促進を努めること（要約）」とされ，未だに公共的利用の控除・限定的な扱われ方がみられます。しかしながら，2012年に策定されたスポーツ基本計画では，「学校と地域の共同利用化の推進」が改めて標榜されており，ここに，地域資源として捉え直されるべく学校体育施設の有効活用の意義と方法を再確認する必要があります。

② 「場の開放」から「場の共有（共同利用化）」へ

　学校体育施設の有効活用に関してたびたび議論されてきたのが，学校開放のタイプについてです。学校開放には大きく2つの観点があり，それが施設開放と機能開放という考え方です。施設開放とは，学校側が地域住民に対して，施設・設備などの「場」を開放することです。今日，ほとんどの学校が施設開放

表1　学校体育施設の施設開放実態

		施設保有校数	施設開放率 施設開放校数	開放対象 自校の児童・生徒に限る	開放対象 一般にも開放 学区に限る クラブ（団体）	開放対象 一般にも開放 学区に限る 個人利用可	開放対象 一般にも開放 学区に限らない クラブ（団体）	開放対象 一般にも開放 学区に限らない 個人利用可	開放時の開放施設管理責任者 当該校長	開放時の開放施設管理責任者 教育委員会	開放時の開放施設管理責任者 運営委員会などの委員	開放のための措置 クラブハウスがある	開放のための措置 トイレ・ロッカー等の付帯設備がある	開放運営組織の形態（市区町村数） 教育委員会中心	開放運営組織の形態 学校中心	開放運営組織の形態 地域住民中心
屋外運動場	小学校	21,479	18,736 (87.2%)	421 (2.2%)	3,076 (16.4%)	487 (2.6%)	9,749 (52.0%)	5,003 (26.7%)	3,440 (18.4%)	7,507 (40.1%)	4,282 (22.9%)	498 (2.7%)	2,856 (15.2%)			
屋外運動場	中学校	9,709	7,517 (77.4%)	243 (3.2%)	1,055 (14.0%)	132 (1.8%)	4,240 (56.4%)	1,847 (24.6%)	1,480 (19.7%)	3,223 (42.9%)	1,309 (17.4%)	171 (2.3%)	1,199 (16.0%)			
屋外運動場	高等学校	4,017	1,894 (47.1%)	81 (4.3%)	313 (16.5%)	10 (0.5%)	1,150 (60.7%)	340 (18.0%)	831 (43.9%)	425 (22.4%)	190 (10.0%)	39 (2.1%)	411 (21.7%)			
体育館	小学校	21,150	20,076 (95.1%)	450 (2.2%)	3,347 (16.7%)	407 (2.0%)	11,165 (55.6%)	4,707 (23.4%)	3,451 (17.2%)	8,205 (40.9%)	4,763 (23.7%)	549 (2.7%)	3,995 (19.9%)	1,010 (56.8%)	525 (29.5%)	154 (8.7%)
体育館	中学校	9,684	8,716 (90.0%)	216 (2.5%)	1,209 (13.9%)	113 (1.3%)	5,028 (57.7%)	2,150 (24.7%)	1,693 (19.4%)	3,710 (42.6%)	1,709 (19.6%)	313 (3.6%)	1,878 (21.5%)			
体育館	高等学校	4,060	1,637 (40.3%)	98 (6.0%)	217 (13.3%)	5 (0.3%)	999 (61.0%)	318 (19.4%)	845 (51.6%)	325 (19.9%)	173 (10.6%)	14 (0.9%)	430 (26.3%)			
水泳プール（屋内・屋外）	小学校	16,339	5,548 (34.0%)	2,649 (47.7%)	579 (10.4%)	229 (4.1%)	823 (14.8%)	1,268 (22.9%)	1,346 (24.3%)	1,423 (25.6%)	1,127 (20.7%)	8 (0.1%)	1,641 (29.6%)			
水泳プール	中学校	6,006	878 (14.6%)	344 (39.2%)	85 (9.7%)	14 (1.6%)	225 (25.6%)	210 (23.9%)	208 (23.7%)	220 (25.1%)	152 (17.3%)	5 (0.6%)	320 (36.4%)			
水泳プール	高等学校	2,389	175 (7.3%)	47 (26.9%)	20 (11.4%)	8 (4.6%)	68 (38.9%)	32 (18.3%)	98 (56.0%)	25 (14.3%)	8 (4.6%)	3 (1.7%)	35 (20.0%)			

出典：「体育・スポーツ施設現況調査」（2013）を参照し，筆者作成。

を実施していますが、学校段階や施設種別によって明らかな差異が見受けられます。また、クラブ（団体）に対する開放がほとんどで、個人に配慮した開放実態はうかがえません（表1）。つまり、「もっとも管理しやすい場所を、もっとも管理しやすい人たちに、もっとも管理しやすい方法で」開放しているのが実態であり、利用者の停滞を招いているとの指摘があります。また、付帯施設や付属設備の整備充実は今後における重要な課題とされ、施設自体の物理的高機能化や複合化が求められます。

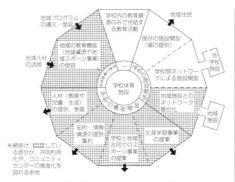

図1　学校体育施設の有効活用措置

出典：三浦清一郎（1993）「学校施設・機能開放の視点と方法」岡本包治編『有効な学校施設・機能の開放』ぎょうせい、17頁の図を参照し、筆者作成。

次に機能開放とは、学校教育が有する教育機能の開放や提供を指します。先述した施設開放をハードにたとえるならば、機能開放はソフトの充実といえます。具体的には、人材や情報資源、またそれらを通じた教育事業（スポーツ以外も含めて）の提供があげられます。さらには、地域の教育機能を"受け容れる"姿勢も求められます（図1）。つまり機能開放・受容では、学校と地域の有用な資源を循環・共有しながらより高次元の事業実践を図り、それが豊かな地域スポーツ環境や地域コミュニティの推進に寄与すると考えられます。したがって、学校体育施設の有効活用においては、これまでの学校主体による一方的な「場の開放」にとどめず、学校と地域、あるいは、スポーツと日常生活の課題を総合的に解決するための「場の共有（共同利用化）」を図りつつ、コミュニティセンターとしての役割機能を発揮する方途を検討する必要があります。

3　コミュニティセンターにふさわしい運営組織体制の充実に向けて

これまで、学校体育施設の開放運営業務は学校や教育委員会に依存してきた経緯がありますが（表1）、今後は、地域住民らの参画を基調にした運営組織体制の充実が求められます。その具体的な担い手には、総合型地域スポーツクラブなどの公益的団体が該当するでしょう。また、このような住民参画型運営組織の設立効果として、地域住民にとっては、自律的な生涯スポーツ生活の実現や学校理解を図ることが可能となります。子どもたちにとっては、地域の大人と触れ合うことで社会力が育成され、より豊かな学びを実現できます。そして教職員にとっては、「地域とともにある学校」への意識改革を促すことができます。このように、学校側の理解と住民側の参画意欲向上の両立から、地域全体が当事者となって学校体育施設の経営活動を大切にする姿勢が強く求められています。

（村田真一）

校体育施設の共同利用化」が推奨された歴史的経緯がある。

▶3　柳沢和雄（1996）「コミュニティ・クラブと学校」八代勉ほか『コミュニティ・クラブと社会的ネットワーク』不昧堂出版；清水紀宏（2002）「総合型地域スポーツクラブと学校開放」日本体育・スポーツ経営学会編『テキスト総合型地域スポーツクラブ』大修館書店。

▶4　付帯施設とは、運動の前後あるいは過程において利便性を提供する施設を指す（例：更衣室、観客席、クラブハウスなど）。付属設備とは、運動施設に付随してその高機能化を促進する設備のこと（例：空調設備、冷却設備、照明器具など）。

▶5　学校施設の在り方に関する調査研究協力者会議『学校環境の向上に資する学校施設の複合化の在り方について』2015年11月。

▶6　文部科学省『学校体育施設等の有効活用実践事例集』2012年3月；横浜市教育委員会『横浜市学校開放事業──学校施設開放運営の手引き』2014年10月。

おすすめ文献

†岡本包治（1993）『有効な学校施設・機能の開放』ぎょうせい。

†八代勉ほか（1996）『コミュニティ・クラブと社会的ネットワーク』不昧堂出版。

†尾崎正峰（2008）「地域スポーツと学校開放」『一橋大学スポーツ研究』27、27-34頁。

2 地域スポーツのマネジメント

6 地域スポーツ推進の財源

1 国と地方のスポーツ予算

　地域におけるスポーツ事業には，各種大会や教室の開催，地域住民が自由に利用できる施設の建設やその開放，スポーツをする組織や集団の支援，指導者の育成など様々なものがあります。それらの事業は，どのような財源によって支えられているのでしょうか。

　わが国では「体力つくり関係予算」として，スポーツの振興に関連する予算を複数の省庁がもっており，組織や予算の統廃合を繰り返しながらも計上しています。教育に関わる行政を推進している文部科学省は，スポーツに関する行政をこれまで束ねてきました。そして，昨年新たにスポーツ庁を設置し，2020年の東京オリンピック・パラリンピックを契機としてより一層のスポーツ振興をすすめています。

　文部科学省がもつ教育行政の予算は2016（平成28）年度で約5兆3,000億円ですが，そのうちスポーツに関する予算はわずか324億円です。その中でも，さらに地域スポーツに関わる予算は，スポーツ予算の約40％を占め約137億円ある競技力向上に関する予算に比べ約14億円と少なく，スポーツ庁がもつスポーツ振興の予算に占める割合では，わずか約4％にしかならないのです。諸外国との単純な比較はできませんが，住民が自ら楽しんで行うスポーツの事業や施設を整備する予算となる地域スポーツの予算は国レベルでみると，非常に少ないのが現状です。

　一方，地方公共団体は独自に財源をもっているのでしょうか。それぞれの省庁がもつスポーツ予算は，都道府県や市区町村といった地方公共団体に分配されます。たとえば市区町村がこれらの予算を活用して新たにスポーツ施設を計画する場合は，国の予算から3分の1を，同じく都道府県が3分の1を負担し，残りの3分の1を市区町村が負担するというように，負担割合を決めて建設されます。同じように，都道府県は国に依存している補助金や交付金と，都道府県が自分たちで集められる地方税と地方債や借入金などをもとにした予算を併せて財源としています。そして，地域住民へ様々な事業を行い，主に教育に関係する予算の一部がスポーツ振興にあてられています。このように地域スポーツの推進は，多様な財源の予算化で実現しています。

▷1　文部科学省大臣官房会計課（2016）平成28年度文部科学省所管　一般会計歳出予算各目明細書（平成28年3月）。http://www.mext.go.jp/component/b_menu/other/_icsFiles/afieldfile/2016/02/10/1366962_01.pdf（2016年7月20日最終アクセス）。

▷2　この予算の内訳は「スポーツによる地域活性化推進事業」として，主にスポーツ無関心層に対して健康増進に取り組む「スポーツを通じた健康長寿社会等の創生」という事業として約3億3,000万円，地域をスポーツイベントなどで活性化するために「地域スポーツコミッションへの活動支援」として約4,200万円，「スポーツ環境整備事業」として，スポーツ環境の整備に10億円，地域における障害者スポーツの支援に向けた実践研究費として約1,800万円，総計約13億9,000万円となっています。

▷3　国がこのように一定の目的のために設けている補助金などを国庫支出金といいます。これに対して，地方公共団体が自由に使える資金として地方交付税交付金というものもあります。

2 事業を担うスポーツ団体の予算

多様なスポーツ事業のうち，その一部はスポーツ団体などが行政からの委託を受けて行っています。

たとえば，都道府県の体育協会では，競技団体の登録や強化，大会の運営や選手の派遣だけではなく，地域のスポーツ教室を開催したり，スポーツクラブを普及させたり，より広い範囲でのスポーツクラブを取りまとめる仕事などもしていて，地域スポーツの推進に大きな役割を果たしています。そのための予算は，加盟している団体や会員などの会費，あるいは自主事業の収入や寄付金などよりはるかに大きな割合で国や都道府県からの補助と委託，(公財)日本スポーツ協会からの委託などを受けることを収入源として実施しているのです。

次に，地域で様々な活動を行っているスポーツクラブの多くは，小規模のため活動する予算を確保することが厳しいのが現状です。その一方で会員の会費やスポーツ教室やイベントといった自主事業による収入に加えて，toto などによる助成金を獲得して活動しているクラブもあります。地域のスポーツ団体は規模によって行う事業は様々ですが，行政や民間団体からの委託金や寄付，助成金を上手く活用してスポーツ事業を行っています。

3 新たな財源としての寄付行為

公共のスポーツ施設を新たに建設するには，地方公共団体にとって多額の予算が必要でなかなか実現できません。一方で，現在ある施設は，1970-80年代に建設されたものが多く，老朽化しています。本来なら建て替えたり，改修したりする必要性がありますが，地方公共団体にその余裕はありません。

しかし，企業や地域住民の寄付を活用する新しい取り組みもあります。約140億円もの寄付を集め2015年に建設された市立吹田サッカースタジアムです。建設のために設立した募金団体が，法人から約100億円の寄付と，個人からは個人住民税制度を活用し約6億円募金，totoの助成金などを約35億円集め実現させています。そして，それを吹田市が寄贈を受け，建設後47年6カ月という長期間の指定管理者契約をJリーグのチームを運営する㈱ガンバ大阪と締結し，本年度から事業運営をしています。この契約期間の中で㈱ガンバ大阪は，施設の維持管理費，賃借料，修繕にかかる経費などを，利用料金など施設の経営によって得られる収入で賄い，事業を行っていきます。この事例は，地域住民への負担がなく，新たに大規模な公共スポーツ施設が建設され，維持管理もされていくことで全国から注目されています。

このように，行政からの補助に依存してきた地域のスポーツの事業は，民間団体の創意工夫も加わり，様々な新しい財源も活用して行われるようになってきています。

(天野和彦)

▷4 地方公共団体の規模に応じたレベルの大会が開催できる規模の施設の建設や維持，指導者の育成や養成の講習会，地域のスポーツクラブの育成などが予算になります。

▷5 「toto」とは 本来サッカーの試合に賭けを行うことを意味するトトカルチョが語源で，わが国ではスポーツ振興投票制度によってサッカーの試合を対象に，文部科学省が監修し，独立行政法人日本スポーツ振興センターが販売しているくじのことをいいます。売上の約2割がスポーツへの助成として活用されています。助成の対象には，スタジアムの整備，グラウンド芝生化，ドーピング検査などスポーツ団体の活動への助成などがあります。

▷6 文部科学省 スポーツ・青少年局スポーツ振興課 (2015)「平成26年度総合型地域スポーツクラブに関する実態調査結果 (平成27年2月)」。http://www.mext.go.jp/component/a_menu/sports/detail/_icsFiles/afieldfile/2015/03/19/1234682_11.pdf (2016年7月20日最終アクセス)

おすすめ文献

†菊幸一・齋藤健司・真山達志・横山勝彦編 (2011)『スポーツ政策論』成文堂。
†小林勉 (2013)『地域活性化のポリティクス——スポーツによる地域構想の現実』中央大学出版部。
†日本体育・学校健康センター (2002)『スポーツ振興くじ制度の創設と展開——toto すべてのスポーツのために』ぎょうせい。

2　地域スポーツのマネジメント

 地域スポーツクラブ育成政策

❶「小規模単種目型」の地域スポーツクラブ育成推進の時代

　1949年制定の「社会教育法」により「体育およびレクリエーション活動」は社会教育の一分野として位置づけられ，国や地方自治体はその条件整備に取り組むこととなります。1951年の「社会体育指導要項」で示された市区町村や職場における体育の指導についての指針では「スポーツクラブの育成」が掲げられています。しかしこの時期の施策では，社会体育振興を直接的に推進する「指導者の養成」や，物理的な環境としての「施設の整備」などが中心的でした。1961年には「スポーツ振興法」が制定されますが，ここでも「クラブの育成」については直接的に言及されていません。

　1970年代には，地域社会の崩壊や人間関係の希薄化など，経済成長にともなう生活様式の変化により生じてきた新たな社会問題の中で，スポーツの社会的価値に目が向けられるようになります。1972年の保健体育審議会答申「体育・スポーツの普及振興に関する基本方策について」では，地域スポーツクラブは「住民の日常的な体育・スポーツ欲求を満たす組織とはなっていない」とされ，自発的なグループの活動を促進する条件整備の必要性を示しています。また，「スポーツ教室」の開設により参加拡大を図るといった指摘もあり，1974年から始まるいわゆる「三鷹方式」などはこれに応えるものでした。

　1977年に始まる「スポーツクラブ育成推進事業」などの取り組みにより，地域スポーツクラブの数は増加していきます。しかしその大半は，依然として（今日いわゆる「従来型クラブ」といわれるような）「小規模単種目型」のクラブでした。1987年からの「地域スポーツクラブ連合育成事業」では，そうした地域に散在するクラブの有機的な結びつきや地域住民を対象とした事業の実施などが期待されましたが，結局個別のクラブの利害に基づく施設の利用調整に終始し，期待されるような成果は得られませんでした。

　1989年の保健体育審議会答申「21世紀に向けたスポーツの振興方策について」では，「生涯スポーツの充実」の推進基盤となる地域スポーツクラブに関して，一層の振興・充実やクラブ間の連携などの方向性が示されています。こうして，地域スポーツクラブに関わる施策は，運動やスポーツのもたらす単なる個人的な効果だけでなく，地域コミュニティの創造などの社会的効果への期待も相まって，次第に地域スポーツ振興施策の中心に位置づいていきます。

▷1　社会教育を「学校の教育課程以外で行われる組織的な教育活動」と定義し，「体育およびレクリエーションの活動を含む」とした。
▷2　体育指導の指針を示したが，施設開放のほかクラブについても市区町村が受けもつべき「任務」とした。
▷3　各種スポーツの普及・振興を奨励したが，具体的な措置としては指導者の充実や施設整備にとどまっている。
▷4　自治省（現：総務省）国民生活審議会調査部会報告書（1969）「コミュニティ——生活の場における人間性の回復」では，都市化の進展の中で，従来の地域共同体に変わる新たなコミュニティ創造の必要性が示された。
▷5　東京都三鷹市の自治体の行うスポーツ教室への参加を契機にクラブを育成していく方法は，1970年代に「三鷹方式」として各地に広まった。
▷6　クラブ育成だけでなく，クラブ間の交流の促進や施設の利用調整などを行う「クラブ連合」組織の育成を目指した。
▷7　「総合型地域スポーツクラブ育成モデル事業」は1995年度から実施され，先導的なモデルクラブに対する助成を行った。

❷ 住民スポーツ組織としての「総合型地域スポーツクラブ」推進の時代

「総合型地域スポーツクラブ」（以下、「総合型クラブ」）は、1995年のモデル事業により登場し、2000年の「スポーツ振興基本計画」に引き継がれ、全国展開されていくことになりました。この計画で「総合型クラブ」は「地域住民が主体的に運営するスポーツクラブの形態」と説明されています。複数種目が用意され、地域住民の誰もが、性別、年齢、障害の有無にかかわらず参加できるクラブは、地域社会の活性化や再生に寄与するものであり、こうしたクラブが身近な生活圏に定着することが適当であるとの考え方が示されました。

このことにより2000年代前半には「総合型クラブ」の設立ラッシュを迎えます。ピークとなった2005年度の1年間には全国で1,000カ所を超える取り組みが報告され、2010年度までに全国で3,000カ所を超えるクラブが創設（準備も含む）されました。現在では80％以上の地方自治体にクラブが創設されており、その数は3,550カ所に達しています（2015年7月1日現在）。

その後、2010年の文部科学大臣決定「スポーツ立国戦略」の公表に続き、2011年の「スポーツ基本法」制定、2012年の「スポーツ基本計画」策定と、国のスポーツ施策はめまぐるしい展開をみせます。これらの施策の展開の中で、地域スポーツクラブはスポーツ実施率を高めるだけのものではなく、スポーツの領域から「新しい公共」を担うコミュニティの拠点としての役割が一層期待されるようになっていきます。現行の「スポーツ基本計画」においても、地域のスポーツ環境整備の中心に地域スポーツクラブを位置づけ、スポーツを通じて「新しい公共」を担い、コミュニティの核となるような「総合型クラブ」を育成していくという政策目標が引き続き掲げられています。

❸ 地域スポーツクラブ育成の今後

人々の生活圏域で活動が行われる地域スポーツクラブには、運動やスポーツを行う各個人に対する効果だけでなく、地域の人々の繋がりをつくったり地域を活性化したりする役割が期待されてきました。

本項でみてきたように地域スポーツクラブの育成施策は、戦後の日本社会の成長・発展と人々の生活の変化に密接に関連づけられながら展開されてきました。都市化や少子高齢化がさらに進展する社会の中で、地域スポーツクラブに期待される役割はますます大きくなることが予想されます。過去の施策を理解した上で、その延長線上にこれからの地域スポーツクラブの姿を描いていくことが求められます。その際、全国に共通の画一的な視点ではなく各自治体や地域に固有の特徴や生活課題への考慮が必要ですし、一人ひとりの住民が自らの関心に基づいて積極的にクラブとの関わりをもてるような意識の改革も必要です。

（藤井和彦）

▷8 わが国初となるスポーツ振興に関するマスター・プラン。成人の週1回以上のスポーツ実施率50％を目指し、総合型クラブの全国展開を最重点施策と位置づけた。

▷9 文部科学省は「総合型地域スポーツクラブ育成状況調査」を実施し、毎年公表している。

▷10 新たな「スポーツ基本法」の策定を視野に、今後のスポーツ政策の基本的な方向性を示すものとして、文部科学大臣決定として公表された。

▷11 「スポーツ振興法」を50年ぶりに全面改正し、スポーツに関する施策の基本事項を定めた。

▷12 「スポーツ基本法」の規定に基づき策定された「スポーツ振興基本計画」に続く第2期のマスタープラン。

▷13 内閣府「新しい公共」円卓会議は2010年6月に「新しい公共」宣言を示した。「新しい公共」は「支え合いと活気のある社会」をつくるための「協働の場」であるとされ、「スポーツ立国戦略」以降のスポーツ施策にもその考え方が反映されている。

【おすすめ文献】

†文部科学省編（2002）『クラブつくりの4つのドア——「総合型地域スポーツクラブ」育成マニュアル』文部科学省。

†日本体育・スポーツ経営学会編（2004）『テキスト総合型地域スポーツクラブ』大修館書店。

†柳沢和雄・向陽スポーツ文化クラブ編（2008）『総合型地域スポーツクラブの発展と展望——KSCC30年の軌跡』不昧堂出版。

第Ⅰ部　参加型スポーツのマネジメント

2　地域スポーツのマネジメント

 # 総合型地域スポーツクラブの育成

1　総合型地域スポーツクラブの特徴と事業の多様性

　総合型地域スポーツクラブ（以下，「総合型クラブ」）は，多様な特性・目的をもつ地域住民が，自分たちの身近な地域において，多様なスポーツとの関わりを楽しむことができるスポーツクラブです。総合型クラブの「総合」とは，「種目」「世代」「志向（技術レベル・目的）」という3つの多様性を意味しており，国は「スポーツ振興基本計画」において，以下のように総合型クラブの特徴を示しています（表1）。

　総合型クラブでは，地域住民のスポーツニーズに対応するために，多様なスポーツ事業が展開されます。「行うスポーツ」の機会としては，各種スポーツ教室やスポーツイベントの開催（プログラムサービス），スポーツ施設の開放や子どもの遊び場づくり（エリアサービス），クラブ会員によるスポーツチームの育成・支援（クラブサービス）などがあげられます。また，スポーツ観戦の機会などの「みるスポーツ」や，スポーツに関する講演会・研修会などの「学ぶスポーツ」に関する機会も提供されています。さらにスポーツ事業にとどまらず，絵画や音楽などの各種文化活動の機会の提供や，就労体験やボランティアの機会など社会参加の場として機能しているクラブも多く存在しています。

▷1　スポーツ庁（2016）の調査によると，平成27年度の時点で，スポーツ・レクリエーション活動種目を6種目以上実施しているクラブは全体の70.6%となっており，文化活動種目を実施しているクラブは31.9%となっている。

▷2　総合型クラブの意義については，柳沢和雄（2004）「総合型地域スポーツクラブの実像と虚像」日本体育・スポーツ経営学会編『テキスト総合型地域スポーツクラブ（増補版）』大修館書店，13-29頁を参照。

▷3　スポーツ庁（2016）によると，52.0%のクラブでクラブマネジャーが配置されており，うち常勤の勤務形態は44.1%である。また，（公財）日本体育協会による公認スポーツ指導者制度として，「クラブマネジャー」「アシスタントマネジャー」が資格化されている。

▷4　スポーツ庁（2016）によると，平成27年度においても43.5%のクラブが自己財源率50%以下である。

▷5　内閣府による「新しい公共」宣言（2010）において，新しい公共を担う社会的・公共的人材の育成の具体的イメージとして，総合型クラブが取り上げられている。詳細は内閣府ホームページを参照。

表1　総合型地域スポーツクラブの特徴

・複数の種目が用意されている。
・子どもから高齢者まで，初心者からトップレベルの競技者まで，地域の誰もが年齢，興味・関心，技術・技能レベルなどに応じて，いつまでも活動できる。
・活動の拠点となるスポーツ施設およびクラブハウスがあり，定期的・継続的なスポーツ活動を行うことができる。
・質の高い指導者の下，個々のスポーツニーズに応じたスポーツ指導が行われる。
・以上について，地域住民が主体的に運営する。

2　総合型クラブ育成の意味と活動理念

　総合型クラブの育成は，「地域住民の豊かなスポーツライフの実現」と，「豊かな地域生活の創造」という意味をもっています。そのため，総合型クラブの育成においては，まず地域の現状を詳細に調査・分析し，その地域に存在する「スポーツ」と「地域生活」の課題を明らかにした上で，クラブの活動理念を

つくり出す作業が必要となります。非営利組織である総合型クラブにとって，活動理念は組織の存在意義となります。そして，地域住民や様々な団体（利害関係者：ステークホルダー）に対して，その地域の現状や活動理念を丹念に説明し理解を得ることが必要です。地域住民からクラブの設立・運営の中核となるメンバーを集めることや，行政や体育協会などのスポーツ団体，自治会などの地域組織から協力を得ることがクラブ育成には重要となります。

③ 地域住民によって支えられる総合型クラブ

　地域住民は，総合型クラブの会員として，様々なスポーツを楽しむとともに，自分のできうる範囲でクラブの運営に参加することが期待されています。総合型クラブの運営業務は，スポーツの実技指導だけではなく，プログラムの企画や受付・準備・片付け，参加者の募集や会員・地域向けの広報活動，会計や個人情報の管理，クラブハウスや活動場所，資金などの各種資源の確保など多岐にわたります。これらクラブの運営業務に対しては，事務局員を雇用して経済的報酬を支払う場合もありますが，多くのボランティアスタッフによって支えられています。このようなスタッフを集め，適材適所に配置し，動機づけることはクラブ育成にとって重要な要素となります。また，総会などを通じて，クラブの運営に意見することも会員の運営参加の1つの在り方です。このように，総合型クラブは，会員が主体的に参画することによって運営される組織といえます。そして，このような多岐にわたる業務を統括・調整する役職を「クラブマネジャー」といいます。

　また，総合型クラブの継続的な運営のためには，安定した財源の確保が欠かせません。しかしながら，総合型クラブの多くが，その創成期において補助金や助成金に依存した運営を行ってきた経緯から，経済的に自立しているとは言いがたい状況となっています。総合型クラブが経済的に自立するためには，まず魅力的なプログラムを展開することで，会員を増やし，会員などからサービスの経済的対価（会費や参加料など）を得ることが必要となります。一方で，経済的な理由によってクラブによるスポーツ活動に参加できない住民（金銭負担が難しい子どもなど）が存在することを理解しておくことも大切です。会員以外の地域住民も対象にした公益的事業を展開することで，総合型クラブは，地域のスポーツ環境を形成し，「文化としてのスポーツ」の普及を担う「新しい公共」の主体として社会に認められるのです。そして，そのような公益的な事業を展開するために，行政などからの事業の受託や，各種助成金や寄付・賛助会費を獲得することも必要となるでしょう。また，地域社会や行政などの団体から信頼を得るために，透明性が高いガバナンスの構築が求められています。NPO法人などの法人格の取得はその一環とも捉えることができます。

（川邊保孝）

▶6　総合型クラブに対しては，様々なスポーツ事業を提供する「スポーツ経営体」としての活動を土台とした上で，地域生活の課題に関する提案を行う「社会運動体」としての性格をもった「アソシエーション型クラブ」への発展が求められている。詳細については，中西純司（2005）「総合型地域スポーツクラブ構想と市民参加型まちづくりの可能性」松尾匡・西川芳昭・伊佐淳編著『市民参加のまちづくり【戦略編】——参加とリーダーシップ・自立とパートナーシップ』創成社，36-57頁を参照。また，スポーツ庁（2016）によると，総合型クラブの法人格取得率は23.6％となっている。スポーツ庁（2016）『スポーツ庁（2016）平成27年度総合型地域スポーツクラブに関する実態調査結果概要』文部科学省ホームページ。

おすすめ文献

†日本体育・スポーツ経営学会編（2004）『テキスト総合型地域スポーツクラブ（増補版）』大修館書店。
†松尾匡・西川芳昭・伊佐淳編著（2005）『市民参加のまちづくり【戦略編】——参加とリーダーシップ・自立とパートナーシップ』創成社。
†山口泰雄（2006）『地域を変えた総合型地域スポーツクラブ』大修館書店。

第 I 部　参加型スポーツのマネジメント

2　地域スポーツのマネジメント

 地域スポーツとスポーツNPO

 スポーツNPOとしてのコミュニティ・スポーツクラブ

　NPO（Non-Profit Organization：非営利組織）は，様々な社会貢献活動を行いかつ構成員に対する収益の分配を目的としない団体の総称であり，このうち「特定非営利活動促進法」（1998年）に基づき法人格を取得した団体を特に「特定非営利活動法人（NPO法人）」とよんでいます。特定非営利活動とは，不特定かつ多数のものの利益の増進に寄与することを目的とする特定の活動のことを意味し，ここから公益性の高い活動であることが読み取れます。NPOの現代的意義には，2つの視点があります。まず社会全体の視点からみると，NPOが斬新かつ多様で人間味のあるサービスを提供することで，行政や企業では満たすことのできない社会のニーズに応えることができます。また個人の視点からみると，個人がNPOでの自発的な活動に喜びや充実感を見出し，そのことが人生をより彩り豊かなものにしてくれます。NPOは行政や企業とならぶ第三の主体として，これまで以上に重要性を増していくことになるでしょう。

　スポーツNPOはスポーツに関連する事業を行う非営利組織のことをいいますが，実際に法人格を取得しているスポーツNPOの多くは，総合型地域スポーツクラブ（以下，「総合型クラブ」），コミュニティ・スポーツクラブであることが多いようです。文部科学省が2010年に公表した「スポーツ立国戦略」では，会費や寄付により自主的に運営するNPO型のコミュニティ・スポーツクラブが主体となる新しい公共の形成が謳われました。また，今後のスポーツ政策における重要な指針として位置づけられる「スポーツ基本計画」（2012年）の中では，国がクラブの財源拡充のために，認定NPO法人制度を積極的に活用している取り組み，地元企業と手を組み寄付を集める取り組み，公共施設の指定管理者となって収入を運営財源としている取り組みなどの事例を集めて検討し，地方公共団体や各クラブに対して普及・啓発を図ることが明記されています。さらに地方公共団体については，クラブが地域スポーツの推進という公益的な活動に向けてより貢献できるよう，NPO法人格の取得を促すことが期待されるとして，「NPO法人」という具体的な名辞をあげて育成が進められています。しかし，文部科学省の調査（2013年）によると，何らかの法人格を取得している総合型クラブは全体の17.7％にとどまります（法人格を有するクラブのうちNPO法人が93.3％）。一方，法人格をもたないクラブの今後の取得意向につ

▷1　国民生活審議会（2001）「第17次国民生活審議会 総合企画部会 最終報告」。
▷2　新しい公共とは，行政だけが公共の役割を担うのではなく，地域の様々な主体（市民，NPO，企業など）が公共の担い手の当事者としての自覚と責任をもって活動することで支え合いと活気がある社会をつくるという考え方。
▷3　認定NPO法人とは，NPO法人のうち所轄庁（都道府県・政令市）が一定の基準を満たしていると認めた法人のこと。認定されると寄付者および当該法人は高い税制上の優遇措置が受けられる。
▷4　文部科学省（2013）『平成25年度 総合型地域スポーツクラブに関する実態調査概要』。

いては,「意向なし」(69.6%) がもっとも多く, ついで「意向はあるが予定なし」(23.0%),「予定あり」(7.5%) と続いています。法人格を取得しているクラブは, まだまだ広がりをみせておらず, また今後の取得意向も決して高いとはいえません。[15]

② NPO法人化推進の背景

総合型クラブのNPO法人化を推進する背景には, 公益性の高い組織としてのクラブを積極的に育成しようとするねらいがあります。地域社会などで市民が自発的に非営利で行う組織的活動については, 阪神・淡路大震災 (1995年) をきっかけとして関連法規の整備が進められました。従来, こうした非営利活動団体の多くは「任意団体」とよばれてきましたが, かねてより団体名義の銀行口座開設や電話開設などの契約を行う際に法人格を有しないことによる制約や不便さを指摘する声がありました。震災後に活躍したボランティア (団体) に対する社会的評価の高まりは, こうした課題の解決を強く後押ししたといえるでしょう。この法人格付与制度によって, それまでの任意団体は簡易な手続きで法人格を取得することができるようになりました。NPO法人格を取得することによるメリットとしては, 団体が権利主体となって契約を結ぶことができること, 社会的な信用を背景として国や地方自治体とともに重要な事業に参画するチャンスが広がること, さらに職員を雇用し安定的な組織運営を行えることなどがあるといわれています。総合型クラブに引き寄せていえば, toto (スポーツ振興くじ) の助成対象事業において法人格を有する総合型クラブが助成の対象とされること, 公の施設の指定管理者として活動できることなど[16], 主に経済的支援の受けやすさや財源確保の観点からのメリットが際立つといえます。これらはクラブの持続可能性や成長にとって重要な条件となります。[17]

③ スポーツNPOをめぐる課題

一方で, NPO法人化には課題も指摘されています。まず, 厳正な事務処理が求められます。経理は正規の簿記原則に基づいて処理される必要がありますので, ある程度の知識をもつ担当者が必要となるでしょう。[18] また毎年, 事業報告書や収支計算書などの資料を所轄庁へ届け出ますが, それらは情報開示の原則のもと広く公開されることになります。このように, NPO法人化には長短両面があることから, あらゆるクラブが法人化できるということには必ずしもなりません。その決定はクラブの設立目的やミッション, 運営体制, 置かれている環境などにも大きく左右されることから, 法人化については各クラブの状況をみながら慎重に検討する必要があるといえるでしょう。こうした法人化の問題も含め, これからのスポーツNPOには組織の針路 (進路) を自ら決定する意思決定能力が強く求められます。[19]

(作野誠一)

▶5 作野誠一 (2014)「総合型クラブとNPO法人化の意味と課題」『みんなのスポーツ』36(12), 日本体育社, 12-14頁。

▶6 地方公共団体が公の施設の管理・運営を行わせるために期間を定めて指定する営利企業やNPO法人などの団体。
▶7 作野, 前掲書。
▶8 決算書・予算書などの書類作成が求められるほか, 収益事業と判断される非営利事業については法人税の対象となることから, 法人としての税務申告義務も生じる。
▶9 作野, 前掲書。

おすすめ文献

†田尾雅夫・川野祐二編著 (2004)『ボランティア・NPOの組織論』学陽書房。
†日本体育・スポーツ経営学会編 (2004)『テキスト総合型地域スポーツクラブ (増補版)』大修館書店。
†川口清史・田尾雅夫・新川達郎編 (2005)『よくわかるNPO・ボランティア』ミネルヴァ書房。

2 地域スポーツのマネジメント

スポーツによる地域イノベーション

1 地域社会へのスポーツの様々な影響

　地域スポーツのマネジメントの目標は，スポーツそのものの推進や発展が一番ですが，スポーツがもたらす地域社会への様々な影響に注目して，地域イノベーションに繋げようとする視点も重要になってきています。「スポーツ基本法」(2011年)にも，スポーツは「人と人との交流及び地域と地域との交流を促進し，地域の一体感や活力を醸成するものであり，人間関係の希薄化等の問題を抱える地域社会の再生に寄与するもの」であり，「我が国社会に活力を生み出し，国民経済の発展に広く寄与するもの」と記載されています。

　このようにスポーツは，人間の本源的な欲求に応え，人々に身体的，精神的な楽しさや充実をもたらすという個人的で内在的な価値のみならず，教育として用いられたり，地域社会や経済の活性化に役立ったりすることが期待されています。地域スポーツの行政やマネジメントを推進していくためにも，地域社会にとってのスポーツの様々な価値を考え，スポーツの有用性を最大化していくことが求められてきています。

2 スポーツイベントの地域経済への影響

　2020年東京オリンピック・パラリンピックの経済波及効果は，約3兆円と推計(招致委員会)されています。オリンピックのようなメガ・スポーツイベントだけでなく，地域で開催される比較的小規模なスポーツイベントでも経済的な効果が期待されています。山口県で毎年開催される下関海峡マラソン(2013年)は，県内だけで約5億円の経済波及効果があると推計されています。

　(一社)日本イベント産業振興協会によると2014年におけるイベント市場規模(来場者のイベントに関連する総消費額から推計)は15兆5,200億円(前年比3,576億円増)と試算され，スポーツイベントは3兆2,090億円(前年比6,827億増)で，興業イベントに匹敵する大きさになっています(図1)。

　しかし，短期間で終了するスポーツイベントの経済的効果は，一時的で限られたものになりがちです。各地に市民マラソン大会をはじめとするスポーツイベントが増えてくると，計画した参加者が集まらず，赤字になるケースもみられます。スポーツによる地域イノベーションを検討する場合には，経済的な効果だけでなく，スポーツのいろいろな可能性を探っていくことが大切です。

▷1　地域イノベーション(Regional Innovation)とは，確定した定義はないが，これまで大都市中心だった経済や文化的な発展に変えて，それ以外の地方(地域)の人々や組織が，新たな技術やアイディアによって，社会的に有用な新たな価値を生み出すことと考えられている。

▷2　経済波及効果は，直接効果と間接効果を合計したもの。直接効果には，大会開催のために競技施設やメディアセンターなどを新設，改修する費用，大会運営費，選手や観戦者などの宿泊費や交通費，飲食や土産物に使う費用などが含まれる。そのような直接効果の需要が増えると，関連産業による原材料やサービスなどの生産が増加する(第一次間接効果)。さらに直接効果と第一次間接効果の生産増加によって雇用者の所得が増え，雇用者の家計消費が増大することによって，新たな消費と生産が生まれる(第二次間接効果)。

▷3　東京2020オリンピック・パラリンピック招致委員会(2012)「2020年オリンピック・パラリンピック開催に伴う経済波及効果を試算(報道発表)」。

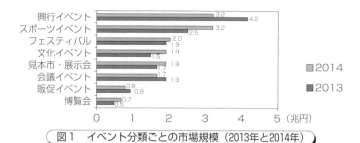

図1 イベント分類ごとの市場規模（2013年と2014年）

出典：(一社)日本イベント産業振興協会。

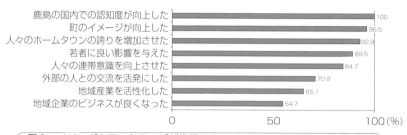

図2 Jリーグとアントラーズが住民のコミュニティ・ライフに与えた影響

出典：OGA, KIMURA, SATO（1997）"Influence of J-League on Local Community", *European Journal for Sport Management*.

3 地域イノベーション誘発装置としてのスポーツの可能性

　スポーツイベントのほかに，地域イノベーションの誘発装置として可能性のあるスポーツ事業として2つの事例を紹介します。1つは，プロスポーツチームの誘致です。図2は，大鋸・木村ら（1997）が鹿島アントラーズのホームである鹿島町（現：鹿嶋市）の住民を対象としたアンケート結果です。多くの住民がアントラーズは地域に良い影響を与えたと回答しています。アントラーズは全国的に人気のあるチームなので，域外からの継続的な経済的効果も期待されます。

　もう1つの事例は，岳温泉観光協会（福島県）が設立した岳クラブの試みです。ウォーキングを中心とした会員制の地域スポーツクラブですが，会員には地域住民だけでなく，温泉客などの観光客も取り込もうとしている点が特徴的です。ファン会員になると，アウトドアスポーツを中心とした各種のイベントや教室に割引価格で参加できるほか，岳温泉地域通貨コスモと交換できるウォーキングマイレージ（1km歩くと25ポイント付与）が貯まります。観光に"クラブ"や"ポイント"という考え方を導入することによって，観光客と持続的な関係をつくる関係性マーケティングの良い実践事例となっています。このようにスポーツと観光の相乗関係は，スポーツツーリズムとして注目されてきています。

（木村和彦）

▶4　下関海響マラソン実行委員会（受託者：(一財)山口経済研究所）「経済効果最高の4億6,960万円 昨年の下関海響マラソン」『山口新聞』（2014年3月4日付）。

▶5　(一社)日本イベント産業振興協会（2013, 2014）『平成25年イベント市場規模推計報告書・平成26年イベント市場規模推計報告書』。

▶6　OGA, KIMURA, SATO（1997）"Influence of J-League on Local Community", *European Journal for Sport Management* VOL-NR2, pp. 7-16.

▶7　関係性（リレーションシップ）マーケティングとは，お客様と良好な関係をつくることにより，継続的取引を構築しようとする手法。インターネットの発達によって可能となってきた。

おすすめ文献

†原田宗彦・木村和彦編著（2009）『スポーツ・ヘルスツーリズム』大修館書店。
†早稲田大学スポーツ科学学術院編（2011）『教養としてのスポーツ科学改訂版』大修館書店。
†原田宗彦（2016）『スポーツ都市戦略』学芸出版社。

3 商業（民間営利）スポーツ施設のマネジメント

商業スポーツ施設の分類とマネジメント特性

▷1　浪越一喜（2005）「ユニバーサルデザインを意識した水中プログラムの広がり」『みんなのスポーツ』第27巻第12号，日本体育社．
▷2　フィットネスクラブの変遷や事例については，クラブビジネスジャパンのウェブサイトに詳しい。
▷3　銀行やクリーニング店などでの様々なサービスを対象に，多様なサービス特性が明らかにされてきた。ゼイサムら（1985）は，これまでの研究成果を集約して，主要なサービス特性を(1)無形性，(2)生産と消費の不可分性，(3)異質性，(4)消滅性と整理している（Zeithaml, V. A., Parasuraman, A. and Berry, L. L. (1985) "Problems and Strategies in Services Marketing", *Journal of Marketing* Vol. 49, 33-46）。Ⅰ-3-5 を参照。
▷4　商業スポーツ施設のサービスの特性は，クオリティ・マネジメント，顧客満足の創造があげられ，会員の定着化が課題となる。また，顧客満足と継続意思との関係について，顧客の満足度が高ければ継続意思も高くなるというものではなく，運動効果やクラブライフが継続率に影響を与えるという報告もある（日本フィットネス産業協会（1999）「フィットネスクラブ会員の退会メカニズムに関する調査研究」）。

1 商業スポーツ施設の成長とその広がり

　運動やスポーツ活動は，主として教育や行政サービスの一環として行われてきましたが，1960年代後半から，水泳指導プログラムを商品としたスイミングクラブが続々と全国各地でつくられるようになりました。子どもたちの英才教育は，英語，ピアノそして水泳といわれ，スポーツ産業以上に教育産業としての性格が色濃くなっていました。しかしながら，少子化の影響と高齢社会の到来を視野に，その対象を子どもに加え，成人に向けるようになり，また，泳法指導だけでなくプールを利用した様々なプログラムが提供されるようになってきました（図1）。人々の健康志向の高まりとあいまって，ジムやスタジオを利用したダンスやエクササイズなど，成人のニーズをとらえた複合的施設へと変化していきました。その一方で，成人をターゲットとした複合的スポーツ施設を展開する新規企業が参入し，プール，ジム，スタジオを兼ね備えた施設が一気に増加し，ボウリング場やゴルフ練習場など物理的空間の提供を行う施設からフィットネスクラブ（2014年施設数は4,300を超え，売上高，会員数，参加率ともに業界史上最高の市場規模）が商業スポーツ施設の代表的なものに成長してきました。

　消費者のニーズに応えるため，新規プログラムの導入や会員種別の設定などの様々な工夫をしてきていますが，過度な複雑化の反省から，わかりやすい会員種別に落ち着いてきています。

　フィットネスクラブの平均滞在時間は2時間といわれており，運動やスポーツ施設にリラクゼーションのための機能（温浴施設など）を付加した施設もできてきましたが，一方で，身近で気軽に運動を行いたい人々のニーズに応えるために，小規模かつ比較的安価に利用できる施設が台頭してきています。

2 商業スポーツ施設の分類

　商業スポーツ施設を分類してみると，日々の生活の中で運動やスポーツとの関わりを求めている人々，休日に日帰りといった日々の活動とは違うスポーツとの関わりを求める人々，運動やスポーツ活動を中心としながらも，宿泊をともなうなど非日常を求める人々が集うなど，商業スポーツ施設はその生活圏によって，マネジメントの特徴も異なってきます。たとえば，スポーツに関わる

時間をみても、日常生活圏では、身近でいつでも活動できる施設づくりと継続的プログラムの展開が必要になりますし、広域生活圏や高次生活圏では、食事や宿泊など他の環境の整備も必要になってきます。さらに、日常生活圏での商業スポー

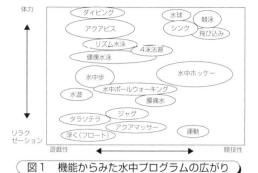

図1　機能からみた水中プログラムの広がり
出典：浪越（2005）に加筆修正。

表1　商業スポーツ施設の分類

会員制有無からの分類	施設利用からの分類	生活圏による分類
非会員制　会員制	ソフト重視　ハード重視	高次生活圏　広域生活圏　日常生活圏
ゴルフ練習場、フィットネスクラブ、スイミングスクール、テニススクール、ゴルフスクールなど	プール、テニスコート、トレーニングジム、スカッシュコート、エアロビクス、ゴルフスクールなど　マリンスポーツ施設、ゴルフ場、スキー場、スケート場など	フィットネスクラブ、ゴルフ練習場、ボウリング場、バッティングセンターなど

ツ施設においても、ゴルフ練習場（打席貸）、ボウリング場（レーン貸）やフィットネスクラブのプールやトレーニングジムなどで自由な活動を望み、物理的な場の提供を受けることによって成立するものと活動時間、活動内容、指導の有無など、スポーツの機会がセットされたプログラムの提供を受けるものに分類できます。また、フィットネスクラブなどが採用している会員制（施設利用する権利が与えられているもの）と広く一般に利用者を求めているものとでは、マネジメントに違いがあります。

3　商業スポーツ施設のマネジメント特性

　商業スポーツ施設には、スポーツマネジメントの目的である、人々（利用者・会員）の豊かなスポーツライフの創造を目指すとともに、企業経営特有の利潤の追求という目的もあわせもっています。したがって、学校スポーツや地域スポーツといった領域のマネジメント以上に、企業経営の視点が必要になってきます。業績の悪化は、その存続を左右することになりますが、フィットネスクラブをはじめ様々な商業スポーツ施設は、人々の生活において、なくてはならない運動やスポーツの場として機能しており、その健全な発展に寄与することが施設のマネジメントに期待されるところです。具体的には、施設そのものの魅力、施設で提供されるスポーツサービスの種類・内容・質的魅力、施設での指導者やスタッフの魅力など継続的に運動やスポーツの場に足を運ぶための魅力を創造する仕組みをつくっていくことが重要となってきます。

　また、商業スポーツ施設の多くは、学校や地域スポーツの領域にみられるチーム（集団）を対象としたマネジメントではなく、個人を対象としたサービスの提供に力点が置かれ、よりサービスの特性に配慮したマネジメントが重要となります。

　会員を対象とした商業施設では、その継続率を高めるために、会員相互による自主的サークル化などを提案し、定期的に利用を促す試みも行われてきましたが、一方で、常連的色合いが強くなり、新規会員獲得の弊害になる場合もあることから、積極的に進められているとはいえない状況にあります。　（浪越一喜）

おすすめ文献

†山下秋二・原田宗彦編著（2005）『図解　スポーツマネジメント』大修館書店。
†池田勝・守能信次編（1999）『講座・スポーツの社会科学3　スポーツの経営学』杏林書院。
†片山孝重・木村和彦・浪越一喜編著（1999）『現代スポーツ経営論』アイオーエム。

3 商業（民間営利）スポーツ施設のマネジメント

 商業スポーツ施設の営業システム

商業スポーツ施設：営業のはじまり

　日本の商業スポーツ施設の先駆けはテニスやゴルフにその成り立ちをみることができます。1900年に東京ローンテニス倶楽部，1903年に神戸ゴルフ倶楽部が設立されています。この「倶楽部」は英語の"club"にあたりますが，「倶（とも）」に「楽」しむ「部」屋であって，同好の士が資金を出し合ってつくった施設で費用を平等に負担してスポーツを一緒に楽しむというのが，スポーツ倶楽部の本来の在り方といえるでしょう。もともとはこの会員の集まり（倶楽部）が施設の運営をしていましたが，社会の変化とともに会員の倶楽部と施設が切り離され，経営や運営また会員管理を株式会社など法人が担うようになっていきます。特に第二次世界大戦以降は，スポーツの大衆化が起こり，これらのスポーツ施設を会員以外にも開放し営利事業として発展してきました。またレジャー・レクリエーションの発達や健康志向の高まりから商業スポーツ施設のニーズが広がってきました。

　現在，公共のスポーツ施設はスタジアムやグラウンドといった大きなハードを有するところが多く，その施設の所有者が地方自治体です。収益よりも公益に経営の主眼があるといえます。一方商業スポーツ施設は，大がかりなスタジアムや体育館をもたないものが多く，フィットネスクラブでも「三種の神器」であるスイミングや水中運動を行うプール，エクササイズやダンスを行うためのスタジオ，トレーニングマシンを配置したジムといった施設で運営し収益をあげています。最近では主婦層にターゲットを絞ったスタジオのみの小規模なフィットネスクラブなども普及してきています。

商業スポーツ施設の営業システムとは

　商業スポーツ施設の営業は，利用者に直接接する部分で収益を上げる最前線の活動です。その営業システムは，いわゆるヒト，モノ，カネ，情報といった自前の経営資源を顧客が喜ぶような何らかの形，空間やサービス，プログラムに変えて提供するシステムです。フィットネスクラブの「営業システム」は，営業時間，料金システム，サービス内容，顧客管理，付帯サービス，会則，プログラムの循環構造と捉えられます。営業をする従業員の管理に目を向けるか，従業員が顧客を管理することに目を向けるかでシステムの内容が異なってきま

▷1　菊池要（1993）『ゴルフ場経営講座テキスト』ゴルフ場経営研究会。

▷2　システムとは，系，体系，組織といった多様な構成要素が集まった有機的に秩序ある関係で，1つの目的を果たす機能または組織体を意味する。

▷3　山﨑利夫・青木幹太（2008）『フィットネス・マネジメント入門』サイエンティスト社。

▷4　「営業システム」をゴルフ場のように単にスポーツを行う施設の使用として捉えるか，人の有機的な組織が行うサービス業務として捉えるかによって営業システムの見方が異なる。

すが，一般に営業は従業員が自ら商品を顧客に買っていただいて満足（顧客満足）してもらうもの，また顧客へのサービスやプログラムを利用することによって顧客が様々なメリット（顧客価値）を得てもらうように導き，その対価を求める業務のことです。どのような営業システムをとるかは，商業スポーツ施設でもゴルフ，フィットネス，スイミングといった種類，競技力や健康など目的によっても異なります。また規模や立地条件によっても異なってきます。その施設がどんな資源をもち，何を提供できるか，どの層をターゲットにするか，これらの戦略によって営業システムが構築され運営されます。

3 営業システムの内容

スポーツ施設内の営業システムには大きく分けて2つの役割があげられます。第1に受付業務です。予約や来訪への対応，会員管理といった利用者が施設に最初に接触する部分の業務です。第2にサービス業務で，施設や器具の使用への指導やアドバイスが含まれます。ゴルフ場やプール，マシーン利用など単に施設や器具を使用する場合は，利用者の順番やスタート時間の調整を行います。教室やプログラムを受講する利用者に対しては，適切なインストラクターやコースを指示します。そこでは，直接従業員が指導を行う場合もあります。さらに付帯サービスとして，利用者の輸送が業務に含まれる場合があります。特にスイミングクラブでは子どもの送迎が欠かせません。ほかにも食堂，売店，宿泊施設をもち付随したサービスを提供するものがあります。施設の種類や規模によって異なりますが，小さい施設では受付ですべて行います。

次に施設の利用者の属性をみてみましょう。これはビジターと会員に大別されます。この会員システムについても様々な種類があります。特に心得なければならないことは，会員が単にメンバーとして登録し施設と個人の二者間でサービスの授受を行うものと，会員総会や理事会の機能も有した会員相互の交流を目的とした（倶楽部）会員の2種類があることです。また個人会員や不特定の人が利用できる法人会員の区別があります。会員システムは料金システムと大きくリンクしてきます。施設と個人会員の二者間の契約会員の多くは，利用者の属性や目的に応じて，正会員，平日会員，デイタイム会員，ファミリー会員，シニア会員，学生会員などに分かれていて，それぞれ料金の割引や利用時間などのサービス内容に違いがみられます。

料金システムは，会員になることによって月会費や年会費を払って施設利用やプログラムの受講が無料ないしはビジターとは違って格安でサービスを受けられるようになっています。これも先ほど述べたように，施設の種類によって異なってきます。フィットネスクラブやスポーツジムであれば会費を払えば，ほとんど無料でサービスを受けられます。ゴルフ場も会員になると施設利用料が無料になるケースが多くみられます。

（竹下俊一）

ここでは，従業員が利用者に直接接する部分で収益を上げる最前線の活動の構造として営業システムを考えている。

▷5 業務には他にも施設管理，総務，経理などの役割があるが，営業システムとして扱うかどうかは事業所によって異なる。

▷6 ビジターとは，施設に個人情報を登録しないでその都度利用する人々。一方，会員とはホテルやコンビニのメンバーズカードのように，個人情報を登録して利用状況に応じて優先的な施設利用やポイント還元などの優待を受ける利用者のこと。

▷7 営業日時は，スポーツや運動の違いによって多様化している。ゴルフ場であれば日の出や日没の時間に左右される。テニスコートでも照明施設があれば深夜までの営業が可能である。フットサルコートには週末24時間営業をしている施設もある。施設によっては定休日を設定しているものもあるが，年中無休営業をうたっているものもある。

おすすめ文献

†山﨑利夫監修（2010）『健康フィットネス・マネジメント』サイエンティスト社。

†佐藤仁（2015）『生徒に恵まれるスクール＆教室——開業・経営バイブル』技術評論社。

†山下秋二・中西純司・畑攻・冨田幸博編（2006）『改訂版 スポーツ経営学』大修館書店。

第 I 部　参加型スポーツのマネジメント

3　商業（民間営利）スポーツ施設のマネジメント

商業スポーツ施設の業態と戦略

1　業態の多様化と開発

　フィットネス業界でこの10年ほどの間に開発された業態は，非常に多様化しています（図1）。いずれも対象顧客の特定のニーズやウォンツに着目してサービスをデザインしているところに特徴があります。とりわけ，「利便性志向」あるいは「成果志向」にプロットされる小規模の業態で「スマート・エクセレンス」[注1]とよばれるモデルをとる単体型のジムが，既存業態を凌ぐほどの勢いで急成長しています。

　しかし本項では典型的な商業スポーツ施設として，ジム・プール・スタジオといういわゆる"三種の神器"を備えた総合型フィットネスクラブを取り上げ，その運営，さらには既存施設のリ・マーケティング，事業展開，サービス・イノベーションについて，ポイントを述べることにします。

　まず，施設を開発する段階ですが，大きく(1)立地選定，(2)事業企画と条件折衝，(3)施設計画，(4)開業計画という4つのステップに分けられます。「立地選定」をする前に，クラブの業態やコンセプトを決めることが大切です。コンセプトが決まれば，対象顧客と立地，さらに提供サービスが明らかになってきます。さらに，マーケットリサーチ（市場調査）をし，予想集客数（会員数）などの成長性や競合するクラブの調査も行います。次に，マーケットリサーチの結果を反映させて「事業企画案」を作成します。事業企画案では，コンセプトと立地，施設，料金，利用システムなどのマーケティング要素の整合性や成長可能性が課題となります。一般的なクラブは，施設提供業としての一面もあります。したがって，初期投資額や延床面積が，集客数や損益分岐点，運営コストなどに適した「施設計画」となっているか検証しなければなりません。最後に施設，設備・備品，会員管理，スタッフの採用・研修，広告宣伝などの「開業計画」を立案します。特に会員募集では，マーケットリサーチ同様，対象商圏を細かくエリア分けし，各エリアの目標誘致率を算出し，セールスプロモーションを行います。近年，集客手段としては，既存会員からの紹介による入会が増えているほかは，チラシなどの紙媒体からホームページやSNSなどの電子媒体にとってかわられるようになってきています。

▷1　スマート・エクセレンスとは，低価格帯の市場にポジショニングし，特定機能に絞って高機能化を図り，従来の多機能・高価格サービスと同レベルの顧客満足を実現することを目指すサービス業種のモデル。スーパーホテル，格安航空会社（LCC）などが当てはまる。

価格（高）

②成果志向　　　　　①エクスペリエンス志向
R-body project　　　ティップネス丸の内スタイル
トータルゴルフフィットネス　ザ・ジェクサー東京
ライザップ・fitboxFunC　オアシスラフィール恵比寿

面積（狭）　　　　　　　　　　　　　　　　面積（広）

③利便性志向　　　　④スーパーバリュー志向
エニタイムフィットネス　ゼクシス
カーブス・ドゥミ ルネサンス
バニスタ・リヴィタップ
TAIKANZ

価格（低）

図1　日本における小規模フィットネスクラブの業態
出典：「日本のクラブ業界のトレンド2015」。

❷ オペレーションのポイント

開業計画を順調に実行に移した後は，運営する段階に入りますが，この段階で重要となるポイントは，次の通りです。

(1) プログラム・サービスの管理：プログラムやサービス，商品の評価・改善
(2) 会員定着・退会防止：初期定着策や退会防止策の立案と実施
(3) プロモーション，セールス：集客策の立案，見込み客や問い合わせへの対応
(4) 安全管理・法的対応：安全対策・事故などへの緊急対応，保険加入，法律遵守
(5) 人的資源管理：採用，育成，報酬，配置，評価の仕組みづくりと運用
(6) 施設設備管理：施設・設備の操作やメンテナンス，緊急対応，改善計画
(7) 事業計画・予算管理：予算書作成，損益分岐点や採算性の分析，予算管理

運営に関しては，経営者や支配人が，サービス・プロフィット・チェーン[2]などの概念が示すポイントをよく理解してマーケティングとオペレーションを構成するそれぞれの要素を整え，適切にマネジメントしていくことが求められます。

❸ リ・マーケティングとサービス・イノベーション

マーケットリサーチ（市場調査）や競合調査は，オープン後も定期的に行い，自社の経営に反映（リ・マーケティング）させていかなければいけません。また，リ・マーケティングでは，「総合型」であることの魅力を存分に惹き出すことに取り組むことが重要です。たとえば，施設やプログラムを複数揃えていることや従業員が多いことなどを活かして，小規模単体店舗との差異化を図っていきます。

クラブが成功裡に開発・運営できたら，"チェーン化"するか"地縁化"するかを決めるなど，成長戦略を描く必要が出てきます。前者を選択するなら総合型のクラブを多店舗展開するために施設開発業務について整理する必要があります。さらに業務の標準化と人材育成についても着実に進めていくことが大切になります。後者を選択するなら，対象地域の多様なニーズをどういうポートフォリオ[3]を組んで満たすのかを明らかにしていく必要があるでしょう。たとえば，対象地域をまずは総合的な業態でカバーした上で，多様なサテライト店舗を開発し競合施設が捉えられない需要に対応するなどの発想が重要になります。

これからの時代は，1つの業態だけで多様な人々のニーズやウォンツを満たしていくことはできません。イノベーションによって，既存のモデルを変えたり，まったく新しいサービスを生み出したりすることが求められます。

（古屋武範）

▷2 サービス・プロフィット・チェーンとは，ヘスケット（J. S. Heskett），サッサー（W. E. Sasser, Jr.）らによって示された，サービスにおける売上や利益に関係する従業員満足，顧客満足，企業利益の因果関係を示したフレームワークのこと。従業員満足度（ES）がサービス水準を高め，それが顧客満足度（CS）を高めることに繋がり，最終的に企業利益を高め，さらにその高めた利益で従業員満足度をより向上させることで，良い循環の構図ができあがることを示している。http://www.jma2-jp.org/wiki/index（2016年11月10日最終アクセス）

▷3 ポートフォリオという用語は様々な分野で使われる。経営学あるいは金融や投資用語としてのポートフォリオは，投資家がリスクを回避するために，現金や預金，株式などの資産を分散させたり，それらを組み合わせることを意味している。

おすすめ文献

† 『フィットネスビジネス』クラブビジネスジャパン。
† 「日本のクラブ業界のトレンド（最新版）」クラブビジネスジャパン。http://www.fitnessclub.jp/business/service/

第Ⅰ部　参加型スポーツのマネジメント

3　商業（民間営利）スポーツ施設のマネジメント

 商業スポーツ施設のマーケティング

▷1　コトラー, P.・ケラー, K. L.／恩藏直人監修・月谷真紀訳（2008）『コトラー＆ケラーのマーケティング・マネジメント（第12版）』ピアソン・エデュケーション, 460頁。プロダクトは, 一般的に「製品」と訳され, 有形の提供物が思い浮かべられがちであるが, ニーズや欲求に応えるために市場に提供されるものすべてがプロダクトであり, それは, 有形財, サービス, 経験, イベント, 人, 場所, 資産, 組織, 情報, アイディアなど形態的な違いを問わない。
▷2　一般的に企業の取引関係を考える場合, 資金供給者, 原材料供給者, 被雇用者, 顧客・競争相手との相互関係に加えて, 規制や許認可など, 取引を統治する政府・地方公共団体との関係性も考慮する必要がある。
▷3　コトラー, P.・アームストロング, G.・恩藏直人（2014）『コトラー, アームストロング, 恩藏のマーケティング原理』丸善出版, 182-185頁。
▷4　誰からも愛され, 誰からも受け入れられるというのは理想であるものの, 現実的にわれわれの身の回りにある多くの製品やサービスは, 買い手が特定層に限定される。そのため, ビジネスを進める上では,「顧客は誰か？」というターゲットを明確にする必要がある。

1　マーケティングとは？

　マーケティングとは, 顧客や市場を生み出し, 顧客で居続けてもらうために, 経営組織が顧客に対して働きかける様々なアクションのことを指します。具体的には, 顧客のニーズと欲求を捉え, それに応える価値と便益を内包したプロダクト（product）を提供し, 顧客がプロダクトを容易に入手できるような価格や支払方法（price）, また購入や取引しやすい工夫を施し（place）, 購入しそうな人々にとって適切で価値の高い情報を提供します（promotion）。換言すれば, マーケティングとは, 顧客が買いたくなる仕組みをつくることといえます。このような組織の一連の手法や諸活動のことを, それらの頭文字をとって,「マーケティングの4P」とよび, 具体的な目標を効果的・効率的に達成するために4Pを組み合わせることを,「マーケティング・ミックス」といいます。

2　商業スポーツ施設に求められる3つのマーケティング

　経営組織の取引関係は, 潜在顧客を含めた多様な顧客と, 組織が掲げる理念やミッションを実務として遂行する組織成員との三者の相互関係から成り立っています。商業スポーツ施設では, 無形性（見たり触れたりできない）, 不可分性（提供者と切り離せず, 顧客との相互作用によって生産される）, 変動性（品質が人・時・場所に依存する）, 消滅性（提供や使用のために貯蔵できない）といった特性をもつサービス財が取引対象となるので, 三者間の関係構築と良好な関係性を維持するために, 3つのマーケティングが必要となります。

　1つ目は, 経営組織が既存または潜在顧客に施す「エクスターナル・マーケティング」です。これは, 取引したい対象者（ターゲット顧客）のニーズと欲求に沿った4Pを組み合わせて, 新規顧客の獲得を図ろうとするものです。たとえば, 施設近隣に居住する住民の中でも, どのようなニーズをもっている人々に, どのような価値と便益を内包したプログラムを提供するべきか, また人々が気づいていない健康的なライフスタイルや行動に対して, どのようなメッセージを送ることが需要を喚起するのかといった新規会員の獲得や新たな需要創造に結び付けようとする経営組織のアクションがそれにあたります。

　2つ目は, 顧客と組織成員との相互作用に焦点を当てた「インタラクティブ・マーケティング」です。これは顧客との接点を生み出し, 顧客の反応に応

じて最新情報を提供したり，プロダクトへの要望に応じたりしながら，顧客満足の向上や顧客との良好な関係を構築しようとするものです。商業スポーツ施設では，会員や施設利用者に活動の場を提供するだけでなく，プログラムを通じて健康の保持増進や痩身などの身体的便益や，社交，爽快感，自己達成感といった社会心理的便益などを享受してもらうため，会員や施設利用者と接点をもつ受付スタッフやインストラクターがニーズをキャッチしながら，健康に資する情報提供や便益を享受するためのスキル獲得に寄与しなければなりません。また新しい価値観やライフスタイルを提案することによって，施設の利用価値を高める工夫が求められます。現在では，このようなサービスの価値と便益の享受に内在する「ナレッジとスキル」に着目し，サービス提供者と顧客との相互作用やサービス生成時における顧客との共同生産によって生み出されたサービスそのものの使用価値を捉えようとする研究が進められています。

3つ目は，経営組織が組織内部の成員に向けて行う「インターナル・マーケティング」です。これは，顧客と組織成員との関係性や相互作用の質が顧客満足に影響することを鑑みて，「従業員満足」を高めるなど，経営組織が提供するサービスの質を適切に管理するための組織内部に対する働きかけです。商業スポーツ施設では，会員や施設利用者と直接接する受付スタッフやインストラクターを「内部顧客」と捉え，職務やサービス提供の場面で高いパフォーマンスが発揮できるよう，組織成員の自覚や主体性を引き出し，プロフェッショナルとしての資質が高められるような機会を提供することが重要です。

3 顧客の経験価値を高める工夫

従来，顧客が購入するものやサービスは，プロダクトの機能や性能，顧客が期待する利便性によって規定されると考えられてきましたが，品質や機能ではなく，気分や雰囲気，心地よさのような購入前・使用時・購入後に顧客が経験する感覚的で付加的な価値こそが顧客にとって重要であると認識され始めました。シュミットが提唱した「経験価値マーケティング」は，4Pの発想からマーケティングを進めるのではなく，「SENSE（感覚的経験価値）」「FEEL（情緒的経験価値）」「THINK（創造的・認知的経験価値）」「ACT（肉体的経験価値とライフスタイル全般）」「RELATE（準拠集団や文化との関連づけ）」という5つの顧客経験価値とその組み合わせでマーケティングを考えようとするものです。

サービス財を顧客に提供する商業スポーツ施設が重視すべきことは，各々異なる「個客」の感性を捉えた最上の経験価値を提供することです。実用性ではなく，消費者の感性に着目する視点は，五感，イメージ，情動を重視した「快楽的消費」として様々な研究が進められています。商業スポーツ施設のマーケティングにも状況や意味を新しい視点に変換するリフレーミングが必要です。

（長積　仁）

▶5 Vargo, S. L. and Lusch, R. F. (2008) "Service-dominant logic : continuing the evolution", *Journal of the Academy of Marketing Science*, 36：1-10.

▶6 シュミット, B. H. (2000)『経験価値マーケティング——消費者が「何か」を感じるプラスαの魅力』ダイヤモンド社。

▶7 堀内圭子 (2004)『〈快楽消費〉する社会——消費者が求めているものはなにか』中公新書。

おすすめ文献

†P. コトラー・T. ヘイズ・P. ブルーム／白井義男監修／平林祥訳 (2002)『コトラーのプロフェッショナル・サービス・マーケティング』ピアソン・エデュケーション。

†C. ラブロック・J. ウィルツ／白井義男監修／武田玲子訳 (2008)『ラブロック&ウィルツのサービス・マーケティング』ピアソン・エデュケーション。

†中西純司 (1996)「健康スポーツ施設のマーケティング」青木高・太田壽城監修／牧川優編著『健康・スポーツの経営学』建帛社, 123-149頁。

第Ⅰ部　参加型スポーツのマネジメント

3　商業（民間営利）スポーツ施設のマネジメント

 # スポーツサービスとクオリティ・マネジメント

1　商業スポーツ施設におけるスポーツサービス

　2006（平成18）年に市場規模，会員数ともに史上最高値（4,272億円，417万8,690人）を記録したフィットネスクラブ業界では，中高年層による入会が増加しており，振動マシンなどのパッシブ系マシンやリラクゼーション系マシンを導入したり，温浴施設を充実させるなど，中高年層に配慮した施設づくりや中高年層に特化したプログラムもみられるようになってきました。また，顧客ニーズを細分化し，専門的な設備とプログラムをもつクラブや，簡易施設による短時間のプログラムを特徴とする小規模なフィットネスクラブも増加しています。

　近隣に同種のスポーツサービスを提供する他社が存在し，競争が厳しい商業スポーツ施設では，設備やプログラムなどを改善しながら，新規利用者の獲得や既存利用者を維持するために，利用者の期待に応え，顧客満足度を高めることに努めています。利用者へ提供するスポーツサービスが高品質であれば，利用者の満足度が高まり，利用継続を促すとされ，商業スポーツ施設では，スポーツサービスの品質向上が重要な経営課題とされます。

　しかしながら，商業スポーツ施設で提供されているスポーツサービスには，性能や品質を明確に把握できるスポーツ用品よりも，その品質の把握と管理に難しさがあります。

2　利用者によるクオリティ評価

　これまでのサービス・マーケティング研究によって，顧客はサービスの提供過程とサービスの成果という2つの視点で，サービス品質を知覚することが明らかにされています。

　サービス品質を測定する様々な方法の中でも，サービス・クオリティ研究の起源の1つであるSERVQUAL（A. パラスラマンら 1988）は，提供過程における品質を中心とした測定手法であり，スポーツサービス分野のみならず，サービス分野全般で品質を捉えるために用いられています。SERVQUAL では，サービス提供の過程に対して，顧客が知覚するサービスの機能的品質の5次元（表1）をアンケート調査により明らかにし，顧客が期待していたサービスレベルと実現したサービスレベルの乖離を測定して，期待を上回るサービスを高

▷1　クラブビジネスジャパン（2014）「日本のクラブ業界のトレンド2013年度版」。

▷2　(1)無形性，(2)不可分性，(3)変動性，(4)消滅性というサービスが有する特性に起因して，品質の捉え方や管理方法が物財の方法よりも困難といわれている。スポーツサービスの特性と経営問題については，山下秋二・原田宗彦編著（2005）『図解　スポーツマネジメント』大修館書店，142-143頁を参照。

▷3　(1)物的要素，(2)信頼性，(3)反応性，(4)資格，(5)礼儀，(6)信用性，(7)安全性，(8)アクセス，(9)コミュニケーション，(10)顧客の理解で構成された10次元のSERVQUAL を提唱した後に，実用性が高められたSERVQUAL（Parasuraman, A. et al. 1988）では，測定するサービスの種類によって次元が異なる問題が生じている。

Parasuraman, A. et al. (1998) "SERVQUAL : A Multiple-Item Scale for Measuring Customer Perceptions of Service Quality," *Journal of Retailing*, 64 (spring), 12-49.

表1　SERVQUALにおけるサービス品質の5次元
①信頼性（Reliability）：サービスの遂行に関して信頼でき，依存できるような提供者の能力。 ②確信性（Assurance）：提供者の技能や知識，礼儀，信用性，安全性の観点から，期待する結果が得られるという予想についての確信。 ③反応性（Responsiveness）：顧客を援助し，素早いサービスを提供する意欲。 ④共感性（Empathy）：顧客のニーズや欲求に対する敏感さ。 ⑤物的要素（Tangibles）：施設・設備の内容，従業員の外見等。

出典：近藤隆雄（2000）「サービス品質の評価について」『経営・情報研究』No.4をもとに筆者作成。

い品質として捉えます。このSERVQUALは実用性が高く，広く普及している測定手法ですが，測定するサービスの種類によって，次元が異なることや，顧客が享受するサービスの成果に関する品質次元が不足していることなどが多くの研究で指摘され，新たな測定方法の開発も進んでいます。

　スポーツサービス分野では，海外のフィットネスクラブやスポーツ・レジャーセンターなどを対象とした測定手法が開発されており，日本の商業スポーツ施設を対象にした測定手法の開発も必要と考えられます。

3　クオリティ・マネジメント手法

　商業スポーツ施設の利用者は，年齢や健康状態，体力，過去の運動経験などが様々であり，それぞれに目的をもって施設を利用しています。このような多様な利用者に満足してもらうためには，利用者の個別性に配慮した質の高いスポーツサービスを提供し続けるマネジメント手法が必要とされます。

　利用者の個別性に対応するためには，入会時に利用者に関する情報を得るとともに，どのような期待を抱いているのかを正確に把握することが第一歩です。それらを基にして，プログラムなどを紹介しながら，利用者とともにサービスを共同で設計し，利用者の個別性に対応することが可能になります。

　次に，スポーツサービスが人によってつくられることから，スタッフの違いによるサービス内容の差異やサービス品質のバラツキが生じやすくなります。これらの不安定性を抑制し，利用者が満足できるサービスを安定して提供するために，データベースを活用した利用者情報や利用状況の共有，サービスマニュアルを用いたスタッフ研修が重要なマネジメント手法になります。

　また，スポーツサービスは，事前テストを実施し，不良サービスをなくすことが困難です。そのために，実際に顧客へサービスを生産し提供する物理的，手続き的な仕組みのすべてのことを指すサービス・デリバリー・システムを点検することが求められます。たとえば，提供しているサービスについて，スタッフによる巡回確認や利用者からの意見収集，利用者アンケートによる点検などの手法を実施することにより，迅速にサービスの問題点を特定し改善することが可能になります。

（石井十郎）

▶4　商業スポーツ施設の利用者は，各スポーツ施設や運動機器などの物的要素，受付や指導スタッフ，他の利用者，サービス提供の仕方などを利用体験の中で経験し，サービス・クオリティや顧客満足などの主観的な評価をしている。高品質なスポーツサービスを提供できるシステムを構築するためには，不満足要因となっている利用者体験を特定し，仕組みを改善することが必要となる。その調査・分析手法の詳細は，中西純司（2000）「スポーツサービスのデリバリー・システムにおける障害点の診断——サービス・クオリティの改善をめざして」『福岡教育大学紀要』第49号第5分冊，35-52頁が参考となる。

おすすめ文献

†フィリップ・コトラー，トーマス・ヘイズ，ポール・ブルーム／白井義男監修／平林祥訳（2002）『コトラーのプロフェッショナル・サービス・マーケティング』ピアソン・エデュケーション。
†畠山芳雄（2004）『サービスの品質とは何か』日本能率協会マネジメントセンター。
†山下秋二・原田宗彦編著（2005）『図解　スポーツマネジメント』大修館書店。

3 商業（民間営利）スポーツ施設のマネジメント

経営組織と人的資源マネジメント

1 経営組織

「お客様が健康でいること」「利用者が楽しくスポーツをすること」など，フィットネスクラブ，テニススクール，スイミングクラブ，ゴルフ練習場などの商業スポーツ施設の社会的な存在意義はますます大きなものになっています。その重要な事業を安定して継続させる会社は，「経営組織」をつくり，人々の役割と責任を規定して効果的・効率的に事業を展開しています。

多くの場合，経営資源としての人材を特定の目的を達成するために人々を結び付けた型をいいます。商業スポーツ施設にも必ず経営組織があり，その形態は社長をトップ・マネジメントとする企業全体をマネジメントする場合と，具体的なスポーツサービスを提供するスポーツ施設で，支配人をトップとした経営組織のマネジメントがあります。

2 人的資源マネジメント

経営組織は形をつくっただけでは役割を果たさず，その目的を達成するためには，組織に属する人々が効果的かつ効率的に活動することが必要です。ここに人的資源マネジメント（Human Resource Management：HRM）の必要性があります。また，人的資源マネジメントの具体的な運用プロセスは，採用，評価，報酬，昇進，配置と異動，研修や能力開発などの人事制度として具体化され，その人事制度を通じて組織成員や経営業績に影響を与えるとされます。

民間営利組織では，経営目標値が設定され，利用者数の増加などを通じて売上高が増えること，使う経費をできるだけ少なくすることが求められます。経営組織は事業を推進するための「経営資源」を保有しています。その中で，特に重要なものが「人的資源」，すなわち人材です。それは，ヒトが，モノ・カネ・情報の3つの資源を有効に使って事業を行うからです。

人的資源マネジメントに取り組むにあたり，その組織における経営戦略，事業戦略との整合性を担保すること，組織文化や経営環境との適合も必要です。人的資源戦略としては，ビジョンの策定，メンバーのキャリア資産の棚卸し，人的資源戦略の目標設定を行います。次に組織構造と職務を設計し，人的資源を活用した実務を遂行し，その活動の個々人および組織全体について評価します。この体系全体を通じて，組織を動かすリーダーシップ，メンバーへの動機

▷1 経営組織とは，2人以上の人々の「意識的に調整された人間の活動や諸力の体系」と定義されている（バーナード，C.I.／山本安二郎・田杉競・飯野春樹訳（1968）『経営者の役割』ダイヤモンド社，75頁）。

▷2 人的資源マネジメントとは，「組織を構成する人々（人的資源）がもつ能力，活動，努力を，その組織の戦略目標の達成に向けて結集させていくための，戦略的なフレームワーク（枠組み）と，その効果的な運用プロセス」と定義されている（梅津祐良（2003）『人材マネジメント・エッセンス（structured business core program HRM essence）』産業能率大学出版部，8頁）。

▷3 組織文化とは，社会集団内にみられる行動の慣習的パターンや共有された価値，信念などを意味する。組織文化は，柔軟であり経営者によって意図され創出されるものであり，人々の動機づけを通じて，組織的効果や経営業績と結び付いていると考えられている（アバークロンビー，N.・ヒル，S.・ターナー，B.S.／丸山哲央監訳・編集（1966）『新しい世紀の社会学中辞典』ミネルヴァ書房，231-232頁）。

づけ，人的情報管理にともなう情報管理にも取り組みます。

❸ 商業スポーツ施設における人的資源マネジメント

　一般的な企業でも人的資源マネジメントの重要性は強く認識されていますが，商業スポーツ施設は次の3つの理由により，特にその必要性が高くなります。

　第1の理由は，商業スポーツ施設はサービス業であり，人そのものがサービスの提供者＝商品となるからです。サービスという仕事には，商品を在庫できないという「無形性」，提供する人により質が変わる可能性が高い「非均一性」，提供を分割できない「不可分性」，常に安定したサービスを提供することが予測不可能である「需要変動性」の4つの特性があります。商業スポーツ施設においても，人を介して提供するサービスの提供と消費が同時に起こるため，従業員一人ひとりが，活き活きと良い状態で働くための環境づくりマネジメントが，仕事の質を高める必須条件だからです。

　第2の理由は，労働集約型という事業特性上，無駄のない効率的な人件費コントロールが必要なためです。商業スポーツ施設の運営経費で人件費の占める割合はたいへん大きいからです。この点では，シフト管理，出退勤管理，勤務状況の管理などの適切な労務管理と，個々人を気遣う細やかなマネジメントが求められます。

　第3の理由は，商業スポーツ施設の事業は，施設を利用するお客様にスポーツの楽しさや健康を届ける仕事であり，その従業員自身が健康であることが大切だからです。もし従業員が不健康であれば，利用するお客様にとって魅力的な施設や企業ではなくなります。特に近年は社会の健康ブームに加え，「健康経営」など企業の社員に向けた健康づくりが重視され，国民の健康やスポーツへの意識が高まっています。

　商業スポーツ施設の業界は，ときに同じような施設，同じようなプログラムで企業間の競争が繰り広げられ，他社と差別化する大きな要素の1つは，直接サービスを提供する人です。従業員の接客能力やプログラムの実践力はもちろんのこと，新たなサービスや経営手法を企画・実行していくのはほかならぬ人であり，その大切な人材を，どのようにマネジメントしていくのかが，企業の経営状況や成長を支える極めて大きな要素であることは明白です。

（髙﨑尚樹）

おすすめ文献

†佐々木圭吾（2016）『みんなの経営学』日経ビジネス文庫。
†金井壽宏（1999）『経営組織』日経文庫。
†沼上幹（2004）『組織戦略の考え方』ちくま新書。

第Ⅰ部　参加型スポーツのマネジメント

3　商業（民間営利）スポーツ施設のマネジメント

 顧客管理とホスピタリティ・マネジメント

1　顧客関係管理

　顧客関係管理（CRM：Customer Relationship Management）とは，個人属性，購入履歴，利用状況などをデータベース化した顧客情報を活用し，個々の顧客に応じたマーケティングを展開するための仕組みづくりをすることによって，顧客との良好な関係を築き上げて顧客満足や顧客ロイヤルティを高める取り組みです。CRM では，顧客の個人情報と利用行動を紐づけることで，優良な顧客を適切に識別し，ターゲットに定めた顧客の満足度と企業収益の両方を高めるための経営を目指すことになります。

　自社にとっての優良顧客は誰なのかを判断するには RFM 分析が用いられます。R（Recency：最近の購入日）「いつ買ったのか」，F（Frequency：累計の購入回数）「どのくらいの頻度なのか」，M（Monetary：累計の購入金額）「いくら支払っているのか」という 3 つの観点から，優良顧客，安定顧客，新規顧客，離反顧客，非優良顧客といったセグメントを割り出すセグメンテーションを行うことができます。

　フィットネスクラブのような会員制の商業スポーツ施設には，利用条件と料金体系が異なる会員種別があります。新規顧客を獲得すれば入会手続を行い，その後，会員の諸事情により休会や退会の手続きを行う必要があります。全国展開する商業スポーツ施設にとっては，常に変動がみられる会員の顧客管理は膨大かつ煩雑な業務となります。最近では，スポーツ施設を運営する事業者向けのクラウドサービスを利用する顧客管理システムが開発されており，フィットネスクラブ，スイミングクラブ，ヨガスタジアム，クライミングジム，などのスポーツ施設に運営をサポートする顧客管理システムが導入されています。会員情報管理，会費管理，設備利用管理，イベント管理，各種帳票といった基本機能に加えて，レッスン管理，コーチ編成管理，トレーニング管理，カルテ管理，などのオプション機能を備えており，スポーツ施設の業務形態に応じたカスタマイズが可能となっています。

　商業スポーツ施設では，スポーツを通したコミュニケーションの場であることを生かして，一人ひとりの会員と従業員が個人的に関わり合うことができます。顧客のニーズやウォンツ，選好や行動といった顧客情報を把握した上で，会員との良好な関係を強化していくことが顧客関係管理の原則となります。

▷1　顧客ロイヤルティとは，顧客が企業やその商品に対して継続的に愛着や忠誠心をもつこと。

▷2　坂本雅志（2014）『CRM の基本』日本実業出版社。

▷3　セグメンテーションとは，市場を構成する不特定多数の顧客を同質の特性やニーズをもつグループに細分化すること。

▷4　従来は事務所に設置した単独のコンピュータで顧客データが管理されていたが，インターネット接続によるクラウドサービスを利用することで，複数のコンピュータ端末から顧客管理システムや顧客データにアクセスすることが可能になった。

▷5　CLUB NET。http://fitcom.co.jp/clubnet.html（2016 年 5 月 7 日最終アクセス）

▷6　SLIM。http://www.isi-grp.co.jp/slim/（2016 年 5 月 7 日最終アクセス）

▷7　コトラー，P.・カルタジャヤ，H.・セティアワン，I./恩藏直人監訳／藤井清美訳（2010）『コトラーのマーケティング 3.0――ソーシャルメディア時代の新法則』朝日新聞出版。

2 ホスピタリティの考え方

ホスピタリティという言葉は，ゲストに対して最適な歓待やおもてなしがなされること，という意味で使われます。つまり，顧客をゲストとして扱い，サービスを提供する組織と顧客との相互作用の中で，顧客のニーズに対応したきめ細かで行き届いた快適さを提供することがホスピタリティであり，サービスにさらなる価値を与えるものとして捉えることができます。[8]

サービスは，一時的な主従関係において，奉仕する側（従者）が奉仕される側（主人）に義務的に役務を果たすことを指します。それに対してホスピタリティは，主客が同等関係において，もてなす側（ホスト）がもてなされる側（ゲスト）に心温まるおもてなしをすることになります。すなわち，ホスピタリティは，ゲストとホストが人間の尊厳をもって，相互満足しうる対等となるにふさわしい共創的相互関係で遇するという考え方です。[9][10]

3 ホスピタリティ・マネジメント

商業スポーツ施設においてホスピタリティを実現するには，マニュアルで決められた固定的サービスを提供することにとどまらず，顧客ニーズや接客状況に合わせた応用的サービスを提供することが求められます。[11]商業スポーツ施設における応用的サービスは，従業員が会員との相互作用をとおして関係性を深めた経験知に基づいて，その場の接客状況に対応するためのアドリブによる個別対応をすることによって行われます。

サービスを提供する組織がホスピタリティを育てる環境をつくるには，組織内での情報の蓄積と開示，充実した教育制度，エンパワメントの付与，[12]といったホスピタリティ・マネジメントが重要になります。[13]商業スポーツ施設内での情報の蓄積と開示については，顧客関係管理によって，会員の利用行動に関わる情報を蓄積し，その情報を従業員が共有することで応用的サービスに対応することが可能になります。充実した教育制度については，商業スポーツ施設が提供するサービスを行うための研修の機会に，ホスピタリティの理念や考え方を教育する必要があります。エンパワメントの付与については，商業スポーツ施設におけるサービス・エンカウンターにおいて，[14]即座に従業員が自分の判断で会員が期待する応用的サービスに対応することを決める権限が与えられていることが前提になります。

商業スポーツ施設では，会員が支払う会費が主な収入源となっていることから，会員数を維持することが経営上の課題となります。商業スポーツ施設に入会した会員をつなぎとめるには，顧客関係管理を徹底し，個々の会員に適合したホスピタリティあふれるサービスを提供することが求められます。

（二宮浩彰）

▷8　ラブロック, C.・ライト, L.／小宮路雅博監訳／高畑泰・藤井大拙訳（1999）『サービス・マーケティング原理』白桃書房。
▷9　ゲストとホストが共通の目的意識をもち新たな価値をつくり上げていこうとする接し方。
▷10　服部勝人（2006）『ホスピタリティ・マネジメント学原論――新概念としてのフレームワーク』丸善。
▷11　徳江順一郎（2013）『ホスピタリティ・マネジメント』同文舘出版。
▷12　エンパワメントとは，与えられた業務を行うにあたって，従業員に自律的に行動する権限を与えること。
▷13　山口一美（2015）『感動経験を創る！　ホスピタリティマネジメント』創成社。
▷14　サービス・エンカウンターとは，従業員と顧客が接してサービスが提供される場面を指す。

〔おすすめ文献〕
†坂本雅志（2014）『CRMの基本』日本実業出版社。
†P. コトラー・H. カルタジャヤ・I. セティアワン／恩藏直人監訳／藤井清美訳（2010）『コトラーのマーケティング3.0――ソーシャルメディア時代の新法則』朝日新聞出版。
†山口一美（2015）『感動経験を創る！ホスピタリティマネジメント』創成社。

第Ⅰ部　参加型スポーツのマネジメント

3　商業（民間営利）スポーツ施設のマネジメント

日常生活圏域施設の変遷とマネジメント課題

１　日常生活圏域の商業スポーツ施設

日常生活圏内に存在する商業スポーツ施設は多種ありますが，現在ではフィットネスクラブ，ゴルフ練習場，スイミングクラブ，テニスクラブ，ボウリング場などがその代表といえます。その他としては，スケート場，バッティングセンター，ヨガスタジオ，ダンススタジオ，トレーニングジム，ボクシングジムなどがあげられます。また広い意味では，古くからある柔道，剣道や空手などの道場もこれに含まれるでしょう。ただ，それら武道の道場などは流派の伝統を存続させるために後進を育てるという目的をもつものが多く，どちらかというと営利目的で行われる民間スポーツ施設という概念からは外れるかもしれません。上にあげたものの中でも，熱心な指導者が後進の指導を目的に個人オーナーとして事業を始めたスイミングクラブやテニスクラブなどがありますが，現在ではスポーツビジネスとして企業が経営する施設が中心を占めています。

２　スポーツ施設・スクール市場の推移

図１は日常生活圏域の主要なスポーツ施設・スクール市場規模の推移をみたものです。全体的にはバブル経済崩壊後の1990年代より減少傾向が続きますが，その中ではフィットネスクラブが堅実な成長をみせています。80年代に若い女性層を中心に起こったエアロビクスブームによって一躍商業スポーツ施設の代表格になったフィットネスクラブですが，社会の高齢化と健康志向の浸透にともない，顧客層は中高年層にシフトしてきました。また，パーソナルトレーナーによる個人指導で確実なトレーニング効果を売りにする施設なども成功しており，市場の成熟化にともなった多様化傾向がみられます。一方，スイミングプールは従来ジュニア対象のスクール事業が中心でしたが，少子高齢化の影響でスイミング単体での事業は難しくなり，プールをベースにフィットネスクラブに転身するケースが増えています。

ゴルフ練習場は，ゴルフ人口がバブル経済崩壊とともに激減しており，それにともなってゴルフ練習場の市場も縮小の一途を辿っています。ゴルフ場との違いは，コースに出る前の初心者やジュニア層を対象としたスクール事業を取り入れていることですが，顧客層が高齢化しており，若い世代のゴルフ離れが

▷１　河原和枝（1999）「消費社会とフィットネスの発展」原田宗彦編著『改訂　スポーツ産業論入門』杏林書院，252-262頁。

▷２　ジム，スタジオ，プールを備えた典型的なフィットネスクラブ，それらに加えてテニスコートやラケットボールコート，ゴルフレンジなども備えた総合的スポーツクラブなどが従来の主流であった。しかし，近年ではむしろプールを省いたジム・スタジオ型やジムあるいはスタジオ単体型，女性専用サーキットトレーニング，ヨガスタジオなど専門性を売りにした低コスト低料金の施設が新規開業の大半を占めるようになってきている。

▷３　レジャー産業資料編集部（2013）『特集「健康・フィットネス」リアルニーズをつかめ！』レジャー産業資料2013年２月，8-11頁。

▷４　福岡孝純（1988）『スポーツビジネス──ソフト化の新しい"座標軸"』日本経済新聞社。

顕著な状況となっています。

　ボウリング場は施設の老朽化や耐震化の対策が大きな課題となっており，閉鎖店が増えている現状ですが，やはり中高年層対象のスクール事業や，ボウリング以外にも多種目のスポーツや映画などが楽しめる総合アミューズメント化で成功しているケースがみられます。

　テニスクラブ・スクールは近年わずかにではありますが市場を拡大してきています。テニスアニメの影響でジュニア層のスクール参加者が増えた時期が落ち着き，現在は中高年層を対象としたスクール事業が活発化してきています。

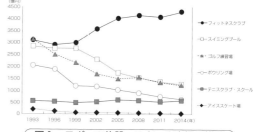

図1　スポーツ施設・スクール市場の推移

出典：(公財) 日本生産性本部 (2015)『レジャー白書2015』より筆者作成。

　以上のように，社会全体の人口動態にともない，高齢者層への訴求や福祉対策，あるいは新たな年齢層の掘り起こしなどが今後の重要な課題となるでしょう。

3　日常生活圏域施設のマネジメント課題

　経済産業省の『平成25年特定サービス産業実態調査報告書（スポーツ施設提供業編）』によれば，従業者4人以下の事業所が27.7％を占めています。また，雇用形態は「正社員・正職員」の割合が33.4％，「パート・アルバイト」が55.4％となっており，全体として零細な組織で運営されています。サービス産業であるため，従業員と顧客との接点が顧客満足度を左右することになり，従業員個人の能力や資質が大きな比重をもつといえるでしょう。

　またたとえばフィットネスクラブでは，常に退会率の高さが大きな課題となっています。市場が成熟して競合が厳しくなるとともに，入会金や月会費を低価格化させ入口の敷居を低くさせてきてはいますが，そのことが同時に出口の敷居も低くさせている可能性があります。また客単価が低下し，経営を苦しくさせる要因ともなっています。既存会員が楽しく継続できるしかけづくりが求められるといえます。

　フィットネスクラブ，テニスクラブなどは「クラブ」という名称は付いていますが，登録会員を対象としたエリアサービスとレッスンなどのプログラムサービスが提供されているだけで，会員相互のメンバーシップを深めるクラブサービスとしての機能はほとんどないに等しいのが実情です。このことはゴルフ練習場でも同様ですが，スクール事業を基点として会員同士の絆を強めることができれば，顧客の帰属意識やアイデンティティを高めることができ，退会率を逓減させることが可能となるでしょう。運動を終えたらすぐに帰宅するのでなく，施設が仲間同士のサロンとしての居場所になるような雰囲気づくりも必要かもしれません。そのことがひいては客単価を高める要素にも繋がると思われます。

（中路恭平）

▶5　経済産業省大臣官房調査統計グループ編 (2014)『特定サービス産業実態調査報告書』。

▶6　この中にはゴルフ場や公営の陸上競技場やサッカー場なども含まれるため，統計表から個別に再計算すると，従業員4人以下の事業所割合はフィットネスクラブ29.4％，ゴルフ練習場24.1％，ボウリング場9.9％，テニス場42.3％である。

おすすめ文献

†八代勉・中村平編著 (2002)『体育・スポーツ経営学講義』大修館書店。
†山下秋二・原田宗彦編著 (2005)『図解　スポーツマネジメント』大修館書店。
†原田宗彦・間野義之編著 (2011)『スポーツファシリティマネジメント』大修館書店。

第Ⅰ部　参加型スポーツのマネジメント

3　商業（民間営利）スポーツ施設のマネジメント

  リゾート型施設のマネジメント特性と課題

1　広域生活圏域におけるスポーツ

　スポーツやレジャー活動の中でも，日常生活圏内では実施が難しいものが存在します。自然の地形を利用して行われるものや自然を相手に行うアウトドアスポーツです。ゴルフやスキー・スノーボード，マリンスポーツなどが代表的なもので，これらのスポーツ活動の場は民間資本で運営されているものが一般的に多いといえます。1987年に総合保養地整備法（リゾート法）が施行され，民間活力導入による内需拡大が期待されましたが，その後のバブル経済崩壊や環境破壊問題などが露呈し，開発は進みませんでした。

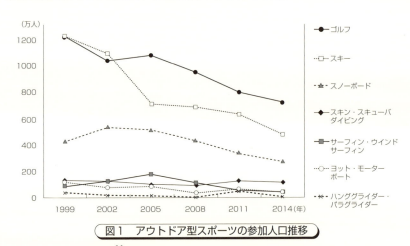

図1　アウトドア型スポーツの参加人口推移

出典：『レジャー白書』（2006；2015）より作成。

▷1　(公財)日本生産性本部(2006)『レジャー白書2006』。
▷2　日本生産性本部(2015)『レジャー白書2015』。
▷3　インバウンドとは，海外から日本を訪れる観光客のことを意味する。2003年小泉政権の元で「観光立国宣言」が出され，外国人観光客を誘致する「ビジット・ジャパン・キャンペーン」が開始された。

　図1は主なアウトドアスポーツ参加人口の推移をみたものです。かつて人気を誇ったゴルフやスキーは減少の一途を辿っており，一時期の2分の1-3分の1ほどになっています。表1に示すように，ゴルフは現在では50-70代という高齢者層がコアユーザーとなっており，若い世代の獲得ができていないため，この状況が続くとますます参加人口が減少する可能性があります。新しいスノースポーツとして若年層を中心に人気となったスノーボードは，2002年頃までは上昇傾向を示しましたが，それ以降は下降に転じています。ただ，『レジャー白書2015』によれば，スキー場の索道（リフト）収入は2011年をボトムとして2012-2014年と上昇傾向にあります。若年層の開拓手段として19歳のリフト券を無料にする「雪マジ！19」キャンペーンの効果も出てきているようで

すが，北海道ニセコスキー場をはじめ，長野県白馬や野沢温泉など，いくつかのスキー場で導入されている外国人観光客を誘致するインバウンド効果が現れてきたものといえます。

それら以外のスポーツは概ね横ばい状態になっています。これらのスポーツは用具にお金がかかるだけでなく，活動場所までの交通費や滞在費などもかかるため，景気変動の影響を受けやすいスポーツといえます。2008年のリーマンショック，2011年の東日本大震災，2014年の消費税増税など，消費者の財布の紐を固くする要因が続いたことが響いていると考えられます。

表1 ゴルフ参加率の性・年代別比較

(%)

	ゴルフ（コース）		ゴルフ（練習場）	
	男	女	男	女
10代	1.7	1.8	3.4	4.5
20代	3.6	1.4	8.2	2.3
30代	8.3	1.5	9.8	2.7
40代	9.6	2.6	9.2	3.5
50代	13.9	4.5	12.7	4.2
60代	14.3	3.0	13.4	4.7
70代	26.4	4.6	21.4	5.0

注：性・年代別のそれぞれの集団における参加率。
出典：日本生産性本部『レジャー白書』(2015)より作成。

2 リゾート型スポーツ施設の複合性とその課題

このようなアウトドアスポーツは種目によって多少の趣は異なりますが，一般的に宿泊をともない，お目当てのスポーツ自体を楽しむ以外に，現地の温泉や文化的施設などの観光をも同時に楽しむといった複合的な目的で行われることが多いといえます。そういった意味で，このような広域生活圏におけるアウトドアスポーツを提供する施設は，リゾート型のスポーツ施設と位置づけることができます。

リゾート型施設は，一事業体が資本をつぎ込んでスポーツ施設と宿泊施設を一体的に開発するゴルフクラブやリゾートクラブのような単独総合的な施設と，一般的なスキー場に代表されるような，スポーツ施設と宿泊施設，観光関連施設など複数の事業体が地域的に集合した複合産業的な施設とがあります。前者の場合には経営方針を一本化できるため，統一感のある施設経営が行えたり，状況の変化が起きた場合にも一体となって対応できるメリットがあります。ただ施設内での競合は起きにくいため，革新性に欠けるデメリットもあると思われます。一方，後者の場合では複数の事業体の利権が関わるため，経営方針の統一や状況変化への素早い対応が困難となります。関係組織の協同システムを機能させるための努力が求められます。このため，近年スキー場などではスキー場事業会社が運営を受託し，戦略的に再開発を進めるケースが増えてきました。小学生以下のリフト代を無料化にしたり，キッズパークを拡充することでファミリー層の獲得を狙うなどの例が報告されています。

観光庁（2016）の「訪日外国人消費動向調査」では，スキー・スノーボードが「今回したこと」11.2%（14位），「次回したいこと」24.3%（10位）となっており，インバウンドの効果は今後ますます高まっていく可能性があります。しかし，特に欧米人の余暇の過ごし方は長期滞在しながら様々な活動を楽しむ傾向があるため，日本のリゾート施設がこれらの客層を取り込むためには長期滞在型の宿泊施設や実施できる活動の多様化などに対応する必要があるといえます。

（中路恭平）

▶4 リゾートは，(1)非日常的な環境，(2)滞在・生活環境，(3)多様な活動環境の3つの環境を備えるもの（通商産業省産業政策局編(1990)『スポーツビジョン21──スポーツ産業研究会報告書』）と考えられている。

▶5 月刊レジャー産業資料編集部(2013)「新興勢力がつくるスキーリゾート──新たな業界勢力図と構造転換・活性化に向けて残された課題」『月刊レジャー産業資料』2013年7月，83-87頁。

▶6 国土交通省観光庁(2016)『訪日外国人の消費動向調査集計表』平成28年（2016年1-3月期）。http://www.mlit.go.jp/kankocho/siryou/toukei/syouhityousa.html

おすすめ文献

†内海和雄(2005)『日本のスポーツ・フォー・オール──未熟な福祉国家のスポーツ政策』不昧堂出版。
†(公財)日本生産性本部(2015)『レジャー白書2015』。
†中沢康彦(2011)『星野リゾートの教科書──サービスと利益両立の法則』日経BP社。

3　商業（民間営利）スポーツ施設のマネジメント

10　商業スポーツ施設のイノベーション・マネジメント

1　イノベーション・マネジメントの考え方

　商業スポーツ施設は，顧客との協働作業によってスポーツサービスやフィットネスサービスという経験価値を生産・消費するというマネジメント特性を有します。サービス・マーケティングの分野では，顧客とともに価値を創り出すことを「価値共創」とよんでいます。こうした価値共創のスポーツマネジメントを特徴とする商業スポーツ施設の成長・発展にとって「イノベーション」の本質を理解しておくことはとても重要です。イノベーションとは，「新結合」「新機軸」「革新」「変革」などと訳されますが，わが国では科学・技術分野の発明に特化した「技術革新」という狭い意味で用いられてきました。
　しかし，J. A. シュムペーターは，⑴新商品の導入，⑵新生産方法の導入，⑶新市場の開拓，⑷新たな供給源の獲得，⑸新しい産業組織の実践といった5つの「新しい組み合わせ」をイノベーションとして捉え，社会・経済全体の仕組みの革新や人間行動・生活における関係性の変革までをも含めました。イノベーションとはまさに，単なる新しい方法やアイディア，商品，知識・情報などの提供ではなく，新しい仕組みや関係性，および新たな価値や行動などの創造によって，「豊益潤福」を実現し，現状を刷新するような社会的変革を創出することなのです。これからの商業スポーツ施設のマネジメントでは，スポーツやフィットネスの新たな経験価値や行動スタイルなどの創造によって，人々の豊益潤福なスポーツライフを実現するとともに，21世紀生涯スポーツ社会の変革を計画的かつ継続的に推進していくという「イノベーション・マネジメント」の発想を豊かにしていくことが必要不可欠です。

2　イノベーターとしてのユーザーへの対応

　しかし，情報・通信（ICT）技術の進展・普及が著しい現代社会にあっては，供給者—ユーザー間の「情報の非対称性」が低まったこともあり，ユーザー（スポーツ消費者）が卓越した専門的知識や専門能力をもつ場合が増えており，供給者よりもユーザーが主体・起点（イノベーター）となってイノベーションを起こす可能性が高まっています。E. フォン・ヒッペルは，メーカー（供給者）だけでなく，ユーザー（個人消費者や一般企業など）が製品やサービスの利用の際に直面する課題（不便さなど）に対して，自らの利便性を求めて製品・

▷1　シュムペーター，J. A.／塩野谷祐一・中山伊知郎・東畑精一訳（1977）『シュムペーター 経済発展の理論——企業者利潤・資本・信用・利子および景気の回転に関する一研究（上）』岩波書店。

▷2　「豊」は精神的・身体的・経済的な豊かさ，「益」は人や社会に役立つこと，「潤」は精神的・身体的・経済的な潤い，「福」はしあわせを意味している。野城智也（2016）『イノベーション・マネジメント——プロセス・組織の構造化から考える』東京大学出版会。

▷3　市場における各取引主体（売り手と買い手）に必要な情報が不完全かつ不平等に提供・配分されている状況で，取引主体間に情報格差が生じることである。

▷4　フォン・ヒッペル，E.／サイコム・インターナショナル監訳（2005）『民主化するイノベーションの時代——メーカー主導からの脱皮』ファーストプレス。

▷5　人間の身体自身に依拠しつつも，その可能性を危険の臨界点（リスク・エッジ，あるいはエッジワーク）にまで高めて，スピードや高さ，その華麗さを競い合う過激（extreme, エクストリーム）なスポーツで「Xスポーツ」ともよばれ，若者を中心に隆盛しつつある。中村敏雄・高橋

サービスのイノベーションを行う場合があることを「ユーザーイノベーション」(User Innovation)と命名し，いくつかの製品分野（産業財と消費財）でみられるユーザーイノベーションの事例をあげながら実証的に明確にしました。中でも，リゾート（広域生活圏・高次生活圏）型の商業スポーツ施設に関連する事例では，マウンテンバイク（19.2％）や，ボーダークロス，スノーボーディング，スケートボーディング，ウィンドサーフィンなどのエクストリームスポーツ用品（37.8％），およびアウトドア・スポーツ用品（9.8％）などでのユーザーイノベーションの割合が高い傾向にあることがわかりました。

一方，C. ヒーナースらは，ホワイトウォーター・カヤック競技を吟味し，カヤック競技用具などの製品イノベーション（73％），用具の使い方やカヤック技術などのテクニック・イノベーション（91％），カヤック競技のルール作成とコース設定などのインフラストラクチャー・イノベーション（100％）といったユーザーイノベーションが発生していることを明確にしました。

このように，価値共創を特徴とする商業スポーツ施設のマネジメントにおいても，大多数のユーザーに先行して新しいニーズに直面する「リードユーザー」の声や行動などからユーザーイノベーションを察知することが重要です。

❸ オープン・イノベーションのマネジメント

今，日常生活圏型施設のフィットネス業界では，フィットネスマネジメントの新潮流が起こっています。たとえば，「仕事が忙しくてジムに行く時間がない」「なかなか続かない」などという人々をターゲットに，インターネットを通じたエクササイズ・フィットネス動画配信サービスを提供する'Fit-Lib'（フィット・リブ）が話題となっています。また，1カ月間9,800円（税抜）で，2,000カ所以上の登録スタジオからレッスンの種類・場所・時間を選んで好きなだけジム通い放題という「レッスンフリーパスサービス」（レスパス：Lespas）にも注目が集まっています。さらに，コナミスポーツクラブの'MY Fit Planner'というウェブサイトは，ジョギングやランニングおよびトレーニングなどを各自の体力レベルやペースなどに合わせてゲーム感覚で楽しめます。

こうした新潮流の背景には，企業内部と外部のアイディアを有機的に結合させ，価値を創造するという「オープン・イノベーション」の発想があります。つまり，この発想は，組織内だけでの資源調達にこだわらず，組織外の知識・技術やアイディア，資源などを積極的に活用して，より高品質のフィットネスサービスを創造し，顧客に提供するという考え方です。フィットネス業界に限らず，ゴルフ場やスキー場などのリゾート型施設も，より高品質のリゾートサービスの創造を目指すのであれば，宿泊施設や観光施設，旅行会社，ICT企業など，既存の社会的ネットワークを超える多主体との協業というオープン・イノベーションのマネジメントを重視する必要があります。　　（中西純司）

健夫・寒川恒夫・友添秀則編集主幹『21世紀スポーツ大事典』大修館書店，903頁。

▶6　Hienerth, C., von Hippel, E. and Jensen, M. B.（2011）Innovation as Consumption：Analysis of Consumers' Innovation Efficiency. MIT Sloan School of Management Working paper, 4926-11.

▶7　ニューロ・オン㈱（neuro〔on〕）の「オンライン・フィットネス動画アカデミー」(https://fit-lib.com/)（2016年7月18日最終アクセス））である。

▶8　㈱レッスンパス（LessonPass, Inc.：https://lespas.jp/（2016年7月18日最終アクセス））のフィットネスサービスである。

▶9　最適なトレーニング方法と継続的なフィットネスライフを会員ごとに提案する新カウンセリングシステムで，2012年11月1日から導入された(https://www.konami.com/sportsclub/myfitplanner/(2016年7月18日最終アクセス))。

おすすめ文献

†山下秋二（1994）『スポーツ・イノベーションの普及過程——スポーツの産業化に伴う個人と組織の革新行動』不昧堂出版。

†小川進（2013）『ユーザーイノベーション——消費者から始まるものづくりの未来』東洋経済新報社。

†H. W. チェスブロウ／大前恵一朗訳（2004）『OPEN INNOVATION——ハーバード流イノベーション戦略のすべて』産業能率大学出版部。

第 II 部

観戦型スポーツのマネジメント

イントロダクション

　オリンピックやワールドカップといった国際的なメガ・スポーツイベントや競技レベルの高いプロスポーツリーグなどの観戦型スポーツにおいて,「人間の可能性の極限」に挑戦するアスリートたちのひたむきな姿や完成度の高い技術とプレイは,先端的な学術研究や芸術活動にも匹敵する有意義な文化的行為であり,人々のスポーツへの関心や意欲を高め,みる人にも夢や感動,勇気,そしてエンターテインメントとしての楽しさを与えるなど,豊かで活力ある社会の形成に有益です。また,こうした観戦型スポーツの普及・推進は,スポーツ産業の活性化とそれにともなう雇用創出などの経済的効果を生み出すとともに,メガ・スポーツイベントの招致・開催などを通じた国際貢献・交流の機会にも繋がるなど,わが国の経済の発展や国際平和の構築に大きく寄与するといってもよいでしょう。

　第Ⅱ部では,こうした観戦型スポーツのもつ様々な価値,たとえば,鑑賞的価値,経済的価値,国際的価値,そして娯楽的価値やメディア価値などを個人や社会全体に創造していくためのマネジメントについて解説します。最初に,スポーツイベントの類型やそれがもたらすレガシー(遺産)に関する基礎的な知識を紹介し,オリンピック・パラリンピックや FIFA ワールドカップサッカー,国民体育大会,市民マラソンなどの具体的なマネジメントについて素描します。続いて,プロスポーツのマネジメントに焦点を当て,スポーツリーグの形態をはじめ,プロ野球やJリーグ,独立リーグ,そして諸外国のリーグビジネスについて概観します。最後は,スポーツとメディアを結合した造語でもあるメディアスポーツに着目し,テレビやラジオ,印刷物,映画,そして ICT などの各種メディアがスポーツ文化の普及・発展に果たす役割について理解を深めます。

4 スポーツイベントのマネジメント

 スポーツイベントの類型とスポーツマネジメント

1 スポーツイベントの類型

スポーツイベントにはオリンピックのような国際的メガイベントから、世界各地の生活・民族文化に根付く小規模イベント、参加者が体験できるもの、スポーツ用品の紹介など様々なタイプがあります。スポーツイベントを分類する場合、「開催規模」や「製品形態」を分類軸とすることができます。

スポーツイベントは、教室やサークル活動のような定期事業ではなく、一過的・単発的な催事です。また国民体育大会や多くの国際大会のように開催地が移動する事業も多々あります。したがって主催が統括団体であったとしても、プロジェクトとして開催地で都度編成される運営組織（大会組織委員会など）に実務が委託されます。また開催地や地元住民に対しては、リピート顧客へのマーケティングというより、年1回といった参加間隔の比較的長い顧客や単発的な来場者を満足させること、地元への波及効果ならびにイベントレガシーを期待する持続可能性を意識したマネジメントが重視されます。このような事業特性を見極めた上で「顧客は誰か、利益は何か」を類型別に明確にするとともに、ステークホルダー[1]の利益に供するマネジメントが重要です。

規模別にみると国際型は国際統括団体（国際オリンピック委員会や国際競技連盟など）が開催し、全国型は国内統括団体（(公財)日本体育協会や国内競技連盟など）が開催します。ただし開催都市に財政、人材、スポーツ施設などの負担が求められますので、コストに見合う効果やレガシーについて、住民に十分な説明が必要です。製品形態別の興行型は、プロ野球では(社)日本野球機構が、Jリーグでは(公社)日本プロサッカーリーグといった主催団体や所属するプロチームが観客に試合を見せるために興行します。

▷1 その事業経営の利害関係者のこと。スポーツイベントマネジメントにおいて、顧客（スポンサー、観客、競技者、放送会社）ばかりでなくすべてのステークホルダーとコミュニケーションをとり、ともに成長し利益を実現していく必要がある。

▷2 アメニティ（amenity）とは総じて快適性や住み心地の良さのことである。スポーツ施設においては、家族連れや女性でも安全で安心できて快適な観戦できる空間が必要だろう。

▷3 ノベルティグッズ（novelty goods）とは、宣伝のために企業名や商品名を入れて配布する製品。

▷4 日本銀行（2015）は、2020年東京オリンピック・パラリンピック開催による経済効果は2015-18年におけるわが国の GDP 成長率を毎年0.2-0.3ポイント押

表1　開催規模による分類

国際型	オリンピック、アジア大会、ワールドカップ、世界選手権など
全国型	国民体育大会、日本選手権、全国高等学校体育大会
地方/地域型	地方ブロック大会、都道府県大会、市区町村大会
単独型	学校や町会による独自開催

表2　製品形態による分類

競技会型	競技を通して勝敗を争う大会イベント
興行型	プロスポーツに代表される観客に見せるために競技する大会
フェア型	生涯スポーツとして様々なスポーツを体験できるイベント
見本市/展覧会型	スポーツ用品・製品を陳列・展示したりデモンストレーションするイベント

❷ スポーツイベントの顧客と利益

競技会型や興行型イベントに直接的に関わる顧客は主に大会スポンサー，放映会社，競技者，観客であり，フェア型や見本市型は会場来場者（参加者）や出展企業となります。顧客の商品価値は，スポンサーにはブランドイメージアップやプレミアムチケット，放送会社には視聴率，競技者にはパフォーマンスを存分に発揮できる良好でフェアな競技環境，観客には質の高い競技内容や鑑賞サポートサービス，観覧席などのアメニティ，ノベルティグッズ販売益などが期待されます。これらの利益は相互に関連しています。たとえば社会的関心が高いと視聴率も高くなり来場者数も多くなります。競技者が最高のパフォーマンスを発揮すれば観客はエキサイトするでしょう。視聴率が高くなり観客が多く集まると，スポンサーロゴの露出も多くなり広告効果が高くなります。顧客ごとの異なる利益を調整し，全顧客が満足できるマネジメントが重要です。

❸ ステークホルダーの利益（波及効果とレガシー）

スポーツイベントと利害関係にあるステークホルダーは直接的顧客のほかに地方自治体，地域経済に関わる観光・旅行業界や建設業界，地元企業・商店，ボランティア，地元市民などが考えられます。ステークホルダーにとっての主な利益は波及効果とイベントレガシーです。波及効果には経済的効果，教育的効果，観光的効果といった正の影響があげられます。一方で環境破壊や負債といった負の影響をできる限り少なくする運営も同時に求められます。レガシーとは波及効果よりも長期にわたり肯定的な効果について述べられます。レガシーには有形なものと無形なもの，計画的なものと偶発的なものに分けられます。

❹ スポーツイベントに参与するスポーツ生活者

スポーツ生活者からみれば，スポーツイベントは非日常的な体験です。"行う"場合は日頃の練習成果を試す場です。"みる"場合は世界レベルの競技鑑賞やひいきチームを応援する場であり，"支える"場合は開催期間中に競技者やボランティア同士で友好し，また社会貢献できます。これらは日常生活の目標となり，夢や感動を味わい，ふれあいや社会貢献により生活に豊かさをもたらします。

スポーツイベントが生活者へ与える効果は参加による経験価値だけではなく無形のレガシーがあります。"行う"は競技生活を動機づけます。"みる"は競技鑑賞後にSNSで評論したり，地域一体感や誇りを感じ，さらにスポーツを始めるきっかけとなります。"支える"ではイベントを契機に市民ボランティアの組織化が期待されます。また，ボランティアの組織的活動を通して信頼関係やネットワークが広がり社会関係資本が高くなります。

（齊藤隆志）

し上げ，外国人観光客は2015年には2,000万人だったものが20年には3,300万人になるだろうと発表している。日本銀行調査統計局（長田充弘ほか（2015）『2020年東京オリンピックの経済効果』）。

▷5 イベントの持続可能性に関するマネジメントシステムの国際規格として，ISO20121が2012年に発行された。オリンピック・ロンドン大会では，本規格が適用され，計画から持続可能性を基本に据え，環境や社会的側面に関するイベントレガシーを強く意識した運営が行われ，高い評価を得た。

▷6 有形なレガシーには競技施設やインフラストラクチャーがあり，無形なレガシーには，教育，社会福祉，スポーツなどがあげられる。Ⅱ-4-2 の図1を参照。

▷7 社会関係資本（Social capital）とは，地域における人々の信頼関係や結び付きをあらわす言葉。信頼関係や結び付きが高くなれば，人々の幸福感，教育活動や治安活動が効率的に行われるようになる。

おすすめ文献

†佐伯聰夫（2000）『スポーツイベントの展開と地域社会形成——ウィンブルドン・テニスからブンデスリーガ・サッカーまで』不昧堂出版。

†石坂友司・松林秀樹編（2013）『〈オリンピックの遺産〉の社会学——長野オリンピックとその後の10年』青弓社。

†原田宗彦（2002）『スポーツイベントの経済学——メガイベントとホームチームが都市を変える』平凡社新書。

第Ⅱ部　観戦型スポーツのマネジメント

4　スポーツイベントのマネジメント

スポーツイベントがもたらすレガシー

▷1　インフラ整備や再開発といった多岐にわたる都市の改編をともなう大規模な国際的イベントを指し，開催地に顕著な経済的・社会的・文化的インパクトを与えるとともに，長期間残りうる名声と記憶を醸成する。

▷2　Gold, J. R. and Gold, M. M. eds. (2010) *Olympic Cities: City Agendas, Planning, and the World's Games, 1896-2012* (2nd ed.), Routledge, p. 4.

▷3　IOC が採択した，オリンピズムの根本原則や大会実施規則などを成文化したオリンピックの憲法のような存在。

▷4　IOC の役割として，「オリンピック大会から開催都市・国家に至るまで，ポジティブなレガシーを推進する」という項目が追加された（第1章2-13）。

図1　オリンピック・レガシー・キューブ

出典：Gratton, C. and Preuss, H. (2008) "Maximizing Olympic Impacts by Building Up Legacies," *The International Journal of the History of Sport*, 25 (14) : 1924より訳出。

1　レガシーとは

　近年，オリンピック・パラリンピックやFIFAワールドカップに代表されるメガ・スポーツイベント[1]の開催がもたらすレガシーに注目が集まっています。経済的に多大なコストをともなうイベントの開催が，地域や都市，国に何をもたらすのか（＝遺産）が，住民にとって重要な論点となったためです。

　これまでイベントの遺産はヘリテッジ（heritage）とよばれてきましたが，特にオリンピックの遺産を指す言葉として，1984年のロサンジェルス大会以後，レガシーが国際オリンピック委員会（IOC）や開催立候補都市によって好んで使われるようになりました。[2]「オリンピック憲章」[3]にいわゆるレガシー項目[4]が追加された2003年以降，レガシーは大会の価値を高め，コスト増加を抑制する目的で，開催地決定のための最重要項目の1つとして位置づけられました。

　レガシーはあらかじめ計画されたものか／そうでないか，開催都市や国にとってポジティブ／ネガティブのどちらの存在となりうるのか，有形か／無形か，といった三軸から構成される「レガシー・キューブ」（図1）によって分析されうるという見立てがあります。これまで，イベントのレガシーは経済的インパクトを測定する目的で，新しくつくられた競技場や，新幹線や高速道路といった，都市のインフラなどに代表される有形なものばかりに焦点が当てられてきました。一方で，大会運営を通して住民のボランティア意識が向上したり，競技の観戦やイベントへの参加を通して感動の記憶や経験が共有されたりといったように，無形のレガシーの重要性が強調されてきています。[5]また，レガシーをどのように計画づけ，ネガティブな側面を抑制していくのか，マネジメントに関わる意識が高まりをみせています。

2　メガ・スポーツイベントにおけるレガシー

　このように，レガシーという言葉はオリンピックにおいて価値づけられてきた歴史をもちますが，近年ではオリンピックにとどまらず，様々なスポーツイベントの遺産を指す言葉として用いられるようになっています。たとえば，2019年に開催されたラグビーワールドカップなどのメガ・スポーツイベントでも，レガシーの観点から議論が進んでいますし，2002年に開催されたFIFAワールドカップ・日韓大会の遺産をレガシーの観点から評価することも可能

です。また，これらメガイベントにとどまらず，昨今大ブームを迎えている全国各地のマラソン大会など，ローカルなイベントについても同様の観点から捉えることができるでしょう。

3 レガシーのマネジメント

　スポーツイベントがもたらすレガシーをどのようにマネジメントしていくのかについては，統括組織，開催都市や国といった複数の主体で分けて考えることが必要です。オリンピックを例にして説明しましょう。

　1970年代までのオリンピックは，1976年のモントリオール大会が有名なように，開催都市が多額の負債を抱えてしまい，経済的負担の大きさに批判が集まりました。商業主義に開かれたロサンジェルス大会以降は，テレビ放送権の高騰やスポンサー収入の獲得で経済的に安定したものの，都市開発の期待とも結び付き，肥大化の一途をたどるようになりました。過度な経済的負担を減らすために，1996年のアトランタ大会は公的資金の注入が抑制され，民間資本の導入がはかられるなど，「民活オリンピック」とよばれることになります。このことはオリンピックの効率的な運営よりも都市開発が優先されることを意味し，統括組織であるIOCにとっては歓迎すべき流れではありませんでした。

　IOCがオリンピックを開催する目的は，オリンピックが掲げる理念やビジョンを最大化し，オリンピック・ムーブメントを全世界に浸透させることにあります。そこでIOCは，レガシーを自らが望む形で定義し，開催立候補都市にそのビジョンと開催計画の合致，さらには積極的なレガシーの創出を要求するマネジメント方策を導入しました。このことはオリンピックの価値を都市が積極的に高め，新たに創造することへと繋がり，他都市とのレガシーの継続・共有がコスト抑制に繋がっていると評価できます。一方で，ポジティブなレガシーにしか焦点化されなくなるため，結果として生み出されるネガティブなレガシーをとらえ損ねるという課題が生じています。

　都市や国がオリンピックを開催する目的は，イベント開催による経済波及効果を最大にし，自らの都市開発戦略を推し進めることにあります。IOCによって要請されるレガシーのほか，都市の知名度を高めたり，観光や新たなビジネスチャンスの創出をはかることも期待されています。このため，経費を抑制し，効果を最大にするために，都市がどのようなレガシーを生み出そうとするのか，準備段階から計画的なマネジメントが必要であるといえます。

　東京オリンピック・パラリンピックの開催に向けて，レガシーをマネジメントし，評価する視点は，有形レガシーの経済的な不合理性を解消するにとどまるのではなく，住民目線に立った，大会開催後を見据えた運用へと向けられる必要があります。そのことは無形レガシーの創出を含むものであり，未来に引き継ぐ遺産となることが期待されます。

（石坂友司）

▷5　石坂友司・松林秀樹編（2013）『〈オリンピックの遺産〉の社会学——長野オリンピックとその後の10年』青弓社，7-32頁。
▷6　FIFAワールドカップの検証は，広瀬一郎（2004）「W杯の事後検証——自治体による検証はなされたのか」『RIETI調査レポート2』独立行政法人経済産業研究所を参照。
▷7　Poynter, G. and Roberts, E. (2009) "Atlanta (1996): The Centennial Games," Poynter, G. and Macrury, I. (eds.) *Olympic Cities: 2012 and the Remaking of London*, Ashgate, 121-131. なお，IOCは，レガシーの評価のための方法論的な枠組みと計測可能な指標の選定に取り組み，「オリンピックゲームズ・インパクトスタディー（OGI：Olympic Games Impact Study）」を展開している。
▷8　石坂・松林編，前掲書。
▷9　原田宗彦（2002）『スポーツイベントの経済学——メガイベントとホームチームが都市を変える』平凡社新書，48-56頁。

おすすめ文献

†石坂友司・松林秀樹編（2013）『〈オリンピックの遺産〉の社会学——長野オリンピックとその後の10年』青弓社。
†間野義之（2013）『オリンピック・レガシー——2020年東京をこう変える！』ポプラ社。
†原田宗彦（2002）『スポーツイベントの経済学——メガイベントとホームチームが都市を変える』平凡社新書。

4 スポーツイベントのマネジメント

オリンピック・パラリンピックにおける権利ビジネスの展開

 権利ビジネスの発展

近代オリンピックは，ピエール・ド・クーベルタンの提唱により，1896年にアテネで第1回大会が開催されました。その発展の過程において権利の販売が始まったのは1912年第5回ストックホルム大会の頃であったと考えられています。当時は写真撮影や土産品に関する独占販売などでした。その後，参加国・地域の増加やTV放送（特に衛星放送）の発展を背景にオリンピックの価値が高まっていきました。一方でオリンピック・ムーブメントを掲げるIOC (International Olympic Committee：国際オリンピック委員会）は，企業やテレビ局による商業主義・商業利用との関係性を模索し続けていました。大きな転機となったのは1984年のオリンピック・ロサンゼルス大会です。この大会は，ロサンゼルス市が公的資金投入を見送ったため，オリンピック史上初めて民間企業主導で開催されました。そして，テレビ放送や五輪マーク使用などの独占的権利を販売することによって資金を得る「権利ビジネス」を展開し，財源確保に成功したのです。以後，IOCはこの手法を積極的に導入・展開し，権利ビジネスによるマーケティング収入は増え続けています。

2 権利ビジネスの仕組み

オリンピックとパラリンピックの権利ビジネスは大きく2つの種類で成り立っています。この大会を主催するIOCとIPC (International Paralympic Committee：国際パラリンピック委員会）は，同様の権利ビジネスを展開していますので，ここではオリンピックの例でみてみましょう。1つ目は，オリンピック・パラリンピック大会をTV中継する権利を認める放送権です。この権利は大会主催者であるIOCとIPCが一括

▷1 フェラン, A., シャペレ, J. L. and スガン, B. ／原田宗彦監訳 (2013)『オリンピックマーケティング──世界 No. 1 イベントのブランド戦略』スタジオタッククリエイティブ。
▷2 藤本淳也 (2015)「スポーツスポンサーシップ」原田宗彦編著『スポーツ産業論（第6版）』杏林書院, 195-209頁。
▷3 IOC (2012)「IOC Marketing：Media Guide, London 2012」。
▷4 スポンサーが得る権利の例：もっとも大きいのはオリンピックの五輪マークやオリンピック大会のエンブレムを使って会社や自社製品・サービスのPRや販売ができる権利を得ることである。図1で見ると，ワールドワイドオリンピックパートナー企業は世界中で，東京2020スポンサーは日本国内でその権利を使った活動ができる。
▷5 スポンサー料と放送権料：図2の中で契約期間が更新されるたびに伸び続けているのはスポンサー料と放送権料である。1993年以後の4回の契約期間更新の間に対価組織委員会スポンサー料とTOPスポンサー料は約3.4倍，放送権料は約3倍に増えている。

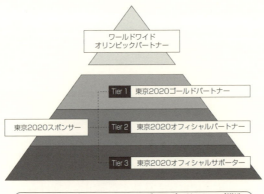

図1 オリンピックマーケティングのスポンサーシップ構造
出典：「東京オリンピック・パラリンピック競技大会組織委員会」ウェブサイトより抜粋。

で販売・管理しています。2012年のオリンピック・ロンドン大会では，世界で29社が放送権を獲得し，200以上の国と地域で放送されました。

2つ目は，オリンピック活動に賛同する企業にマーク・呼称の使用権やテレビCM優先権などの権利を認めるスポンサーシップです。その構造を2020年東京大会でみてみましょう（図1）。最高峰にあるのはIOCが権利を販売するワールドワイドオリンピックパートナー，別名TOP（The Olympic Partner）です。このスポンサー企業は全世界で権利を利用することができます。その下に大会組織委員会が販売するスポンサーシップがあります。2020年東京大会では「ゴールドパートナー」「オフィシャルパートナー」「オフィシャルサポーター」の3カテゴリーがあり，この中のスポンサー企業は日本国内で権利を利用することができます。スポンサー契約料金は，上位のカテゴリーほど高くなりますが，その分，多くの権利を利用することができます。また，1つの業界でオリンピック関連の権利を購入できる企業を原則1社に絞ることによって（1業種1社），スポンサー・メリットを高めています。

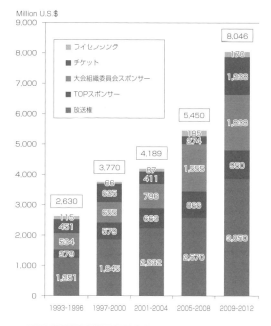

図2　IOCのマーケティング収入の内訳と推移

注：図中の□内の数値は，合計金額。
出典：IOC（2015）「IOC：Olympic Marketing Fact File, 2015 Edition」のデータをもとに筆者作成。

これらの権利は4年間の契約で，その間に開催されるIOC主催の全大会における権利が含まれています。1994年以降，夏季大会と冬季大会が2年おきに開催されるようになりました。また，2008年からオリンピックとパラリンピックが同じ組織委員会によって開催され，この契約期間中に開催される冬季・夏季パラリンピックも含まれるようになりました。図2に示したように，IOCのマーケティング収入はTV放送権とスポンサーシップを中心に伸び続けています。

3　権利ビジネスの光と影

IOCは，各国のオリンピック委員会や国際競技団体，そしてオリンピック大会組織委員会などに収入の90％を分配しています。これによって，財政が厳しい国や地域からも大会に参加できるようになってきました。一方で，開催地決定の票をもつIOC委員の買収やその疑惑が後を絶ちません。また，スポンサー企業やTV局の要望が大会プログラムに反映されたり，開催都市が財政難に陥ったり，ドーピングがなくならないなどの課題も存在します。オリンピックの価値はオリンピック憲章に謳われた「オリンピズムの根本原則」にあります。その原則に基づく発展がなければ，オリンピック・パラリンピックにおける権利ビジネスの価値も損なわれていくかもしれません。

（藤本淳也）

▶6　ライセンシング：図2の中のライセンシングとは，オリンピック大会やマスコットのマークを付けた製品を作成する権利のことである。IOCや各国内のオリンピック委員会，そして大会組織委員会が企業に販売している。

▶7　「オリンピズム」は教育学者であったピエール・ド・クーベルタンによって提唱された言葉で，その根本原則は世界の発展，国際理解，平和構築や，人々の教育や権威，義務，組織の統治などにおけるスポーツの役割を示す7項から構成されている。

おすすめ文献

†アラン・フェランほか／原田宗彦監訳（2013）『オリンピックマーケティング──世界No.1イベントのブランド戦略』スタジオタッククリエイティブ。

第Ⅱ部　観戦型スポーツのマネジメント

4　スポーツイベントのマネジメント

FIFAワールドカップサッカーとソーシャルメディア

1 ソーシャルメディアとは

　2015年のインターネット利用者数は，推計で1億46万人となり，個人でスマートフォンを所有する割合が53.1%と初めて50%を超えました。このような高度情報化社会を背景に，ソーシャルメディアは急速に普及しました。ソーシャルメディアとは，「ブログ，ソーシャルネットワーキングサービス「SNS」，動画共有サイトなど，利用者が情報を発信し，形成していくメディア」のことです。具体的には，TwitterやFacebook，LINE，YouTubeやInstagram，Wikipedia，Yahoo知恵袋のほか2ちゃんねるといった掲示板などが含まれます。ソーシャルメディアは，消費者が自ら情報を発信し（消費者のメディア化），インターネットを介して不特定多数の人々と双方向で情報を共有・拡散するコミュニケーションツールとして活用されています。

2 ソーシャルメディア時代の消費行動モデル

　ソーシャルメディアの登場は，人々の消費行動にも影響を与えました。たとえば，人々の消費行動モデルである「AIDMA」は，主にマスメディアによるプロモーション活動を起点とする「Attention（気づき）」から始まりました。しかし，インターネット上に大量の情報が溢れる現代では，ソーシャルメディアを介して自分の友人・知人やフォローしている人から得た情報に「共感（Sympathize）」することを起点とした「SIPS（株式会社電通の商標登録）」モデルが提唱されています（図1）。これは，ソーシャルメディア時代の消費行動モデルのことであり，共感した情報をさらに詳しく調べて自分にとって有益であるかどうかを吟味する「確認（Identify）」，その情報に対して「いいね」や「リツイート」ボタンを押して他者に勧める「参加（Participate）」，ソーシャルメ

▷1　総務省（2016）『平成27年通信利用動向調査の結果』。

▷2　総務省情報通信国際戦略局情報通信経済室（2010）『ソーシャルメディアの利用実態に関する調査研究の請負報告書』。

▷3　電通モダン・コミュニケーション・ラボ（2011）『SIPS──来たるべきソーシャルメディア時代の新しい生活者消費行動モデル概念』。http://www.dentsu.co.jp/sips/

図1　SIPS：ソーシャルメディア時代の消費行動モデル

出典：電通モダン・コミュニケーション・ラボ（2011）を参考に筆者作成。

ディアで繋がっている自分の友人・知人やフォロワーと情報を「共有・拡散（Share & Spread）」する一連のプロセスのことです。

マスメディアによるプロモーションの影響力が低下する中で、ソーシャルメディアを活用する企業の割合は、2014年の18.0%から2015年は23.4%へ増加しています。企業がソーシャルメディアを活用する目的には、自社ブランドと消費者との接点を増やすために、定期的な情報発信と自社サイトへの誘導、ソーシャルメディア上の消費者動向の確認があげられます。

▶4 総務省、前掲書。

③ FIFAワールドカップサッカーとソーシャルメディア

世界的に注目度が高いスポーツイベントであるFIFAワールドカップサッカーでは、スポンサー企業やスポーツメーカーによってソーシャルメディアが積極的に活用されています。ソーシャルメディアが本格的に活用されるようになったのは、2010年南アフリカ大会からであり、スポーツメーカーのナイキ社がFacebookページを活用して、契約選手が登場する動画「Write The Future」を配信すると、すぐに話題となって780万回再生を記録するとともに、1週間でFacebookページのファン数を倍に増やしました。この大会では、現地で観戦している人々やテレビ中継を見ている不特定多数の人々が、ソーシャルメディアを介して繋がり、物理的距離と時差を超えて情報と感情を共有しながら一緒に応援するスタイルが確立しました。

2014年ブラジル大会では、草サッカーの少年たちがナイキ社と契約する選手になりきってプレイする動画「Winner Stays」をYouTubeで公開して注目を集め、再生回数は1億回を超えました。FIFAワールドカップ公式スポンサーであるアディダス社は、Twitterを活用したプロモーションを積極的に展開しました。具体的には、写真や動画を用いて、アディダス社と契約する国や選手が着用するユニフォームやシューズの紹介や試合の告知、対戦カードに出場する契約選手を紹介していました。試合終了後には、契約する選手のゴールシーンをアニメーション風の動画にして「Vine（最長6秒の動画投稿サイト）」にアップし、それをTwitterで紹介していました。これらのプロモーションが過去の大会と大きく異なる点は、試合結果に連動したプロモーション動画が大会期間中に新たに作成されて公開されたことです。ソーシャルメディアを活用したプロモーションの展開は、マスメディアを介することなく、速報性や話題性、即応性が重視されるとともに、「いいね」や「リツイート」によって瞬く間に世界中へ情報が拡散され、その反応が数値化されるところに特徴があるといえます。

（原田尚幸）

▶5 ビスコロスキ、M. J./平野敦士カール訳（2014）『ハーバード流ソーシャルメディア・プラットフォーム戦略』朝日新聞出版。
▶6 原田尚幸（2015）「スポーツとソーシャルメディア」原田宗彦編著『スポーツ産業論（第6版）』杏林書院、222-232頁。
▶7 原田、同上書。

（おすすめ文献）

†佐藤尚之（2008）『明日の広告——変化した消費者とコミュニケーションする方法』アスキー新書。
†池田紀行（2010）『キズナのマーケティング——ソーシャルメディアが切り拓くマーケティング新時代』アスキー新書。
†本田哲也・池田紀行（2012）『ソーシャルインフルエンス——戦略PR×ソーシャルメディアの設計図』アスキー新書。

第Ⅱ部　観戦型スポーツのマネジメント

4　スポーツイベントのマネジメント

 国民体育大会の地域活性化マネジメント

1　国民体育大会

　国民体育大会は、第二次世界大戦後の混乱の中で、スポーツを通じて国民に勇気と希望を与えようと1946（昭和21）年に京都を中心とした京阪神地域で第1回大会が開催されました。国民体育大会は「広く国民の間にスポーツを普及し、アマチュアリズムとスポーツ精神を高揚して国民の健康増進と体力の向上を図り、併せて地方スポーツの振興と地方文化の発展に寄与する」ことを目的として、都道府県対抗および全国もち回り方式で実施されています。1961（昭和36）年には「スポーツ振興法」に定められた大会として発展し、選手・役員の参加者数が3万人を超えるわが国最大の総合スポーツ大会に拡充しました。正式競技では、各競技種別ごとに得点が加算され、都道府県別の合計得点によって天皇杯（男女総合優勝）、皇后杯（女子総合優勝）が贈られます。1964（昭和39）年以降では、2002（平成14）年の第57回大会（高知県）を除き開催都道府県が天皇杯を獲得しています。1988（昭和63）年の京都国体から全国もち回りが二巡目に入りました。

　国民体育大会は「わが国のスポーツ振興」「スポーツ施設の整備及び競技団体等スポーツ組織・体制の充実」「指導者の育成と組織化の促進」「郷土意識の高揚による地域の活性化」といった国民スポーツの振興とスポーツ文化の発展に貢献してきたといわれていますが、一方で「施設整備、大会運営、輸送、宿泊など、開催都道府県の人的・財政的負担の増」「トップアスリート参加の困難さ」「一過的で過剰な強化策」といった課題が指摘されています。

2　国民体育大会の改革

　1998（平成10）年に、国民体育大会の開催予定7県から「国体の簡素・効率化に関する要望書」が提出されました。これを受けて「今後の国体の簡素化に関する基本的方向」を示しました。（公財）日本体育協会・国民体育大会委員会において諸問題に対する抜本的な見直しや改善を図るため、2001（平成13）年に「国体改革案策定プロジェクト」を編成し「大会の充実・活性化」と「大会運営の簡素・効率化」に関する2点から具体的な課題に対応した改革に取り組むこととした「新しい国民体育大会を求めて——国体改革2003」を策定しました。具体的な改革の取り組みとして「参加資格の見直し」「ふるさと選手制度

▷1　国民体育大会（National Sports Festival）はスポーツ界では略して「国体」ということが一般的。

▷2　2016（平成28）年開催の第71回大会（岩手県）では、正式競技40競技（本大会37競技、冬季大会3競技）、特別競技1競技、公開競技4競技が実施された。

（仮称）の導入」「組合せ抽選会の公開」「ボランティアの育成」「大会規模の適正化（参加総数を15％程度削減）」「競技会開始式の廃止」「施設の弾力的運用・近接県の競技施設の活用」「企業協賛制度の導入」などを示しました。

国民体育大会委員会は，その後「国体の今後のあり方プロジェクト」を編成し，「国内最大・最高の総合競技大会」「都道府県対抗方式」「毎年開催」を前提に議論を重ね，2007（平成19）年に提言骨子をまとめ「大会規模」「大会の開催時期」「各競技の施設等」「開催地の選定」「大会名」「参加資格」「広報・マーケティング活動の展開」などについて，今後の国体改革の方向性を提示しました。

「国体改革2003」の策定から10年が経過し，今後の国体の一層の活性化を目指した抜本的な改革案を検討するため「国体活性化プロジェクト」で検討を重ね，2013（平成25）年に「21世紀の国体像——国体ムーブメントの推進」を取りまとめました。これからの国民体育大会に求められる役割を「国体ムーブメントの積極的な推進を通して21世紀の国体像を実現することにより，国民の一人ひとりがスポーツ文化を豊かに享受することを通してスポーツが主体的に望ましい社会の実現に貢献するというスポーツ立国の実現に向けた中心的な役割を果たす」とし，目指す方向性（コンセプト）を提示しました。

その方向性の1つとして「国体を通した地域の活性化——元気な日本社会の創造」が示されています。これからの国民体育大会は，開催・参加都道府県の各地域におけるスポーツ関係者の育成・活用やスポーツ環境（施設や組織など）の整備などの「国体ムーブメント」の推進を通して，「人と人との絆を培う」とともに，スポーツ施設をはじめとする地域インフラの充実を図ることなどによって地域コミュニティの再生や経済活動の活性化といった「地域の活性化」を促進し，「元気な日本社会」の創造に寄与することを目指しているのです。

▶3 国体ムーブメントとは，国体の開催を中心とする国体に関連したすべての諸事業を通して，国体の果たす意義や価値を多くの人々に伝え，理解を深める取り組みを展開していく運動で，普遍的・恒久的に推進していくこと。

❸ 国民体育大会と地域活性化

国民体育大会は戦後の混乱の中で始まり，時代とともに発展し国内最大の総合スポーツ大会となりました。スポーツの普及・振興をはじめ，体育・スポーツ施設の充実，指導者の育成，選手の育成・強化のノウハウ，地域の経済効果，ボランティア活動の促進など，国民体育大会が果たしてきた役割は大きいといえます。しかし一方で前述したような課題もたくさん抱えています。

国民体育大会は，開催する県内すべての市区町村で競技を実施するなど，全国もち回り方式と併せて，大きな都市に一極集中せずに全国各地にスポーツが普及・振興する仕組みになっています。

これからの国民体育大会には，多額の税金が投入されることからも，単に都道府県単位で競技成績を競うだけではなく，開催後も含めた開催都道府県の地域の活性化や出場する選手団を都道府県民が応援するような取り組みが求められてくるでしょう。

（馬場宏輝）

おすすめ文献

†（公財）日本体育協会（1986）『日本体育協会75年史』広研印刷。
†日本体育協会（2003）『新しい国民体育大会を求めて——国体改革2003』。
†日本体育協会（2007）『国体の今後のあり方プロジェクト提言骨子』。
†日本体育協会（2013）『21世紀の国体像——国体ムーブメントの推進』。

第Ⅱ部　観戦型スポーツのマネジメント

4　スポーツイベントのマネジメント

 市民マラソンにおけるボランティアマネジメント

1　市民マラソンを支えるボランティアの現状

　空前のマラソンブームといわれている昨今，東京をはじめとする全国の都市を中心に，市民参加型のマラソン大会はいまもなお増加傾向にあります。京都マラソン2016では1万6,000人のランナーに対し，約8,700人（団体ボランティア約6,900人・個人ボランティア約1,800人）が参加し，この中には新設された語学ボランティア約300人も含まれ，ボランティアの活動内容も多様化しています。従来の地域でのランニング大会や小規模な市民マラソン大会においては，競技団体やスポーツ推進委員，自治会などのメンバーがボランティアとして活躍する大会が多く見受けられました。しかし，最近の市民マラソン大会では規模に応じてボランティアセンターを設置し，個人ボランティアを募集したり，ボランティアリーダーの養成に力を入れたりするなど，市民マラソンを支えるボランティアのマネジメントは重要課題となっています。

2　市民マラソンのボランティアの活動内容

▷1　田尾雅夫（1999）『ボランタリー組織の経営管理』有斐閣，32-34頁。

　一般的にボランティアは，「自発性，無償性，利他性」の3つの特徴があるといわれ[1]，熱意があり条件さえ整えば参加できる身近な存在となりつつあります。しかし，「スポーツボランティア」という名称になると，特別な知識や技術などの専門性を必要とするというイメージが先行してしまいます。実際の市民マラソン大会のボランティアの活動内容は，給水や受付・案内などのサポート，コース周辺の迂回路の案内やコース横断可能箇所のベビーカーなどの運搬，ランニング後の完走者の受付や荷物の受け渡しなど専門性は必要としません。もちろん医療従事者やマッサージのサポート，そして語学ボランティアなど専門的なボランティアの存在も重要ですが，多くは専門性を必要としない活動となります。さらに，35回の歴史を重ねる鹿児島県のいぶすき菜の花マラソンのように，コース沿道の地域住民によるユニークな私設エイドステーション[2]の運営というボランティアの形も存在します。以上のように，市民マラソンは身近な存在のスポーツボランティア活動であるというプロモーションも含めた全体のマネジメントが重要となります。

▷2　エイドステーションとは，コースに設けた応急の救護所や水分や食べ物を補給するための場所・施設。

3　市民マラソンのボランティアの特性

最近の市民マラソン大会では，企業やファミリー・仲間などの有志が自発的に集まり，団体でボランティア登録をするケースや，インターネット申し込みなども拡大され，個人ボランティア登録を導入する大会も増加傾向にあります。そこで市民マラソン大会の個人ボランティア登録者の特性について調査をした結果，参加動機の半数は，自分への見返りに関係なく他人のためにボランティア活動を行う「利他的動機（altruistic incentives）」，特に「地域貢献」のためという動機が強い傾向にありました。さらに，自分に何らかのベネフィット（便益）があるためにボランティア活動を行う「利己的動機（egoistic incentives）」についても，「自身の能力を向上する」「社交（交流）に期待する」という動機が強く，「スポーツ（マラソン）に関わる」「イベント特有のメリットやボランティア特典への期待」なども要因となっていることがわかりました。また，京都マラソンの自発的な個人ボランティアの55％は市内在住者で，その中の約70％がスポーツボランティア初参加者であることも明らかになりました。つまり，市民マラソン大会のボランティア初参加者を継続させ，他のスポーツボランティアへの参加促進に繋げるマネジメント（仕組み）をいかに構築するかということも重要となります。

④ ボランティア活動を継続するためのマネジメント

ボランティアマネジメントのプロセスの中で重要なことは，継続に影響を与える3つの要因を把握することです。1つ目は，前述のように，「参加動機要因」を刺激することが重要な視点となります。特に利他的動機の「地域貢献」などの充足感と満足感が活動継続に大きく影響します。2つ目は「個人的要因」の視点です。活動継続に重要な視点は学生・中高年・女性などの属性だけではなく，大会のコンセプトやボランティアの活動理念の理解度が高いかどうかが決め手となります。3つ目は「状況への態度要因」で，ボランティア自身が様々な状況に対して，どのような認知態度（特に満足度）をとっているのかを「組織サポート」「業務内容」「集団性」「自己効用感」の4つの視点からみることが大切です。特に，「組織サポート」にあたるボランティア活動前の研修内容と活動後の評価会・交流会などのフォローアップも重要となり，初参加者同士の関係構築や他の組織などとの集団一体感など「集団性」の向上獲得などの仕組み，「自己効用感」向上などの自身のエンパワメントにも繋がります。以上のように，ボランティアの活動継続の仕組みを構築することやコミュニティ化を推進するためにもマネジメントのプロセスは重要となります。今後は，市民マラソン大会ボランティアという枠を超え，新たなスポーツやボランティアの価値を創造し，協働によって組織や地域をどう変革していくのかというスポーツ実践のコミュニティ化に繋げて展開することが理想となります。

（松永敬子）

▶3 松永敬子・二宮浩彰・長積仁（2014）「京都マラソンにおけるボランティアの参加動機構造」『京都滋賀体育学研究』29(2)，119-126頁。

▶4 桜井政成（2007）『ボランティアマネジメント——自発的行為の組織化戦略』ミネルヴァ書房。

▶5 エンパワメントとは，自立を促進し，サポートすること。

おすすめ文献

†田尾雅夫（1999）『ボランタリー組織の経営管理』有斐閣。
†桜井政成（2007）『ボランティアマネジメント——自発的行為の組織化戦略』ミネルヴァ書房。
†エティエンヌ・ウェンガー，リチャード・マクダーモット，ウィリアム・M.スナイダー／野村恭彦監修／野中郁次郎解説／櫻井祐子訳（2002）『コミュニティ・オブ・プラクティス』翔泳社。

5 プロスポーツのマネジメント

1 スポーツリーグの形態とスポーツマネジメント

1 プロスポーツリーグとは

　試合会場でスポーツ観戦，あるいはテレビなどのメディアを通して試合を見るという行動は，わが国だけでなく世界各国において人気のある余暇活動として位置づけられています。このエンタテインメントとしてのスポーツの試合を運営し，人々に楽しみを提供しているのがプロスポーツです。

　日本国内には様々なプロスポーツがあります。中には相撲やゴルフのような個人が対戦する競技もありますが，野球やサッカーのような団体競技もあります。この団体競技には試合を行うチーム（球団・クラブなど）を統括するリーグという組織の存在が不可欠です。国内のプロスポーツリーグには，プロ野球（NPB）[1]，Jリーグ，そしてバスケットボールのBリーグがあります。プロ野球にはセ・リーグとパ・リーグがあり，計12球団で年間合計2,000万人以上の入場者を集めます。JリーグはJ1，J2，J3という3つのリーグから構成され，年間総入場者数は約900万人です。

2 スポーツリーグのタイプ

　プロスポーツにおいて競技するチームと統括するリーグの関係には様々な形態がありますが，大きくは2つに分けることができます。1つは，チームのマネジメントに関わる様々な制限を設けて，リーグが多くの事項を制御する形態です。リーグに所属するチーム数とその所在地も管理され，新規チームが自由に参入できない仕組みになっています。放送権販売などによる収入を一括管理して配分したり，選手給与の総額に上限を設けたりもしています。このような点で閉鎖的で，独占的なリーグといえます。アメリカの4大プロスポーツ[2]はこの形態ですが，日本のプロ野球もMLBと同じです[3]。リーグの発展が望み辛い一方で，経営困難なチームを出す可能性が低いというメリットがあります。

　もう1つは，開放的で競争的なリーグ形態で，ヨーロッパのサッカーリーグ[4]などがこれに相当します[5]。階層的に複数のリーグが存在し，リーグ間の昇格，降格の仕組みがあります。この仕組みでは，新しいチームは下部リーグからの参加が可能で，最上位リーグまでの道が開けています。Jリーグはこの形態を採用しています。閉鎖的なリーグに比べて，チーム間の自由競争があるためにファンにとっては望ましいのですが，競争に失敗した場合には経営困難に陥る

▷1　NPBはNippon Professional Baseballの略称で，日本語名称は(一社)日本野球機構である。

▷2　シマンスキー，ステファン・ジンバリスト，アンドリュー／田村勝省訳(2006)『サッカーで燃える国　野球で儲ける国——スポーツ文化の経済史』ダイヤモンド社。

▷3　アメリカの4大スポーツとは，MLB（Major League Baseball：野球），NBA（National Basketball Association：バスケットボール），NFL（National Football League：アメリカンフットボール），NHL（National Hockey League：アイスホッケー）である。

▷4　ヨーロッパ各国にサッカーリーグがあるが，中でもビッグ5とよばれるイングランド（プレミアリーグ），ドイツ（ブンデスリーガ），スペイン（リーガ・エスパニョーラ），イタリア（セリエA），そしてフランス（リーグ・アン）のリーグは経営規模が比較的大きい。

▷5　シマンスキーほか，前掲書。

危険もあり，各チームには独自の経営努力が求められます。

3 プロスポーツというビジネス

そもそも，他人のスポーツ活動を見ることになぜお金を払うのでしょうか。健康維持やストレス解消のために行われている他人のスポーツを見て楽しむことはないでしょう。秀でた技術や戦略をともない，勝利や記録達成を目的として行われるスポーツであれば，お金を払ってでも見たいという人が多く集まり，これがビジネスとして成り立つのです。このような「見る」価値がある興行としての試合が，プロスポーツの中核となる製品（プロダクト）になります。その消費者がスポーツ観戦者・視聴者に，そして生産者がスポーツチームおよびリーグにあたり，両者は需給関係にあります。

また，この製品としての試合において，リーグ内の各チームは勝利のためにお互いに競争する関係にあります。試合の結果は，単なるスポーツの勝敗だけでなく，その勝敗が導く賞金・分配金の獲得や人気向上による入場料収入の増加にも繋がります。ただし，この争いによって負かしたい対戦相手チームは試合の成立には不可欠です。つまり，試合という製品の生産において，競争と協働が同時に行われているという関係になります。この一見矛盾するような関係が含まれる製品の生産過程は，スポーツリーグに特有のものです。

4 プロスポーツとマネジメント

スポーツリーグおよび所属するチーム（クラブ・球団）は，一般の企業と同じくマネジメントを営む組織です。したがって，人材管理，財務，会計などの基本的なマネジメント機能は不可欠です。その上で，既述のようにチームとリーグには「見る」に値する試合という製品を生産することが求められます。ここで必要なマネジメントとして，選手の獲得，契約，移籍などに関する業務があります。また，生産した試合を消費者である観客に提供することが必要であるため，集客のためのマーケティングが不可欠です。人々のニーズに合致したスポーツ観戦というエンターテインメントのプロデュース，そしてプロモーション活動を効果的に行うことが，入場料収入の増加を導き，安定したリーグおよびチーム経営に結び付きます。

魅力ある試合は会場に足を運ぶ観戦者だけでなく，テレビやインターネットによる視聴者の注目も集めます。そうすると，放送権やスポンサーシップという権利ビジネスが創出されます。これらはリーグやチームにとっての大きな収入源になるため，これらを扱うノウハウも必要です。さらにリーグのマネジメントにおいては，取り巻く環境や状況が異なる多様なチームの集まりを統治する，およびそのための体制をつくるというガバナンスも重要です。

（松岡宏高）

▶6 松岡宏高（2007）「プロスポーツの経営に関する研究動向」『体育・スポーツ経営学研究』21, 41-46頁。

▶7 足立名津美（2016）「グローバルスポーツの組織」山下秋二・中西純司・松岡宏高編著『図とイラストで学ぶ 新しいスポーツマネジメント』大修館書店。

（おすすめ文献）

†（公財）笹川スポーツ財団（2014）「トップスポーツ」『スポーツ白書2014』。
†澤井和彦（2008）「スポーツリーグのマネジメント」原田宗彦・小笠原悦子編著『スポーツマネジメント』大修館書店。

5　プロスポーツのマネジメント

プロ野球リーグのマネジメント

1　プロ野球リーグの概要

　ここでは，(一社)日本野球機構（NPB）統括下にある職業野球リーグを「プロ野球」として，そのマネジメントについて説明していきます。プロ野球は，ご存知のように，セントラル・リーグ（セ・リーグ）とパシフィック・リーグ（パ・リーグ）に分かれています。その両リーグを統括する日本プロフェショナル野球組織を束ねるのが NPB です。

　プロ野球は日本職業野球連盟が設立された1936年に東京巨人軍，大阪タイガース，名古屋軍，東京セネターズ，阪急軍，名古屋金鯱軍の7球団でスタートしました。巨人軍，名古屋軍，大東京軍，金鯱軍は新聞社が設立した球団で，タイガース，セネターズ，阪急は電鉄会社が設立した球団でした。1949年には，セ・リーグとパ・リーグに分かれ，1958年には各リーグ6球団の12球団体制が確立されました。1965年から1973年には巨人軍が日本シリーズを9連覇し，プロ野球を国民的娯楽の地位へと押し上げました。

2　プロ野球のリーグ・マネジメント

　わが国のプロ野球リーグのマネジメントの最大の特徴として，各球団の独立性の高さがあげられます。プロ野球ではリーグが主催する事業はオールスター戦と日本シリーズのみで，その他の収入は各球団に帰属します。一方で MLB などは，リーグが国内や海外でビジネス展開し，それによって得た収入は各球団に分配しています。

　両リーグのマネジメントの違いは，セ・リーグが放送権料に依存したマネジメントであるのに対し，パ・リーグはスタジアムで利益を生み出すことを意識したマネジメントを実践していることです。

　セ・リーグには今も昔も全国に数多くのファンがいる巨人軍がいます。巨人軍は巨人戦を放送したいテレビ局から高額の放送権料を得ることを可能としてきました。巨人以外のセ・リーグの球団も巨人戦を放送するたびに1試合1億円ともいわれる高額な放送権料を得ることができました。このようにセ・リーグ球団の経営は巨人軍の知名度と人気に下支えされた放送権料を基盤とするものであり，それがあれば十分な経営が成り立つゆえ，リーグによるテコ入れはほとんど不要であったのです。しかしながら，近年では，巨人戦は必ずしも高

▷1　菊幸一（1993）『「近代プロ・スポーツ」の歴史社会学――日本プロ野球の成立を中心に』不昧堂出版，189頁。
▷2　菊，同上書。

▷3　平田竹男（2012）『スポーツビジネス最強の教科書』東洋経済新報社，104頁。
▷4　並木裕太（2013）『日本プロ野球改造論』ディスカヴァー・トゥエンティワン，78-87頁。

視聴率を得られるテレビコンテンツとはなっておらず，今までのように高額な放送権料を得ることはセ・リーグの球団にとって難しくなっています。

　その一方で，パ・リーグは巨人軍と直接試合をする機会はごく限られますから，高額な放送権料は期待できません。パ・リーグには，セ・リーグと違い基盤となる収入がありませんでした。2004年の近鉄，オリックスの合併にみられたように各球団を支える親会社の負担も大きいものでした。こうした状況にあるゆえ，パ・リーグの球団は放送権料に依存しないビジネスモデルを構築する必要があったのです。パ・リーグの球団は，北海道日本ハムファイターズ以外は，スタジアムを直接保有したり，指定管理者となり，スタジアムを直接管理し，球団とスタジアムが一体となった経営を行っています。それにより，スタジアム内の飲食店の設置やスタジアム内外のイベントの企画実施などが自由にできるようになり，スタジアム経営で発生した経営は球団のものとなります。

　また，パ・リーグでは，2カ月に1回のペースで球団社長会を開催し，各球団が話し合いの場をもつなど共存共栄のスタンスをとっています。そうした姿勢のあらわれは2007年に6球団共同で設立された「パシフィックリーグ・マーケティング株式会社」でしょう。同社ではパ・リーグの振興を基本理念として6球団の動画配信，スマートフォンアプリの開発，イベントの企画・実施，6球団の海外ビジネスなどの事業を行っています。

③ 今後のプロ野球リーグのマネジメント

　最後に今後のプロ野球リーグについて考えていきます。先にみたように，プロ野球は，セ・リーグとパ・リーグとでリーグ・マネジメントのあり方は大きく異なっています。プロ野球が国民的な娯楽であった戦前，「ON時代」と違い，JリーグやBリーグ，そしてMLB，プレミアリーグなど，現在われわれは多くのスポーツを観戦することが可能です。それだけでなく，現代社会はスポーツ観戦だけでなく，国民的な娯楽ではなく多くの娯楽にあふれています。その意味では，プロ野球は現在は，テーマパークや映画，カラオケ，ゲームセンターなど数ある娯楽の1つとなっています。そうした中で，プロ野球が多くの人々に選ばれる娯楽となるためには，当然，観客に対して魅力的なゲームを提供することが必要になります。そしてそれは，一球団の努力では提供が不可能で，各球団の協働が必要になります。それをマネジメントする存在こそがリーグです。その意味では，今後，プロ野球が国民的な娯楽の地位を奪回するために，セ・パ両リーグを統括するNPBに求められる役割は大きなものとなっていくといえるでしょう。

（大野貴司）

▷5　セ・リーグにおいては，広島東洋カープが指定管理者としてMAZDA Zoom-Zoomスタジアムの管理運営を行っている。横浜DeNAベイスターズでは，親会社のディー・エヌ・エーが横浜スタジアムの指定管理者である株式会社横浜スタジアムの議決権所有株の過半数以上を取得し，同社をディー・エヌ・エーの子会社としている。

▷6　田中彰（2014）「プロ野球パシフィックリーグの経営改革を対象とした複合プロセスの考察──地域と共生するマーケティング戦略とその波及効果」『神戸大学大学院経営学研究科博士論文』60頁。

▷7　巨人が日本シリーズの連覇を成し遂げた，長嶋茂雄，王貞治の選手としての全盛期であった。

おすすめ文献

†大坪正則（2011）『パ・リーグがプロ野球を変える──6球団に学ぶ経営戦略』朝日新聞出版。

†橘川武郎・奈良堂史（2009）『ファンから見たプロ野球の歴史』日本経済評論社。

†並木裕太（2013）『日本プロ野球改造論』ディスカヴァー・トゥエンティワン。

5 プロスポーツのマネジメント

 Jリーグのマネジメント

1 Jリーグのマネジメントにみられる特徴

　Jリーグでは，1993年の開幕当初から，地域社会と一体となったクラブづくりを目指していくという「ホームタウン制度」▽1が採用されてきました。ある特定の企業がスポーツチームを丸抱えするといったそれまでの「企業スポーツ」の形態とは異なり，チーム名から企業名をはずし，クラブと地域の一体感を生み出していくことによって，地域住民や地方自治体から有形・無形の支援を受けることも可能になりました。さらに，「Jリーグ百年構想」▽2といったスロー▽3ガンのもと，中学生・高校生年代の育成組織だけではなく，近年ではサッカー以外のスポーツチームを保有するクラブが増加傾向にあるほか，選手やスタッフによるスポーツ教室や介護予防事業の実施，地域の清掃活動などといった社会貢献活動も活発化しています。こうした各クラブの取り組みは，Jリーグの社会的信用を高め，これまでサッカーやスポーツに対する関心が低かった地方自治体や企業との新たな連携を生み出すことにも繋がっています。

　そのほかにも，Jリーグが提供する「ゲーム」の商品価値やブランド力を高め，これらの魅力を全国に広く普及させていくために，Jリーグでは様々な制度設計が行われてきました▽4。テレビ・ラジオの放送権やグッズなどの商品化権はリーグ側によって管理され，これらの収益が「Jリーグ配分金」▽5として各クラブに分配される仕組みになっています。このことは各クラブがJリーグの一員として，自己の利益だけではなく，リーグ全体の発展を意識した経営を行っていかなければならないことを意味しています。さらに，2013年には「クラブライセンス制度」▽6が導入されることで，各クラブの身の丈を超えた投資による経営破綻のリスクを軽減し，ステークホルダー▽7との信頼関係を築くことがより高い水準で目指されるようになりました。こうしたリーグ主導による経営の在り方も，Jリーグのマネジメントにみられる1つの特徴といえます。

2 リーグ規模の拡大とその課題

　1993年には10クラブでスタートしたJリーグも，1999年のJ2設置，さらには2014年のJ3設置を経て，加盟クラブの数が50を超えるまでに拡大しました。こうしたリーグ規模の拡大は，Jリーグが地域密着型プロスポーツ経営の先駆者として広く認知され，地域でプロスポーツクラブを支える文化が以前よりも

▽1　Jリーグに所属する各クラブ（Jクラブ）は，ホームタウン（本拠地）として定めた特定の市区町村や都道府県において，サッカーをはじめとするスポーツの普及・振興に努めなければならない（Jリーグ規約第21条）。
▽2　原田宗彦編著(2011)『スポーツ産業論(第5版)』杏林書院，225頁。
▽3　地域におけるサッカーを核としたスポーツ文化の確立を目指すJリーグが1996年から掲げているスローガンであり，各クラブが事業活動を展開する際の指針としての役割も果たしている。
▽4　広瀬一郎（2004）『「Jリーグ」のマネジメント』東洋経済新報社。
▽5　公式試合の放送権料やライセンス収入といったJリーグ全体の収入は，Jリーグの定める割合に応じて各クラブに分配される。これらの割合の変化という点にも，その時代のJリーグにみられる経営戦略の特徴が映し出される。
▽6　競技基準，施設基準，人事体制・組織運営基準，法務基準，財務基準といった5つの審査基準が存在する。各クラブはこれらの基準を充足することでJリーグへの参加が認められる（Jリーグクラブライセンス交付規則）。

定着しつつあることを物語っています。一方で，リーグ経営やクラブ経営の観点からみた場合，そこには乗り越えるべき課題が数多く存在しています。

たとえば，現在のJリーグでは，各クラブの間で競技レベルや経営規模に大きな差が生まれています。特に近年では，開幕当初に創出されたクラブと比べて，ホームタウンの人口・経済規模も小さく，それまでサッカーがあまり盛んではなかった地域を活動拠点とするようなクラブが多くなってきています。スポンサーの獲得や観客動員数の向上に苦戦し，経営難に陥っているクラブでは，選手・スタッフに対する人件費を十分な形で確保することが難しく，結果としてリーグ全体の競技レベルを高い次元で維持していくことが困難な状況にあることも事実です。さらに，このことは有力選手の海外流出，スポンサーや観客のJリーグ離れを誘発する要因にもなっています。こうした状況を受けて，Jリーグが開幕当初から掲げてきた理念を追求しながら，各クラブに対する規制をどこまで緩和できるのかということも問われるようになっています。

▶7 利害関係者。組織の活動や成果によって利害が左右される存在。Jクラブのステークホルダーには，リーグ機構や地方自治体，スポンサー企業やサポーターのほか，選手やスタッフ，Jリーグに所属する他のクラブなどが含まれる。

❸ Jリーグが推進する「地域化」と「国際化」

Jリーグのマネジメントには，「地域化」と「国際化」という2つの視点が内包されています。ホームタウン制度に代表される地域化の視点は，その地域の文化や歴史，生活習慣などに合わせて，Jリーグのサービスに創意工夫を加えていくことができるような体制を構築するというものです。

また，もう一方の国際化とは，国際的な市場取引の基準および水準に合わせて自らを変革していくことを通じて，競技または経営の側面における競争力を高めていくという視点を意味します。このような国際化の動きは，Jリーグの開幕にともなうサッカーのビジネス化（プロ化）に始まり，近年ではアジア地域を中心とした海外市場の開拓に関わる取り組みにも見出されます。2012年にはアジア戦略室（現：アジア室）が設置され，現地クラブとの交流や子どもたちを対象としたスポーツ教室などを行いながらJリーグのノウハウを提供し，アジア全体の競技レベルを底上げしていくことが目指されるようになりました。これは同時に，ヨーロッパに集中しがちなアジア地域の放送権料の獲得，さらにはアジア地域の有力企業やアジア進出を目指す日本企業の関心をJリーグに集めるといった目的のもとで展開されている戦略的な取り組みでもあるのです。

しかしながら，地域に根ざしたクラブ文化を育んでいくという地域化の動きと，Jリーグの企業的成長を実現するための国際化の動きを同時に進めていく過程では，多くの矛盾や葛藤が生じることになります。リーグや株主によるクラブ経営者の規律づけ（コーポレート・ガバナンス）という視点を超えて，選手やサポーター，地域住民による日常的な監視，さらにはクラブ経営への参画といったより広い意味でのガバナンス（ソーシャル・ガバナンス）を確立していくことも，これからのJリーグにおける重要な課題となっています。　　　　（山本悦史）

▶8 神野直彦・澤井安勇編著（2004）『ソーシャル・ガバナンス』東洋経済新報社。

おすすめ文献

†C. M. クリステンセン／伊豆原弓訳（2001）『イノベーションのジレンマ』翔泳社。
†広瀬一郎（2004）『「Jリーグ」のマネジメント』東洋経済新報社。
†堀繁・木田悟・薄井充裕編（2007）『スポーツで地域をつくる』東京大学出版会。

5　プロスポーツのマネジメント

ソーシャルビジネスとしての独立リーグのマネジメント

ソーシャルビジネスの潮流とスポーツ

　ソーシャルビジネスとは，困難な社会的課題に対し，事業的な視点や手法を用いて，収益性を確保しながら解決に向けて取り組むものです。すなわち，経済性と社会性を同時に追求するような事業のことです。ソーシャルビジネスのマネジメントは，2つの相反する志向性をもった組織目的がもたらすコンフリクト（葛藤・対立）とシナジー（相乗効果）を抱えながら，社会に広がりをみせています。

　スポーツの分野においても，プロスポーツなどの商業主義的な活動を地域に根ざした息の長い活動として定着させる，あるいは逆に，地域密着の活動をより有効性のあるビジネスモデルに変化させることで，スポーツの意義を高めるためのマネジメントの取り組みがなされてきています。

独立系リーグの事例・四国アイランドリーグplus

　プロ野球独立リーグの四国アイランドリーグplus（設立当時は，四国アイランドリーグ）は，プロ野球の元選手・監督であった石毛宏典が「プロ入りに夢を持つ若者に鍛錬の場を与えたい」という構想のもと設立し，2005年から開幕した日本初のプロ野球独立リーグです。アイランドリーグは，野球界への貢献と地域への貢献の2つを柱とする理念を掲げ（詳細は，表1の通り），プロ野球リーグという側面だけでなく，ソーシャルビジネスとしての側面も有しています。たとえば，地域のスポンサー企業や住民，教育機関や地域商店街との連携など，様々な利害関係者との協働を行っています。

　四国4県に1チームずつ，香川オリーブガイナーズ，高知ファイティングドッグス，徳島インディゴソックス，愛媛マンダリンパイレーツという4つの球団があり，株式会社IBLJがリーグの運営会社として運営にあたっています。2008-2010年シーズンには九州から2球団，2011年シーズンには三重県から1球団の加入がありましたが，それ以降は4球団でのリーグ戦となっています。

▷1　マネジメント（management）とは，「良いことを上手に実現するための体系」である（加護野忠男・吉村典久（2012）『1からの経営学』碩学舎）。
▷2　ビジネスモデルとは，「事業の構造に関する意図をまとめた設計図」のことである（根来龍之『ビジネス思考実験』日経BP社）。

表1　四国アイランドリーグplusの理念

◆野球界の底辺拡大と選手の育成
　1．社会人野球チームの減少等から本格的に野球を行う場所を失った若者にチャレンジの場を提供し，NPB球団出身の監督・コーチが質の高い指導を行います。
　2．NPB球団と数多くの交流戦を行い，NPBをめざすリーグの選手のレベルアップをはかると同時に，NPB球団にも育成のための実戦の場として活用してもらうことができます。
◆地域の活性化と地域貢献，地域における人材育成
　1．地域の人たちに「私たちのチーム」として応援して頂き，地域の"にぎわいづくり"に貢献します。
　2．野球教室の開催や地域のイベントやお祭り等の参加，ボランティア活動を通して，地域の皆様に奉仕します。

出典：http://www.iblj.co.jp/league/

③ 経済性と社会性の同時追求のマネジメント

スタート直後の四国アイランドリーグは，知名度の低さや地域住民からの関心の低さもあり，収入源であるはずの観客動員には大きな課題がありました。また，選手の技術力や球場のホスピタリティなどの面においても，観客の期待に十分こたえうるだけの魅力の創出には至りませんでした。選手たちは，球団から支給される給与だけでは十分な収入とはいえず，野球選手であるとともに副業を行うなど，二足の草鞋を履く状態となっていました。（一社）日本プロ野球機構（NPB）との関係も未整備な状況でした。

リーグの資金繰りが悪化する中で，出資者の1人であった鍵山誠が経営に関与し，2007年からは2代目の社長として就任して経営の立て直しを図りました。鍵山は，スポーツに関連したビジネスの経験はありませんでしたが，企業家として複数の会社を立ち上げた経験をもち，当時は，四国でインターネットカフェの事業を展開していました。経営者としての鍵山は，新たな株主やスポンサーの獲得，プロ野球との交流戦の実施，球団の分社・独立採算化，選手の年齢制限の緩和，北米の独立リーグへの挑戦など，リーグの経営に対して様々なてこ入れを行いました。選手たちは，野球教室を開催したり，地域のイベントへも積極的に参加することで，地域に根ざした野球文化の育成にも貢献しました。

四国アイランドリーグの設立が先駆けとなり，その後，北信越，関西などの地域で複数の独立プロ野球リーグが開設されることとなりました。独立リーグとしての基盤が徐々に確立されつつある中，2016年からは森本美行が3代目の社長に就任し，経営のかじ取りを行っています。

④ 今後のマネジメント課題：地域密着型の継続的な活性化

ソーシャルビジネスとしての独立リーグは，その地域で継続して活動してこそ存在意義があります。活動開始から10年以上を経過して，徐々に認知度を高め，地元企業や地方自治体をはじめとする数多くのスポンサーからの支援も得られるようになりました。独立リーグ間，および国内外のプロ，アマチュア野球団体とのネットワークも生まれました。NPBや海外のリーグへ選手を送り出すなど選手の育成という点での成果も現れはじめ，独立リーグを野球人としてのキャリアのスタートラインに選ぶ若者も増えました。

しかしながら，依然として経営基盤の脆弱さは残り，ビジネスの成立に十分なサイズの観客を動員するには至っていません。実際，活動を休止したリーグもあります。そのような中，ソーシャルビジネスとして，独立リーグがさらに発展を目指すためには，経営者，選手・スタッフ，観客，スポンサー，株主，地域住民のそれぞれにとっての魅力が一層増すよう，関係者がシナジーを追求していくことが課題となります。

（山田仁一郎・松岡久美）

▷3 ソーシャル・アントレプレナー（社会起業家）としての鍵山のキャリアについては，山田仁一郎・松岡久美（2011）「ソーシャル・アントレプレナーの役割とキャリア――四国・九州アイランドリーグと鍵山誠氏」大室悦賀編『ソーシャル・ビジネス――地域の課題をビジネスで解決する』中央経済社．

▷4 2014年には，独立リーグを代表する正式な窓口として，（一社）日本独立リーグ野球機構（IPBL Japan, http://www.ipbl-japan.com/ 2016年12月17日最終アクセス）が四国アイランドリーグplusとルートインBCリーグの合同機構として設立された．

▷5 たとえば，関西独立リーグ（2009-2013年）やジャパン・フューチャーベースボールリーグ（2010年）などで，事業採算性などの問題から，チームの参入と脱退・活動休止が重なった．

おすすめ文献

†石毛宏典（2009）『石毛宏典の「独立リーグ」奮闘記』アトラス出版．

†伊丹敬之・加護野忠男（2003）『ゼミナール経営学入門』日本経済新聞社．

†松野将宏（2013）『現代スポーツの制度と社会的構成――スポーツの地域密着戦略』東北大学出版会．

†武藤泰明（2008）「スポーツ組織の持株会の評価――Jリーグを例に」『スポーツ科学研究』5，147-162頁．

5 プロスポーツのマネジメント

 大リーグ野球(MLB)とプレミアリーグサッカー(EPL)のビジネスモデル

▷1 Rosner, S. R et al. (2011) *The Business of Sports*, Second Edition, Jones & Barlett Learning, p. 4t.

▷2 MLBは独占禁止法適用免除を認められており，選手のチーム選択の自由を制限している。すなわちアメリカ，カナダ，プエルト・リコの高等学校，大学のアマチュア選手を指名する際には，チームは前年度の順位に従い，下位の球団から先に指名していく。選手は指名されれば，固定給，および有望選手では多額のボーナス付きで契約するか，受諾せず来年のドラフト指名を待つかの選択肢がある。

▷3 同じリーグの球団間で，収益を共有する際の原則である。MLBの各チームの地元での収益（地元テレビ，ケーブルテレビ，ラジオ，入場料，特別席，スポンサー料などの合計から，借入金金利とレンタル料金の合計を控除したもの）の20％を税金という名で拠出させる。その拠出相当額の75％を全30チームで均等配分（2001年施行），残りの25％は上記地元での収益の平均より少ないチームにその不足割合に応じて配分する方法である。チーム間の戦力均衡を図る制度であるが，下位球団は自らの戦力向上を図らず，補助金に頼ってしまうというモラルハザードが発生しうる欠点がある。

1 世界的な人気をよぶプロスポーツ

世界的にプロスポーツが人気を博しています。アジアを中心とする世界的な経済成長の深化，情報化の進展により，先進国を主たる顧客対象としていたプロスポーツが，世界中に伝播しています。消費者の余暇志向，健康志向に適合し，放送，広告，宣伝の有力なコンテンツになったためです。その中で日本人にとっては野球とサッカーがプロスポーツの中で最高の人気を誇ります。頂点に位置するのが，アメリカの大リーグ野球（MLB）とイギリスのプレミアリーグサッカー（EPL）です。両スポーツを比較検討することによって，プロ野球とプロサッカーのビジネスモデルを経営学的に考えていきます。

プロスポーツには発祥の地の文化的背景が反映されています。アメリカではプロスポーツはスタートの段階から「ビジネス」であり，MLBでも「利益最大化」が経営者の目的です。その結果，競争が制限されるので球団経営は安定的ですが，その人気はアメリカ，カナダ，日本など一部の国での人気に限られています。他方，ヨーロッパでは「効用最大化：勝利優先」が目的とされ，プロサッカーにおいてもEPL誕生（1992年）までは小さな市場にしかすぎませんでした。しかしEPLの拡大によってプロサッカーはイギリスのみならず世界的な花形プロスポーツとなったのです。その一方で，過当競争による経営不振でクラブの身売りが散見されます。

2 MLBのビジネスモデル

最大の特徴はリーグ（2リーグ制）が「閉鎖的」なことです。決められた球団の中でリーグが形成され，成績による昇格・降格はありません。また外国人オーナーはMLB30球団中，任天堂アメリカが所有するシアトル・マリナーズ1球団のみです。したがって，同じ顔ぶれの相手球団と試合を行うので，「球団間の力量差をできる限り縮小＝戦力均衡」することで，緊迫したゲームを演出し，観客動員数に繋げるのです。そのため前年度の成績順（下位球団）によって新入選手の指名獲得を決める「ルーキードラフト制度」，MLB各球団の地元での収益を収益が少ない球団に優先的に再配分する「収益シェアリング制度」，各球団の選手報酬に上限を設定し，それを超えた球団はその額に応じてリーグに課徴金を払う「ぜいたく税（luxury tax）制度」などを導入しています。

リーグの球団が倒産の危機に瀕するとリーグ自体が運営できなくなる（リーグの共同生産）ので，球団間格差の平準化は意味があります。独占的競争は本来的には利益を生む仕組みのはずですが，現実には球団としての利益は大きくならないのです。それは球団が親会社グループの利益調整のツールとして利用されているからです。しかし球団は優良資産と市場からみなされていて，たとえば2012年に買収されたロサンジェルス・ドジャースが当時20億ドル（当時1,600億円）で売却され，また2016年にシアトル・マリナーズも売却に動いており多額の売却益が見込まれています。フランチャイズ（本拠地）制をとっているものの，誘致する都市の資金提供金額によって本拠地移転がビジネスライクに行われるのもMLBなのです。

3 EPLのビジネスモデル

大リーグ野球とは異なり，「昇格・降格ありの完全競争＝開放的」なリーグ運営を採用しています。したがって選手もクラブオーナーも観客も「効用最大化＝勝利最優先」を目的としています。MLBと比較してEPLは「地域密着性」が強く，上位クラブは優勝，または昇格を賭けて争い，下位クラブは降格を逃れるために戦うのです。その開放性から，サッカービジネスの競争は激しく，選手の人件費抑制が大きな課題です。実証研究で選手の年俸総額とそのクラブの翌シーズンの成績に強い相関があることが明らかになっています。すなわち，年俸総額の大きいクラブが翌シーズンに上位の成績をおさめることが通常です。しかし，選手補強で人件費が先に上昇するので，期待に反して成績が不芳に終わると降格のリスクも負うのです。降格になれば次のシーズンは人気のない（＝売上高が減少する）下位リーグでプレイするため，赤字幅が拡大し，場合によりクラブの経営危機に陥るケースがあります。その開放性が興奮を呼ぶのでプロサッカーは世界で一番人気があるスポーツといわれています。そのため，経営危機に陥るクラブがあっても，上位リーグのクラブであれば，外国人投資家がクラブを買収するので，クラブの存続が図られることになります。ちなみに2014/2015シーズンではプレミアリーグ20クラブ中11クラブが外国人オーナーとなっています。他方，下位クラブにあっては，ファンがクラブ経営を支える「サポータートラスト」というシステムがあり，地域の共有資産として支援されているのです。いずれの場合も，「地域密着性」が絶対の絶対要件であるので，クラブのフランチャイズ移転はほぼ不可能です。

クラブ経営は容易ではありませんが，サッカーはヨーロッパにおいては統合の象徴であるのでクラブ，ひいてはリーグの存続は重要です。そこでヨーロッパサッカー連盟（UEFA）は各クラブの財政規律を維持させるためにフィナンシャル・フェア・プレイ（FFP）規制を課しており，その結果売上高人件費率は低下の兆しがあります。

（西崎信男）

▷4 *Forbes*誌電子版 MAR 29, 2012。http://www.forbes.com/sites/briansolomon/2012/03/29/2-billion-dodgers-sale-tops-list-of-most-expensive-sports-team-purchases-ever/#a5a97cb54b49（2016年4月29日最終アクセス）
▷5 Deloitte（2015）Annual Review of Football Finance June 2015, p. 33.
▷6 クラブのファンが会社を設立し，その株式を所有する。その会社がクラブの株式を所有することで，ファンがクラブ経営に参加する仕組みである。
▷7 FFP規制とは，クラブ間の競争を均衡させ，かつ各クラブの財務規律を達成するために，より持続可能な収支均衡を図ることを目的とする。
▷8 売上高人件費率とは（人件費／売上高）×100％である。人件費の割合が高いサービス産業では，その制御が重要である。プレミアリーグ昇格を目指す英2部リーグでは，100％を超えるクラブも現れる。

おすすめ文献

†西崎信男（2015）『スポーツマネジメント入門──プロ野球とプロサッカーの経営学』税務経理協会．
†大坪正則（2002）『メジャー野球の経営学』集英社新書．
†Szymanski, S. et al. (2005) *National Pastime : How American Play Baseball and the Rest of the World Plays Soccer*, Brookings Institution Press.

第Ⅱ部　観戦型スポーツのマネジメント

5　プロスポーツのマネジメント

 # トップスポーツと観戦行動

1 観戦行動理解の重要性

　プロ野球，Jリーグ，企業スポーツといったトップスポーツの試合に，観戦者がまったくいないことを想像できるでしょうか。トップスポーツには観戦者の存在が欠かせません。中でも足繁く観戦に訪れるファンは，チームやクラブがもっとも大切にしなければならない人々です。というのも，チケット収入は人気のバロメーターで，グッズ収入，テレビ放送権料，スポンサー権料に先立つ，スポーツビジネスにおいてもっとも重要な財源だと考えられているからです。一方で，観戦者の中には特定のチームやクラブのファンではない人々もいます。このように試合会場には熱狂的な観戦者とそうでない観戦者が混在しているのです。チームやクラブのマネジメントの視点から観戦者数増加を考えた場合，観戦に訪れている人についてよく知ること，つまり観戦行動の理解が大切になります。

2 観戦動機

　なぜ人々はスポーツを観戦するのでしょうか。これまでの研究では，観戦者の多様な観戦動機を明らかにしてきました（表1）。Jリーグでは毎年観戦者調査を行い，その結果をホームページ上で公開しています。それによると，2004年から2015年の間に上位だった観戦動機は，「サッカー観戦が好きだから」「好きなクラブの応援に」「レジャーとして」でした。このように観戦者のニーズを知ることが，観戦行動理解の第1歩といえるでしょう。また，Jリーグのようにリーグ全体でデータを蓄積し，それぞれのチームやクラブが活用していく仕組みづくりもマネジメントの重要な役割です。

表1　スポーツ観戦動機

達成感を味わいたいから（achievement）
選手，チーム，試合の知識を得たいから（knowledge）
競技の審美性（選手の華麗なパフォーマンスなど）を楽しみたいから（aesthetics）
筋書きのないドラマを楽しみたいから（drama）
非日常性を味わいたいから（escape）
家族と過ごしたいから（family）
身体的な魅力を楽しみたいから（physical attraction）
身体的な技術をみたいから（physical skills）
観戦仲間との交流を楽しみたいから（social）

出典：Trail and James（2001）より。

▷1　日本においてはプロスポーツ以外のトップリーグが多く存在し，「企業スポーツ」とよばれてきた。

▷2　テレビ放送権料を含む「権利ビジネス」はオリンピック・ロサンジェルス大会（1984年）で導入され，以後スポーツ界に広まった。中でも放送権料は，重要な収入源として認識されている。

▷3　仲澤眞・吉田政幸（2015）「ファンコミュニティの絆―プロスポーツにおけるファンコミュニティ・アイデンティフィケーションの先行要因および結果要因の検証」『スポーツマネジメント研究』7(1)，23-38頁。

▷4　Trail, G. T. and James, J. D. (2001) "The Motivation Scale for Sport Consumption：Assessment of the Scale's Psychometric Properties," *Journal of Sport Behavior*, 24(1), pp. 108-127.

▷5　Jリーグ観戦者調査サマリーレポート。http://www.jleague.jp/aboutj/spectator-survey/（2016年12月21日最終アクセス）

3 観戦におけるファンの存在

これまでの観戦動機に関する研究は観戦者全体を対象としてきました。ここでは，観戦者の中でも特定のチームやクラブを応援するファンについてみていきます。観戦の楽しさの1つに，試合会場の雰囲気があります。その試合会場の雰囲気づくりに一役買っているのがファンです。試合会場がファンの身に着けるユニフォームやグッズでチームカラーに染められ，みんなで決まった応援を大声でし，得点が入ったときに大歓声をあげるといった事柄が，試合会場の雰囲気をつくり出しています。こうしたファンによるスポーツ文化の醸成が，スポーツイベントの魅力づくりのためには大切です。またファンの行動をお手本に，初心者の観戦者がファンになっていくこともあります。

さらにファンは，チームやクラブに対し，支援的活動を行うことでも知られています。支援的活動には，ファンクラブへの入会やシーズンチケットの購入といった商業的なものと，チームに対するマネジメント的協力やファン同士の連携といった非商業的なものがあります。このように，観戦行動におけるファンの存在はとても大きく，チームやクラブは1人でも多くの人にファンになってもらえるよう，観戦行動を把握していく必要があります。

4 観戦者の様々な愛着

観戦行動におけるファンの重要性について理解できたことと思います。では，観戦者がファンになるためには何が必要なのでしょうか。その1つに「愛着」があります。これまでの研究は，様々な愛着がチームやクラブへの愛着に影響することを明らかにしてきました。たとえば先ほどの試合会場の雰囲気は，試合会場の景観（建築的特徴や音楽など）とともに，トポフィリア（場所愛）の源泉になるとされています。長い歴史や伝統があり，人々の思い出が詰まっている甲子園球場が良い例です。甲子園球場に対して抱く愛着が，阪神タイガースへの愛着に繋がっているということです。その他の愛着には，ファンコミュニティへの愛着，スポーツへの愛着，選手への愛着，地元地域への愛着などがあります。ファンコミュニティとは，ファン同士の仲間意識によって形成されるコミュニティのことです。同じチームやクラブを応援しているファン同士の繋がりがチームへの愛着になったり，実際の観戦に繋がることがわかっています。また，ファンコミュニティへの愛着が，他の愛着に比べてチームやクラブに対する愛着に強い影響を与えていることも報告されています。試合観戦を通じて知り合った人と仲良くなり，小さなグループとなってアウェイの試合の応援に一緒に出かけたり，試合後交流する姿をみることができます。このような様々な愛着を，チームやクラブへの愛着へと変える仕掛けづくりが，チームやクラブ，リーグのマネジメントには求められます。

（出口順子）

▶6 Yoshida, M., Gordon, B., Nakazawa, M. and Biscaia, R. (2014) "Conceptualization and Measurement of Fan Engagement : Empirical Evidence from a professional Sport Context," *Journal of Sport Management*, 28(4), pp. 399-417.

▶7 自己をチームの一員とみなすようなチームやクラブに対する愛着のことを，チーム・アイデンティフィケーションとよぶ。これは，試合結果に影響を受けない献身的なファンの特徴として，観戦行動では重要な概念である。

▶8 橋本純一 (2010)「スポーツ観戦空間──そのパースペクティヴ及び現在と未来」橋本純一編『スポーツ観戦学──熱狂のステージの構造と意味』世界思想社，11-17頁。

▶9 Yoshida, M., Heere, B. and Gordon, B. (2015) "Predicting Behavioral Loyalty Through Community : Why Other Fans Are Important Than Our Own Intentions, Our Satisfaction, and the Team Itself," *Journal of Sport Management*, 29(3), pp. 318-333.

おすすめ文献

†原田宗彦・小笠原悦子編著 (2008)『スポーツマネジメント』大修館書店。

†橋本純一編 (2010)『スポーツ観戦学──熱狂のステージの構造と意味』世界思想社。

†井上俊・菊幸一編著 (2012)『よくわかるスポーツ文化論』ミネルヴァ書房。

6　メディアスポーツのマネジメント

 メディアとスポーツマネジメント

 メディアとスポーツの大衆化および高度化

　歴史的にメディアはスポーツの大衆化と高度化（競技力の向上）に大きな役割を担ってきています。近代スポーツ発祥の国・イギリスでは19世紀後期からスポーツ新聞や雑誌の発刊があり，同様に日本でも，1883年東京・隅田川で行われた海軍カッターレースの模様が『東京日日新聞』に報じられてから，20世紀初頭に朝日新聞社が全国中等学校優勝野球大会（1915年）[1]，毎日新聞社が選抜中等学校野球大会（1924年）[2]，読売新聞社が巨人軍を中心とした「職業野球連盟（プロ野球）」（1936年）を立ち上げました。ラジオ放送も1920年にアメリカで，1925年には日本でも開始され，まもなく甲子園の実況放送が行われるようになりました。野球に関する全国紙の報道や全国規模の実況放送の開始は，野球の大衆化と高度化に大きな影響を及ぼしたといえます。また1936年オリンピック・ベルリン大会時の「前畑ガンバレ！」に象徴的なラジオ実況も，国民のスポーツへの関心を大幅に増大させたといえます。

　終戦直後には『日刊スポーツ』をはじめとして複数社のスポーツ新聞がスポーツ報道の担い手として加わりました。また，1950年代後期にテレビ放送が開始されると，テレビ局にとって野球，プロレス，大相撲，ボクシングなどのスポーツはキラー・コンテンツとなりました。実際，視聴率調査が始まって以来，現在までの全ジャンルの高視聴率トップ5は歴代1位の「NHK 紅白歌合戦」（1963年，83.4％）以下，すべてがスポーツ番組になっています[3]。

　このようなメディアスポーツ人気はバレーボール，野球，サッカー，フィギュアスケートなどの普及（大衆化）と高度化を招き，スポーツのメディア・バリューの高騰を導いています。メディアにおける系列グループ（読売グループ，フジサンケイグループ等々）によるスポーツイベント争奪戦が展開されるほど，重要なものとなっているのです。スポーツ番組は，ニュース，ドラマ，バラエティなどより少ないコストで作成でき，期待通りの視聴率も獲得でき，高額放送権料を支払っても利益が得やすいことがその背景にあります。

　このコンテクストにおいてスポーツ（特にプロスポーツ，メガ・スポーツイベント）はメディアの存在なしには現在の隆盛はなかったといえます。それは単にテレビによる認知度アップということだけでなく，テレビ放送権料がスポーツ統括団体を経済的に潤わせているからです[4]。

▷1　いわゆる「夏の甲子園」。

▷2　いわゆる「春のセンバツ」。

▷3　ビデオリサーチ社の資料（関東地区）によると，2位「東京五輪・女子バレーボール決勝，日本VSソ連」（1964年，66.8％），3位「2002FIFA ワールドカップ™日本×ロシア」（2002年，66.1％），4位「プロレス・WWA 世界選手権・デストロイヤー×力道山」（1963年，64.0％），5位「世界バンタム級タイトルマッチ・ファイティング原田×エデル・ジョフレ」（1966年，63.7％）となっている。

▷4　1970年代から放送権料は急騰していて，たとえばIOC（国際オリンピック委員会）は，1976年モントリオール大会を3,500万ドルで世界のテレビ企業に売ったが，1984年ロサンジェルス大会では2億8,690万ドル，2012年ロンドン大会ではなんと35億ドルという巨費を受け取っている。IOC の放送権収入は36年間で100倍になり，IOC 総収入の80％を占めるまでになっている。

この他にも，スポーツマンガをコンテンツとするコミック誌，スポーツをモチーフにした映画，プレステ・DS・Wii などの手指型および体感型ゲーム，ネット利用のオンライン・ゲームなどもそれぞれ，メディアとしてスポーツの理解と普及に大きな影響を及ぼしているといえます。

2 メディア・テクノロジーの革新とスポーツの変容

グーテンベルグの印刷術の発明以前，スポーツイベントは競技者と生観戦者だけのものでした。20世紀以降，メディア・テクノロジーの変革が絶え間なく生起し，特にスポーツはもちつもたれつの関係を構築してきています。

まず，A. ヒトラーは「ドイツ帝国」のベルリン大会（1936年）を，ラジオ，テレビ，映画など，映像と電波のメディアでスペクタクル化し，世界に配信しましたが，これをエポック・メイキングな出来事として理解しておく必要があります。

その後もメディア・テクノロジーの質的・量的発展はスポーツの量的・質的変容に大きな影響を及ぼしています。特にテレビは，衛星放送の進化，カメラの進化（移動カメラ，小型カメラ，水中＆地中カメラ，ズーム性能），インスタント（スロー）再生，多重音声機能，オンデマンド化，多チャンネル化等々，無限のイノベーションを繰り返しながら数々のスポーツの競技規則変更を強いてきています。NBA のクォーター制や NFL のコマーシャル・タイムアウトの導入はテレビの CM を入れるためとされています。バレーボールのサーブ権にかかわらず点数が入るラリーポイント制，テニスのタイブレイク制の導入は番組放送枠という制限時間に配慮した変更でした。ビデオ再生の技術的進化により，近年は試合中にビデオ判定を導入する（または参考にする）競技が年々増加しています。

3 スポーツ観戦スタイルとメディアの影響力

2016年9月，日本ではバスケットボールの B リーグが開幕しましたが，その開幕戦では LED パネルを敷き詰めたコート（スクリーン）一面に様々な CG 映像が投影され，世界初の華麗な演出でアリーナの観客を驚かせました。これに象徴されるように，今や試合会場の観客は，会場内に敷設された大スクリーンのみならず，コート（フィールド）上の兼用スクリーンや，持参したスマートフォンやタブレットなどのメディア端末でも仮想映像やリプレイ映像などの演出で観戦を楽しむようになっています。

一方，スポーツ情報（映像）のインターネット配信や多様化するテレビは，自宅をはじめ，試合会場外での観戦スタイルの変化も生み出しています。今後はそのようなスタイルに合わせた人気スポーツのコンテンツ配信もさらに本格化してゆくでしょう。スポーツをマネジメントする側は，メディア側の権力（放送権料支払に基づく影響力）の過剰な拡大（金を出す代わりに口も出すというスタンス）には今までにも増して注視ゆく必要があります。

（橋本純一）

▶5 2016年7月，Jリーグはこれまでの約7倍の放送権料・10年2,100億円で，イギリスの動画配信大手（DAZN 社＝英パフォームグループ）と契約した。これにより契約受信者は，いつでもどこでもスマートフォンやタブレット端末などですべての J リーグ公式戦を1,750円／月で視聴できるとされている。

おすすめ文献

†橋本純一編著（2002）『現代メディアスポーツ論』世界思想社。
†黒田勇編著（2012）『メディアスポーツへの招待』ミネルヴァ書房。
†吉見俊哉（2012）『メディア文化論──メディアを学ぶ人のための15話（改訂版）』有斐閣。

6 メディアスポーツのマネジメント

② 多チャンネル時代のスポーツ放送ビジネス

▷1 R. マードック（Rupert Murdoch, 1931-）は世界的なメディアの持ち株会社 News Corporation の経営責任者として、英米をはじめ世界の新聞やテレビの買収により、メディア・モーグルと呼ばれた。1981年に英国の The Times、1985年に米国の20世紀FOX、2007年の The Wall Street Journal などの有力メディアを傘下に置いた。とりわけ、1990年の BSkyB の設立は、その後の衛星放送ビジネスを方向づけた。2016年現在もグループの経営に大きな影響力をもっている。

▷2 King, A.(2002) *The End of the Terraces*, Leicester Univ. Press, pp. 97-119.

▷3 CL は、1991年にこれまでの各国のリーグ優勝クラブによるノックダウン方式からリーグ戦方式に改組され、サッカー市場の大きな国のチームは複数出場できる仕組みを新設し、ファン層はヨーロッパだけではなく世界中に拡大した。

▷4 BS とは放送衛星（Broadcasting Satellite）を利用した放送、CS とは通信衛星（Communication Satellite）を利用した放送であるが、この区別は日本だけのものである。

▷5 プラットフォームとは、CS 放送において、番組を提供する衛星放送事業者

❶ スポーツ放送の歴史

　1920年代のラジオ放送草創期から現在まで、スポーツは放送メディアの重要なコンテンツです。スポーツは放送メディアとの親和性が高く、お互いを必要としつつ発展してきました。そして、80年代後半以降の衛星放送の発達により、多チャンネル化が進み、スポーツ専門チャンネルも増加しています。

　もともとプロスポーツ放送が盛んで、スポーツ専門チャンネルも存在したアメリカでは、84年ロサンジェルス大会がスポーツ放送のさらなる発展への契機となりました。アメリカの ABC 社が高額で独占放送権を獲得し、ハンディカメラの導入など、中継技術の発達もあり、オリンピックは〈スペクタクル〉なイベントとして世界中の視聴者に届けられるようになりました。これ以降、テレビ中継に合わせての競技種目、日程、規則の変更などが行われるようになりました。

❷ ヨーロッパの放送の商業化

　衛星放送ビジネスで先行したアメリカに対し、ヨーロッパでも、1980年代後半から放送の民営化が本格化しました。イタリアでは、のちに首相となる S. ベルルスコーニが、テレビ局を買収するとともに、AC ミランを買収し、国境を越えるサッカービジネスにも乗り出しました。英国でも、イングランドリーグ1部がプレミアリーグとして改組され、R. マードックが率いるニューズ・コーポレーション所有の衛星放送 BskyB がプレミアリーグの独占放送権を獲得しました。その巨大な放送権収入を利用して、スタジアム改築や海外の一流選手の取得など、衰退しつつあった英国のサッカー界は大きく姿を変えていきました。逆に、BskyB はサッカーを利用することで、衛星放送ビジネスを確立させました。

　90年代以降、ヨーロッパの衛星放送ビジネスにとって、スポーツ、とりわけサッカーは言語と文化の壁を超える絶好の放送コンテンツとなっていきました。その象徴が欧州チャンピオンズリーグ（CL）です。

❸ 日本における多チャンネル化の進展

　日本の衛星放送としては、1987年 NHK の BS1が試験放送を開始、1990年には現在の WOWOW が設立されました。一方、1989年に CS 放送が都市型ケー

ブル局への番組を供給し，1992年には直接家庭での受信も認められました。

その後，1996年は多チャンネル化への激動の年となりました。6月にニューズ・コーポレーションが日本で100チャンネルを提供する衛星プラットフォーム，「Jスカイ B」の設立を発表，同年10月には国内資本のパーフェク TV が57チャンネルで本放送を開始しました。さらに翌97年にはアメリカ資本のディレクTV も63チャンネルで開局し，日本でも本格的な多チャンネル時代に突入しました。その後98年には，Jスカイ B はパーフェク TV と合併してスカイパーフェク TV！（「スカパー」）となり，2000年には事実上ディレク TV を吸収し，日本の CS 放送は，現在までスカパーがプラットフォームを独占しています。

ところで，大阪の毎日放送などが出資した GAORA や朝日放送系のスカイ A は，プロ野球や海外スポーツを取り上げてきましたが，会社の所在地に関係なく，どの地域からでもアップリンクすればビジネスとして成立するというのが衛星放送の特徴です。したがって，GAORA はファイターズ主催試合の完全中継を強みとして，北海道でも視聴者を増やすことができるわけです。

また，Jスカイ B のスポーツチャンネルとして1997年にスタートしたスカイスポーツ（後のJ SPORTS）は，加入促進のために3チャンネルのスポーツ専門チャンネルを運営し，パ・リーグやラグビーの CS 放送権を独占的に獲得するなどの戦略をとりました。

2016年現在で衛星放送テレビ160番組（チャンネル）のうちスポーツ専門チャンネルは12チャンネルとなっています。その結果，地上波テレビでは，プロ野球をはじめとしたスポーツ番組が次第に減少する一方で，以上の多チャンネル化によって，欧州サッカーをはじめ，アメリカの主要なプロスポーツ，さらには日本国内の主要なスポーツリーグの試合など，地上波テレビだけの時代に比べてはるかに多くのスポーツが視聴できるようになりました。

❹ インターネットの普及と放送と通信の融合

欧米諸国では，21世紀に入り，スポーツ番組のネット配信は拡大し続けています。さらに，各クラブが放送会社を設立し，インターネットや衛星放送で放送を始めています。1998年設立のマンチェスター・ユナイテッドの MUTV をはじめ，主要なクラブや球団が TV 局をもち，ネット配信をするようになっています。

日本でも，2016年に入り，スポーツ放送は大きな転機を迎えました。ソフトバンクとヤフーが「スポナビライブ」として，有料でスポーツ動画の配信サービスを開始し，続いて英国のスポーツコンテンツ企業であるパフォーム社が運営するDAZN（ダ・ゾーン）社がJリーグと，2017年より10年間，約2,100億円の放送権契約を結びました。さらに NHK を含め既存のテレビ局もネット配信を進め，通信系，ネット系の会社も本格的なスポーツ配信を開始しています。 （黒田　勇）

と，視聴者の間で実質的な窓口の役割を果たしており，顧客管理業務や番組情報の提供，加入促進プロモーションなどの業務を行う。
▷6　川喜田尚（2012）「多チャンネル時代のスポーツ専門放送」黒田勇編『メディアスポーツへの招待』ミネルヴァ書房，57-74頁。
▷7　これは，先の BskyB の英国での成功経験を日本でも活かそうとするものだった。そして，2002年の日韓共催 W 杯での全試合の放送権の獲得によって，加入者を一気に増加させることとなった。
▷8　スポーツ専門チャンネルには，FIGHTING TV サムライ，ゴルフネットワーク，GAORA SPORTS, J SPORTS 1～4, スカイ A, 日テレジータス，EX スポーツ，ダンスチャンネル by エンタメ〜テレである。加えて，NHKBS1 もスポーツチャンネルに準ずるほど多くのスポーツを放送している。
▷9　総務省（2016）「衛星放送の現況2016年3月」総務省。
▷10　Boyle, R. and Haynes, R. (2004) *Football in the New Media Age*, Routledge, pp. 94-117.
▷11　「動画」『月刊フットボリスタ』2016年8月号，58-67頁。

おすすめ文献

†黒田勇編（2012）『メディアスポーツへの招待』ミネルヴァ書房。
†杉山茂＆角川インタラクティブメディア（2003）『テレビスポーツ50年』角川インタラクティブメディア。

6　メディアスポーツのマネジメント

印刷メディアとスポーツ報道

1　新聞とスポーツイベント

　今日では「斜陽産業」といわれる印刷メディアですが，日本のスポーツ文化を考える上でその存在は見逃せないものです。ラジオやテレビといった放送メディアに先行して，スポーツと密接な関係を取り結んだのは新聞でした。

　戦前より新聞社は，今日まで続くスポーツイベントを催してきました。甲子園野球とよばれる「全国中等学校優勝野球大会（現：全国高等学校野球選手権大会）」はその最たる例で，朝日新聞社が主催するメディアイベントとして1915年に開始されました。次いで毎日新聞社がそれに対抗する形で，1924年より「春のセンバツ」として知られる「選抜中等学校野球大会（現：選抜高等学校野球大会）」を主催します。読売新聞社も，1930年代初頭に日米野球対抗戦を企画します。このイベントを機に読売巨人軍の前身となる「大日本東京野球倶楽部」が結成され，1936年のプロ野球の創設へと至ります。

　新聞社主催のスポーツイベントが相次いで企画された背景には，新聞社の熾烈な販売競争がありました。各社はそれぞれ読者の関心を引くべくスポーツ大会を企画し，販売促進を図っていきました。重要な点は，新聞社主催のスポーツイベントが，新聞社の販売戦略だけにとどまらず，人々に「みるスポーツ」への関心を喚起し，社会におけるスポーツの大衆化にも寄与したことにあります。それまで大学生などの一部のエリートに閉じられていた日本のスポーツ文化は，スポーツイベントが盛りあがる1920年代の「スポーツ狂時代」を経て，学校の枠を超えて楽しまれるものとなっていきました。

　以上のような新聞とスポーツとの密接な関係構築は，読売新聞社の正力松太郎がその後テレビ界へと進出していったように，放送メディアとスポーツが親和的な関係を取り結ぶための素地となりました。これらは単に過去の事象にとどまりません。市民参加型のマラソン大会として近年，注目を集めている「大阪マラソン」では読売新聞社が「共催」として名を連ねるなど，今日でもスポーツイベントと新聞との関わりは不可分なものとなっています。

2　雑誌とスポーツジャーナリズム

　スポーツが大衆化していく明治末期以降，スポーツ雑誌も数多く創刊されました。新聞が幅広いマス層を読者対象とし，人気競技中心に取り上げる大衆的

▷1　新聞社によるスポーツイベントは，1900年代初頭より開催されていた。それまでの新聞は，知識人の読む政論中心の「大新聞」と，庶民を読者層とした非政治的な「小新聞」に分かれていた。しかし日露戦争（1904-05年）をきっかけに「中立」を掲げる報道に重点を移す「中新聞」が確立され，1918年の白虹事件を契機に「不偏不党」は新聞界全体の規範となった。「不偏不党」を掲げた「中新聞」としての在り方は，多様な読者を対象とした商業新聞化を促すもので，人々の関心を引く格好のコンテンツとして見出されたのがスポーツイベントである（新聞の変遷については，有山輝雄（1995）『近代日本ジャーナリズムの構造』東京出版や佐藤卓己（1998）『現代メディア史』岩波書店，またメディアが主催したスポーツイベントの詳細は，寶學淳郎（2002）「スポーツとメディア」橋本純一編『現代メディアスポーツ論』世界思想社などを参照）。
▷2　菊幸一（1993）『「近代プロ・スポーツ」の歴史社会学』不昧堂出版。
▷3　有山輝雄（1997）『甲子園野球と日本人』吉川弘文館。
▷4　スポーツの大衆化に関しては，新聞のみならず，

なメディアである一方で、雑誌は商業誌である以上一定の大衆性をもちながらも、特定の関心を抱く読者層を対象とした専門的なメディアでもあります。

雑誌『運動界』(1920-31年) を運営していた飛田穂洲(とびたすいしゅう)は、スポーツジャーナリズムの商業主義化に対して「"売らんかな精神"が目立つ記事はスポーツをスポイルするものだ」と批判し、技術解説や評論を中心とするスポーツ専門誌の在り方を説きました。こうした専門誌としてのスポーツ雑誌の理念は、戦後のベースボール・マガジン社へと受け継がれていきます。ベースボール・マガジン社はスポーツ総合出版社として、野球や相撲以外にも、マスメディアで取り上げられないマイナースポーツの専門誌を積極的に刊行しました。そうした専門誌は、愛好者にとって情報交換を行う拠り所となっていました。

3 「読むスポーツ」の今日

戦後、スポーツを報じる印刷メディアとして確固たる地位を築いたのは、スポーツ新聞でした。1946年に創刊された『日刊スポーツ』を嚆矢として、次々とスポーツ紙が発刊されていきます。戦後活況を呈したスポーツ新聞ですが、今日でもスポーツ報道における影響力は高く、様々なメディア上でスポーツ新聞の紙面が参照されています。同時にスポーツ新聞は、プロ野球を中心に報じながらも、芸能やギャンブルと結びつき中年男性文化を象徴する媒体となるなど、スポーツとメディア文化の関係性を考える上で興味深い存在です。

またスポーツ読物としてスポーツ選手や指導者の自伝が、戦後の出版界においてしばしば注目を集めてきました。巨人のV9監督・川上哲治がチーム運営を語った『悪の管理学——可愛い部下を最大限に鍛える』(光文社、1981年) は、「ビジネス社会にも共通する問題を解説している」としてビジネスマンの関心を引き、昨今でもサッカー日本代表の長谷部誠『心を整える』(幻冬舎、2011年) が100万部を超えるベストセラーを記録しました。特筆すべきは、これらがその時代の「スター」を消費する媒体である一方で、分野を越えて「組織のマネジメント」や「自己啓発本」としても受容されてきた点にあります。ただし、スポーツ新聞やスポーツ読物を取り上げたメディア研究はほとんど蓄積がないのが現状であり、今後の研究が待たれます。

昨今、インターネットなどの「新しいメディア」の登場によって印刷メディアは淘汰されてしまうという主張も聞かれますが、印刷メディアの役割がなくなったわけではありません。むしろインターネット上でのスポーツ記事は、その大半が新聞社・雑誌社によって提供されたものであり、報道や取材面において印刷メディアの機能は今も強く残っています。だとすれば、「新しいメディア」がスポーツ文化にいかなる影響をもたらすのかを考えるためには、印刷メディアがスポーツと取り結んできた関係をひもとく必要性もあるのではないでしょうか。

(佐藤彰宣)

1920年代に登場したラジオの存在も欠かせない (坂上康博 (1998)『権力装置としてのスポーツ』講談社などを参照)。興味深いのは、新聞とラジオがそれぞれに独自にスポーツを報じていたのではなく、新聞はラジオを参照しつつラジオもまた新聞を参照しながらスポーツを報道していた点にある。こうした新聞とラジオにみられる相互の参照関係については、山口誠 (2008)「メディアが創る時間」『マス・コミュニケーション研究』第73号、2-20頁に詳しい。

▶5 「大阪マラソン」は2011年に初開催され、「京都マラソン」(2012年より) などとともに、都市部における市民参加型のスポーツイベントとして近年、注目を集めている。

▶6 『デイリースポーツ』(1948年)、『スポーツニッポン』(1949年)、『サンケイスポーツ』(1955年) が創刊され、『報知新聞』も1949年にスポーツ紙となる。

▶7 『読売新聞』(1982年1月4日付朝刊)。

(おすすめ文献)

†黒田勇編 (2012)『メディアスポーツへの招待』ミネルヴァ書房。

†有山輝雄 (1997)『甲子園野球と日本人——メディアのつくったイベント』吉川弘文館。

†山口誠 (2008)「メディアが創る時間——新聞と放送の参照関係と時間意識に関するメディア史的考察」『マス・コミュニケーション研究』第73号、2-20頁。

第Ⅱ部　観戦型スポーツのマネジメント

6　メディアスポーツのマネジメント

映画メディアとスポーツ文化

1　映画メディアで描かれるスポーツ

『キネマ旬報』のデータベースでスポーツを検索すると，邦画洋画を合わせて約500本の映画（2017年）がヒットします。これらの映画は，大きく3つに分類されます。

その1つは，スポーツの記録映画やドキュメンタリー映画に分類されるものです。この代表的な作品は1936年のオリンピック・ベルリン大会の記録映画として撮られた『オリンピア』[1]（第1部は「民族の祭典」，第2部は「美の祭典」）で，この映画は単なる記録映画を超え，われわれを感動させるスポーツの美を追求した芸術作品として高く評価されました。

もう1つは，フィクション，ノンフィクションを含めてドラマとして製作された作品です。これは，スポーツを通して青春や人間愛，家族愛などを描こうとする映画であり，スポーツはあくまでその作品の主題を鮮明にするための装置にしかすぎません。その代表的な作品は『フィールド・オブ・ドリームズ』[2]で，親子の絆の大切さ，家族愛を野球を通して描いています。

そして最後は，スポーツ文化そのものを描く映画です。これを「スポーツ映画」とよび，その時代のスポーツが抱える社会的問題を浮き彫りにし，スポーツ文化の在り方について，われわれに問いかける作品です。たとえば，『がんばれ！ベアーズ』[3]は子どもスポーツにおける勝利至上主義の問題について，『炎のランナー』[4]は近代スポーツにおけるアマチュアリズムの問題について，『プリティ・リーグ』[5]はスポーツとジェンダーの問題について，『ティン・カップ』[6]は挑戦することを失ったスポーツ美学の問題について，その現状を描くとともに，理想を提示することで，問題解決を図ろうとしています。

2　スポーツ映画の創り方

では，スポーツ映画はどのように創られるのでしょうか。

このときに手がかりとなるのは，E.ゴッフマンのフレーム理論です[7]。彼は状況の意味解釈を支えているものをフレームとして捉え[8]，そのフレームを基礎フレーム（primary frameworks）とその変形されたもの（transformations）に分けます。しかも，その変形がすべての参加者によって認められている場合を転形（keying）とよびました[9]。たとえば，「けんか」はリングという空間とルールというフレームによって「ボクシング」というスポーツに転形されます。さら

▷1　1938年，製作国：ドイツ，配給：東和商事。
▷2　1989年，製作国：アメリカ，配給：東宝東和。
▷3　1976年，製作国：アメリカ，配給：パラマウント映画。
▷4　1981年，製作国：イギリス，配給：20世紀フォックス。
▷5　1992年，製作国：アメリカ，配給：コロンビアトライスター映画。
▷6　1996年，製作国：アメリカ，配給：ワーナー・ブラザース映画。
▷7　Goffman, E.（1974）*Frame Analysis*, Harvard University Press.
▷8　われわれの社会的行為は，その場の状況を認識して，それにふさわしい行動をとることによって，社会的秩序が保たれている。フレームとはこの状況の認識による行為の定義ということができる。
▷9　その行為がスポーツとして定義されるには，そこに居合わせた人々が，単なる身体運動ではなく，あるルールによって行われている行為であるという共通認識が必要となってくる。

に，映画というフレームによって再転形（rekeying）されることで，『ロッキー』というスポーツ映画を創り上げます。つまり，スポーツ映画は，その物語がフィクション，ノンフィクションにかかわらず，スポーツのリアリティを，映画メディアによって切り取り（フレーム化），スポーツ映画というリアリティとして，新たなスポーツ文化を創造するのです。この転形があるからこそ，スポーツの抱える社会的問題を浮き彫りにできるし，そこにスポーツの本質であるとか，理想を描くこともできるのです。

そこでは製作者の意図によって，訴えたい社会的問題のテーマがデフォルメされて表現されているのは当然です。しかし，あまりにも現実のスポーツとかけ離れてしまうと，見ているものは興ざめしてしまいます。そこで，映画を見ていることを忘れさせ，いかにもそこで展開されていることが，現実のスポーツであるかのような臨場感を創り出す仕掛けが必要です。このようにいったん映画メディアによって転形されたリアリティが，もとのリアリティに戻ることを回帰（downkeying）とよびます。この回帰が，逆に現実のスポーツの社会的問題を鮮明に印象づけ，観客と問題意識を共有することができるのです。

3 映画メディアがスポーツ文化を変える

このようにスポーツ映画は，その社会的問題をわれわれに提示することで世論を形成し，映画メディアがスポーツ文化を変えていくことがあります。

1996年に，日本で大ヒットした映画『Shall We ダンス？』をきっかけとして，社交ダンスブームが起こり，社交ダンスがスポーツ文化として社会的認知を得ることができました。その結果，それまで風俗営業法の規制対象となっていた社交ダンス教室は，1998年の改正で，政令で定めるダンス教授資格を取得した教師がいる場合には，規制対象外となりました。

また，前述した『がんばれ！ ベアーズ』は，子どもスポーツにおいて，勝利のためには手段を選ばない指導者の在り方を描くことで，リトルリーグをはじめとする子どものスポーツ指導を考え直すきっかけとなり，過熱化する指導を規制するようなルール改正が行われたりしました。また，アマチュアリズムが崩壊し，スポーツの商業主義が進む1980年代に上映された『炎のランナー』は，スポーツ文化の基本的な意味を問い直す契機となり，商業主義によって変容するスポーツ文化に警鐘を鳴らし，オリンピックの理念を再考するきっかけとなりました。さらに『ティン・カップ』では，賞金のために堅実なプレイをするプロゴルファーに対して，主人公の可能性へのあくなき挑戦を描くことで，スポーツの魅力をアピールし，プロスポーツの在り方を変えるきっかけをつくりました。

このように，映画メディアは，その時代のスポーツ文化を変容させる力をもっているといえます。

（杉本厚夫）

▷10 1976年，製作国：アメリカ，配給：ユナイト。

▷11 転形（keying）の逆で，状況認識がスポーツから元の身体活動へと戻ってしまうことをいう。

▷12 1996年，製作国：日本，配給：東宝。

（おすすめ文献）
†舛本直文（1997）『スポーツ映像のエピステーメー――文化解釈学の視点から』新評論。
†杉本厚夫（2005）『映画に学ぶスポーツ社会学』世界思想社。
†黒田勇編著（2010）『メディアスポーツの最前線』ミネルヴァ書房。

第Ⅱ部　観戦型スポーツのマネジメント

6　メディアスポーツのマネジメント

ICTビジネスの発展とメディアスポーツのイノベーション

ICT ビジネスの発展

　コンピュータの高性能化や小型化，インターネットの普及を背景に，大量のデータを高速で通信することが可能になりました。このような ICT（Information and Communication Technology：情報通信技術）の進展は，人々のライフスタイルに変化をもたらすとともに，新たなビジネスチャンスを創出しています。特に，スマートフォンやタブレット端末の急速な普及によって，「いつでも，どこでも，何でも，誰でも」ネットワークに簡単に繋がることができる「ユビキタスネットワーク環境」が整うことで，大量の情報を容易に入手し，自らもソーシャルメディアで情報を発信することが可能になりました（図1）。ICTを活用して新たな顧客価値を創出する ICT ビジネスの発展は，メディアスポーツにも大きな影響を及ぼしています。

▷1　総務省（2016）『平成28年版情報通信白書』。

メディアスポーツのスマート革命

　ICT ビジネスの発展によって，メディアスポーツの観戦スタイルは大きく変化しています。そのポイントは，「スマート革命」にあります。スマート革命とは，前述したユビキタスネットワーク環境において，ネットワーク上に流通・蓄積される多種多量のデータを，高速で分析・活用して利用者のニーズに即したサービスを提供することです。

▷2　総務省（2012）『平成24年版情報通信白書』。

　スポーツの中継は，テレビだけでなくインターネット配信によって場所を選ばずに視聴できるようになりました。好プレイや得点シーン，試合のダイジェスト動画は，ネットワーク上に蓄積され，いつでも楽しむことができます。アメリカのメジャーリーグでは，

図1　情報通信端末の世帯保有率の推移

出典：総務省『平成28年版情報通信白書』をもとに筆者作成。

2015年シーズンから「Statcast」というシステムを導入して、実況や解説に活用しています。このシステムの特徴は、集約した情報を高速で処理し、選手の能力を数値化してリプレイ動画と併せて提供することにあります。たとえば、投手のピッチャープレートからボールをリリースしたポイントまでの距離、球の回転量、打者の打球速度・角度・滞空時間、野手の打球に対する反応時間、落下地点までの移動速度と距離、走者のリード幅、一歩目の反応時間、最高速度といった選手に関する情報を可視化して、わかりやすく提供しています。

スタジアムにおける観戦経験もスマート革命によって変わろうとしています。多くの人々が集うスタジアムでは、インターネットに繋がりにくい状況にありましたが、近年では「スマートスタジアム」とよばれる無料のWi-Fi（無線LAN接続サービス）を設置したスタジアムが増えてきました。安定した通信環境でソーシャルメディアを利用したり、スマートフォンのアプリケーションを用いて、スタジアム限定番組を楽しんだり、試合や選手、ルールに関する情報を入手したり、リプレイやハイライト動画を確認し、様々なカメラ視点による映像を楽しみ、席種によってはスマートフォンやタブレット端末から飲食物を注文して、座席まで届けてくれるサービスもあります。スマート革命は、メディアスポーツに新たな価値を提供し、スポーツ観戦の楽しみ方を広げています。

③ メディアスポーツのイノベーション

ICTのさらなる技術革新により、メディアスポーツは新たな局面を迎えています。たとえば、スタジアムに多くのカメラを設置して、360度の映像を高速処理することで、あらゆる角度から立体的な3Dのリプレイ動画を見ることができるようになりました。1つのプレイをあらゆる角度からリプレイ可能なことから、アウトやセーフ、オフサイドやゴールの有無などの判断が容易になります。情報通信端末を用いて自分好みの角度から動画を見ることで、視聴体験の楽しみが広がります。VR（Virtual Reality：仮想現実）は、自宅にいながら実際にスタジアムで観戦しているような臨場体験が得られます。トップアスリートと同じ目線で見える景色を疑似体験することにより、競技の迫力やスピード感、技術レベルの高さを体感することもできます。VRは、「行うスポーツ」におけるコーチングやティーチングにも応用可能な技術として注目を集めています。ホログラフィック映像の技術は、まるで目の前で選手が実際にプレイしているような立体的な視聴体験を提供します。実用化までにはもう少し時間がかかりそうですが、平面の画面やスクリーンで視聴するのではなく、目の前で選手がプレイしている姿を再現し、スタジアムで実際に観戦しているような迫力ある視聴体験が可能になるでしょう。

（原田尚幸）

▷3 ホログラフィック映像とは、光の性質を利用して、空間上に3D映像を浮かび上がらせる立体映像技術。

▷4 FIFAワールドカップ2022年大会の招致を目指した日本のプロモーションビデオ（2010年）では、自動翻訳機能や観戦サポート機能を有したスマートフォン、ホログラフィック映像による対人コミュニケーション、フルコート3Dビジョンによるパブリックビューイングが紹介されていた（www.youtube.com/watch?v=8hZyCiR0QJU（2016年10月30日最終アクセス））。

近未来の観戦スタイルは、このような招致ビデオがヒントになるかもしれない。

おすすめ文献

†松尾豊（2015）『人工知能は人間を超えるか——ディープラーニングの先にあるもの』角川EPUB選書。

†新清士（2016）『VRビジネスの衝撃——「仮想世界」が巨大マネーを生む』NHK出版新書。

†ケヴィン・ケリー／服部桂訳（2016）『〈インターネット〉の次に来るもの——未来を決める12の法則』NHK出版。

6 メディア化される女性スポーツ

1 「メディア化」されるスポーツとは？：スポーツのメディア化の位相の変化

　まず、本項のタイトルにある「メディア化」という言葉ですが、どのように理解することができるでしょうか。おそらく、これまでならば、「スポーツが新聞、雑誌、ラジオ、テレビといったマスメディアによって取り上げられ、報道されること」になるかと思われます。たとえば、日々のニュース報道番組において、報道される時間の長短はあるにせよ、もはやスポーツは、欠かすことのできない重要なコンテンツとなっています。しかし、アスリートは取材を受け、記者からの質問に対して自らの言葉で応答することはあったとしても、報道される「客体（対象）」でしかありません。その一方で、近年の傾向として、情報通信技術（ICT）の革新を背景に、アスリートは、メディアによって報道される側にとどまらず、自らがホームページを開設し、SNS（Facebook、Twitter、ブログなど）を利用して、自らを情報発信の「主体」と位置づけ、積極的なコミュニケーションを行っています。また、アスリートのみならず、ファンも、マスメディアから発信される情報の一方的な受け手ではなく、情報通信技術を活用して、ファン自らがスポーツへの「批評」を展開し、ファン同士やアスリートとのコミュニケーションを築いています。このようなスポーツのメディア化の位相に変化がみられる中で、メディア化される女性スポーツの「課題」を、アスリートのみならず、ファンも含めて整理してみましょう。

2 メディアによって創られ続ける女性スポーツの「役割期待」

　たしかに、女性のスポーツ参加は目を見張るものがあります。たとえば、女子サッカーの「なでしこジャパン」、フィギュアスケートの浅田真央、オリンピック・パラリンピックで活躍した女性トップアスリートたち。また、「山ガール」「美ジョガー」と称される女性スポーツ愛好者たち。さらには、「カープ女子」「オリ姫」と称される女性ファンたち。しかし、このような女性スポーツが広がりをみせるまでに時間がかかってきたことは否めません。たとえば、「近代オリンピックの父」と称されるピエール・ド・クーベルタンは、「女性らしさ」を磨きあげるためならば、女性のスポーツ参加を承認するものの、彼の「本音」としては、女性には男性アスリートへの応援を求めました。まさに、このことは、女性のスポーツ参加の「ダブルスタンダード」といわざるを

▶1　野々下裕子（2012）『ロンドン五輪でソーシャルメディアはどう使われたのか』㈱インプレスR&D。

▶2　飯田貴子・井谷恵子編著（2004）『スポーツ・ジェンダー学への招待』明石書店。

▶3　社会的な関係の中で、自分と相互行為を行う他者に、その地位にふさわしい役割の実行を期待すること。たとえば、学生は先生に対

えません。現在，先に述べたような女性のスポーツ参加が多様化しているにもかかわらず，スポーツを男性の占有領域として守ろうとする「権力」が存在します。その主導的な役割を担っているのがメディアであり，メディアは女性スポーツの「役割期待」を創り続けてきました。しかも，メディアが創り続けてきた女性スポーツの「役割期待」には，「男のまなざし」が潜んでいると指摘されてきました。しかし，このような状況も先に述べたスポーツのメディア化の位相の変化を受けつつあります。

③ 女性スポーツの「役割期待」は超えられるのか？：第三波フェミニズムの視点から

振り返ると，メディアによって創られた女性スポーツの「役割期待」は，男性こそが戦う強い意志をもった「真の」アスリートであり，スポーツファンであることを引き立てることにありました。そのために，女性アスリートの優れたパフォーマンスに対する人々の関心は薄められ，女性アスリートはあたかも「男性アスリートのように」振る舞うことを余儀なくされ，女性ファンは「沈黙」を求められてきました。しかし，スポーツのメディア化の位相の変化にともない，女性のスポーツ参加を阻み続けた「壁」となってきた，女性は「可憐」「か弱い」という言説，また，「母体保護」の観点から繰り返された「スポーツは危ないから女性はスポーツをすべきではない」という言説，さらには「そもそも女性はスポーツに向いていない」という言説は，女性自身によって乗り越えられようとしています。このような現状を把握する上で参照すべき視点が第三波フェミニズム，中でも，「フェミニスト・カルチュラル・スタディーズ」に分類されるグループにあります。田中東子が整理したように，このグループは，現代社会において，特に文化的な領域における，若い女性たちの抵抗や折衝の在り方を分析し，創造的な文化表現の可能性を考察してきました。

この視点のもとで女性のスポーツ参加を検討してみると，たとえば，「カープ女子」と称される女性ファンの取り組みは，手づくり感にあふれ，かつ，女性的です。つまり，彼女たちの取り組みの要点は，田中が指摘するように，第二波フェミニズムが忌避してきたキュートでフェミニンなアイテムを積極的に用いたことにあります。まさに，このような取り組みは，「女性らしさ」をフェミニズムの考え方と対立するのではなく，むしろ，「女性解放のための文化実践」として両立可能なものとなっていく可能性を示しているといえるでしょう。つまり，「女性が自身のキュートさやフェミニンさを隠さずにスポーツをし，スポーツを好きになることに何の問題があるのかしら」と。このような第三波フェミニズムの視点を参照にすることによって，私たちは，「男のまなざし」が潜んだ女性スポーツの役割期待を超えて，女性スポーツの豊かで多様な実践を捉えることができるのではないでしょうか。

（市井吉興）

して，「あなたは先生なんだから，私＝学生をきちんと指導してほしい」というように。

▷4 森田浩之（2009）『メディアスポーツ解体――"見えない権力"をあぶり出す』日本放送出版協会。

▷5 田中東子（2012）『メディア文化とジェンダーの政治学』世界思想社。

▷6 飯田・井谷，前掲書。

▷7 うえむらちか（2014）『カープ女子うえむらちか＆広島東洋カープ2014年の軌跡』アスキー・メディアワークス。

▷8 1960年代後半から1970年代にかけて登場し，女性のものだと前提される家や家族といった私的領域と，定義上男性のものとされる公的領域との差別的な分断を指摘し，学問領域のみならず，政策立案にも大きな影響を与えた。

▷9，10 田中，前掲書。

▷11 1980年代，第二波フェミニズムへの「バックラッシュ（反動）」が激しくなる中，新しいフェミニズムの運動が先進国のみならず，第三世界の女性たちや非白人女性たちを巻き込みながら，第二波フェミニズムを批判的に乗り越えていく理論的で実践的な試み。

おすすめ文献

†「特集――女性スポーツの現在」清水論編（2016）『現代スポーツ評論』33，創文企画。

†田中東子（2012）『メディア文化とジェンダーの政治学』世界思想社。

†飯田貴子・井谷恵子編著（2004）『スポーツ・ジェンダー学への招待』明石書店。

第Ⅲ部

対象に応じたスポーツマネジメント

イントロダクション

　第Ⅰ部の参加型スポーツマネジメントでは，スポーツを行う場や機会を提供するフィールドのマネジメントについて解説しました。具体的には，学校体育・スポーツ，地域スポーツ，商業スポーツという3つのフィールドにおける組織のマネジメントの実態や考え方を学びました。第Ⅲ部では，参加型スポーツのマネジメントの中でも，今後，運動やスポーツ実践の促進が課題となるであろう対象者を特定化し，そのスポーツマネジメントの現状や取り組みを解説します。

　子どもの運動ばなれや体力問題が指摘される中，子どものスポーツ環境の整備が重要な課題となっています。子どものスポーツマネジメントでは，子どものスポーツの現状やスポーツ環境の課題を整理するとともに，子どものスポーツをめぐる組織や団体の連携や協働の現状，少年スポーツ指導者の在り方などについて学習します。また，国民医療費が40兆円を超える中，高齢者の健康増進が国家的なマネジメント課題になっています。健康スポーツのマネジメントでは，高齢者のQoLなどの健康増進をめぐる考え方や健康政策などの取り組みやマネジメント課題を解説します。また，高齢者の心の健康についても学習します。そして，障がい者スポーツのマネジメントでは，障がい者スポーツの歴史や基本的な考え方，そして支援をめぐる政策や体制について理解を深めます。多様の人々が支え合う共生社会の実現に向け，障がい者スポーツの推進は今後ますます重要な取り組みとして位置づけられます。

7 子どもスポーツのマネジメント

 子どもの生活・発達とスポーツ

1 発達段階に合わせたスポーツ

　心身の著しく発達する子どもの時期に，いつ，どのような運動・スポーツを経験するか，ということは，その後の長い人生のスポーツ生活を充実したものにするための基礎づくりという意味でとても重要です。

　しかし，一般に子どもといっても，発達段階と性別によって多様です。学童期，思春期前期，思春期中期，思春期後期という期分けも性別によって異なります[1]。発達段階に合わせた効果的なスポーツ経験ができるような状況を整えることはスポーツマネジメントの重要な役割です。

　また，健康障害や疾患につながる肥満と痩せに二極化している状況や[2]，総運動時間と運動に対する意識と体力が関係していること[3]など，現代の子どもの生活実態や運動・スポーツに対する意識に関わる課題に対応するためのスポーツ環境の整備と運動・スポーツ活動の促進を企図することもスポーツマネジメントの使命といえるでしょう。

2 適時的・効果的なスポーツサービス

　発達段階に合わせた効果的な運動・スポーツの内容や量については，スポーツトレーニングに関する科学が知見を提供してくれます[4]。スポーツマネジメントの役割は，それらの内容をスポーツサービスとして結実させる事業と，そのための組織の在り方を検討することです。

　子どもたちに必要な運動・スポーツ活動の内容と活動時間を適切に設定しようとすれば，教室のような形態のプログラムサービスの構成と提供が必要になります。プログラムサービスには指導者の専門的な知識と指導力が求められます。また，プログラムが短期・単発なものの場合，心身の発達に与える効果はそれほど大きなものにならないため，プログラム後の定期的な運動・スポーツ活動に繋がる必要があります。

　次に，子どもたちの自由な遊び・スポーツの機会を用意し，主体的・積極的に身体活動量を増やせるようにするためには，施設や空間の開放と利用促進としてのエリアサービスの提供が必要です。学校の自由時間を利用した運動遊びのための支援や，地域の公園の整備と開放がこれにあたります。施設や用具を利用するかどうかは，子どもたちの自発性や自律性に委ねられているので，遊

▷1　発達段階については，高石昌弘・樋口満・小島武次（1981）『からだの発達』大修館書店を参考にしている。
▷2　文部科学省の「学校保健統計調査（平成27年度）」の結果によると，肥満傾向児は，男子の10歳（9.77％）以後の年代で約10％，女子の10歳（7.42％）以後の年代で約7％を占めている。痩身傾向児は男子においては10歳以後でも2％前後にとどまる一方で，女子の中学生年代（12歳：4.33％，13歳：3.49％，14歳：2.93％）がピークである。
▷3　文部科学省の「全国体力・運動能力，運動習慣等調査（平成27年度）」の結果によると，同程度の運動時間では，運動に対する意識が肯定的な子どもほど体力合計点が高く，同じ意識の中では運動時間が長いほど体力合計点が高いことが明らかになっている。
▷4　たとえば，日本学術会議健康・生活科学委員会健康・スポーツ科学分科会（2011）による「子どもを元気にする運動・スポーツの適正実施のための基本指針」では「5歳以上の子どもにおいては，骨や筋肉を強化する運動を含む毎日総計60分以上の中～高強度の身体活動を行う」ことが必要であることなどが示されている。

びたくなったり，身体を動かしたくなるような工夫が求められます。グラウンドの芝生化や多様な遊びを誘発する遊具の設置はその一例です。

　子どもたち自身に目的意識をもたせ，主体的・自律的に運動・スポーツ活動の機会と場所を用意させようとすれば，クラブを組織化させ運営させるクラブサービスが必要です。子どもたちが運動技能や体力を向上させたり，運動・スポーツ活動を継続したりする上で仲間の存在は重要です。学校では運動部活動，地域ではスポーツ少年団やスポーツクラブがこれにあたります。大人の指導に依存した活動になったり，競技成績のみを追及して過熱化したりして，バーンアウト症候群やスポーツ障害を引き起こしては子どもたちの発達には繋がりません。クラブサービスは，子どもたちが子どもたち自身の力で運営することを基本とするものであり，大人はその活動を支えることに注力すべきといえるでしょう。

③ 生涯にわたってスポーツに親しむための基礎づくり

　子どもたちの心身の発達にとって適時的・効果的な運動・スポーツ活動は重要です。しかし，それが心身の発達だけを目的として仕組まれてしまうと，身体を動かすことの楽しさや，生涯にわたってスポーツに親しむ態度や感性を育めなくなってしまう危険が出てきます。様々な運動やスポーツがもつ楽しさを味わい，自らの生活に合わせて楽しさを増大させることができる力を育成するという視点が重要になるでしょう。

　学校体育（体育授業，体育的行事，自由時間の運動遊び，運動部活動）は，そうした力を育成するための学びの場です。そこでは仲間と一緒に様々な運動・スポーツの楽しさを発見し，味わい，深めていくことが第一の目標にされる必要があります。また，子どもの発達段階に合わせた学びのデザインが求められます。幼稚園，小学校，中学校，高等学校の体育学習の繋がり（系統性）の確保がここに求められます。

　そして，大人になったときに，自らの興味・関心や生活に合った運動・スポーツを主体的に実践するだけでなく，他者とともにスポーツライフの豊かさを向上させていくための学びとして重要になるのが，運動部活動や地域スポーツクラブでのスポーツクラブ運営体験です。自分と他者のスポーツライフを豊かにしていく力は，同好の仲間でつくるクラブを運営していく体験を通して身に付けることができるでしょう。そこでの大人の役割は，子どもたちに任せてみて，クラブ運営上の課題発見と課題解決を促すという支援の立場をとることです。

（高岡敦史）

▷5　藤崎（2006）によると，1970年代頃および1990年代後半以降に芝生化が進展しているという。佐藤ほか（2012）は，校庭の芝生化によって，特に業間休みにおける女子児童の中等度身体活動が増加するとともに，昼休みにおいて屋内で座っている男女児童が減少したことを実証している（藤崎健一郎（2006）「校庭芝生化の近年の推移と支援者達の活動に関する研究」『ランドスケープ研究』69(5)，401-406頁；佐藤舞・石井香織・柴田愛・川淵三郎・間野義之・岡浩一郎（2012）「校庭の芝生化による児童の休み時間における身体活動の変化」『運動疫学研究』14(2)，135-142頁）。

▷6　スポーツにおけるバーンアウト症候群は，情緒的・身体的消耗感，達成感の減少，競技に対する価値の低下による心因性の症候群とされ，ネガティブ感情の喚起や関心・意欲の低下，食欲低下や体重の変動，睡眠障害などの身体症状を引き起こす。田中輝海・杉山佳生（2015）「バーンアウト傾向に及ぼすポジティブ感情の改善効果」『体育学研究』60：479-488。

おすすめ文献

†長尾光城（2012）『健康とスポーツを科学する第2版——これからの幸せを求めて』中央法規出版。
†高石昌弘・樋口満・小島武次（1981）『からだの発達』大修館書店。
†神谷拓（2015）『運動部活動の教育学入門——歴史とのダイアローグ』大修館書店。

7 子どもスポーツのマネジメント

 子どものスポーツ環境

▷1　中央教育審議会答申「子どもの体力向上のための総合的な方策について」。
▷2　ここでの問題提起は安恒（2009）を参考にしている（安恒万記（2009）「都市における子どもの遊び環境について」『筑紫女学園大学・筑紫女学園大学短期大学部紀要』4：176-177頁）。その他，子どもの遊び環境については，子どもの運動・遊びと発達の観点だけではなく，都市計画や建築の観点からも研究が展開されている。
▷3　具体的には，(1)遊び・スポーツのための空間の整備，(2)遊び・スポーツ仲間の組織化，(3)遊び・スポーツの日常生活における定着化があげられる。
▷4　（公財）笹川スポーツ財団（2015）が行ったスポーツライフ調査では，4-9歳の子どもが過去1年間に1回以上行った運動・スポーツの上位が，おにごっこ，自転車遊び，かくれんぼであり，その多くが専用の施設を必要としない。また同年に行われた10代の子どもを対象とした調査では，男子ではサッカー，バスケットボール，野球，女子ではバドミントン，バレーボールと続き，これらの活動には広いスペースや専用の設備・用具が必要になる。

1 子どもの「三間の減少」と遊び・スポーツ環境の悪化

　1990年代から子どもの体力低下が教育問題として注目されています。前項で指摘した子どもの発達に関わる諸課題を含めて，それらの原因の1つが，子どもの遊びやスポーツ活動をめぐる空間・仲間・時間という「三間」の減少です。また，都市化や少子化，男女共同参画が進む今日では，ハード面（施設）の遊び環境の悪化にともなって，スポーツクラブ・教室などへの参加が遊びの補完として捉えられるようになり，その経済的コストや付き添いなどが子育ての負担になってしまうという悪循環を生んでいます。

　こうした子どもの自発的な遊びやスポーツの空間・仲間・時間の確保は，スポーツマネジメントが解決すべき課題です。

2 遊び・スポーツのための空間・施設の整備

　子どもたちが遊びやスポーツに利用できる空間は，学校体育施設や公共スポーツ施設や公園，地域の緑地や空きスペースなど多岐にわたります。子どもの自由な発想に任せれば，どこでも遊び・スポーツ空間になるともいえるでしょう。子どもの遊びやスポーツは，発達段階によって変化していきます。

　おにごっこや自転車遊び，なわとびといった運動遊びには専用の施設は必要なく，公園や道路が遊び空間になります。一方，サッカーやバスケットボール，バドミントンといったスポーツは，高度化するほど専用のスポーツ施設や設備，用具が必要になります。

　子どもの発達段階によって多様な遊びやスポーツに対応しうる空間の整備は，安全性の確保や幅広い遊び・スポーツ活動に対応する必要があります。また，遊びやスポーツに対して自発性や積極性を促すためには，活動しやすいように整備された施設を用意し，いつでも気軽に使えるようにしておくことが必要です。たとえば，学校のグラウンドの芝生化は子どもたちの遊びやスポーツ活動を促します。遊びやスポーツに必要な用具や設備がいつでも自由に使えるようになっていることも，遊びやスポーツ活動を促進するでしょう。また，ロッカールームや更衣室，談話スペース，飲料の自動販売機などの付帯設備があることも利用しやすさに繋がるはずです。そして，活発で安全な利用を促進する人や突発的な事故やスポーツ障害に対応できる人も必要です。プレイリーダー

の設置はその好例といえるでしょう。

　こうした施設整備や人材の配置は，子どもたちに良質な遊び・スポーツ体験を提供するためのスポーツ事業を支える物的資源や人的資源の調達と活用といえます。

③ 子ども自身による遊び・スポーツ仲間の組織化

　小学校中学年頃のギャングエイジ期には，子どもたちは集団で遊ぶことが多くなります。その頃の仲間同士の葛藤や協力などの経験から子どもたちは成長し，自分とは異なる他者と遊んだりスポーツをしたりする作法を学びとります。そして，その後の学校運動部活動や地域のスポーツクラブなどで，子どもたちは異年齢の仲間とスポーツをするようになり，多様な仲間とともにスポーツに親しむための資質や能力，組織としてのクラブの運営に必要な協力する力などを身に付けます。この学びの体験は，子どもたち自身が，同好の仲間とスポーツクラブ組織を運営するマネジメント体験となります。

　子どものスポーツマネジメント体験を支援する大人（指導者など）は，子どもたちの主体性の発揮や自治を促す必要があります。子どもたちが生涯にわたってスポーツに親しむ上で，スポーツに対する興味・関心や体力・技能などの多様性を許容し，同好集団を維持・発展させていく能力を自ら体験的に学びとっていく必要があるからです。

④ 遊び・スポーツの日常生活における定着化

　塾通いなどによって遊び・スポーツの時間が不足している子どもにとって多くの時間を過ごす学校で最適な運動時間を確保することは重要です。体育授業はすべての子どもが参加する運動・スポーツの機会の1つですが，小学校の体育，中学校の保健体育はおよそ週3回です。それだけでは運動不足や体力低下を防ぐことは困難でしょう。自由時間の運動遊びや放課後の遊び・スポーツ活動を促すための学校や地域の空間づくりや仲間づくりに取り組む必要があります。限られた自由時間の運動遊びを効果的なものにするために，子どもたちが用具を使いやすいように準備したり，施設が混雑しないように学年や学級によって利用日を調整したりするといった工夫が求められます。また，地域では子どもたちが気軽に遊ぶことができるように，安全な遊具が設置された公園や公共スポーツ施設が気軽に利用できる環境を整える必要があります。

　また，異世代の仲間とともにスポーツすることができる地域スポーツクラブや運動部活動は，主体的な運動習慣を定着させる上で重要です。クラブや運動部活動を通してスポーツ活動が継続的かつ効果的に行われるためには，バーンアウトしたりスポーツ傷害を抱えたりすることがあってはなりません。

（高岡敦史）

▷5　校庭の芝生化の影響については前項を参照。他にも田邉祐介・三島孔明・藤井英二郎（2006）「校庭の芝生が児童の校庭の利用に及ぼす影響に関する研究」『ランドスケープ研究』68(5)：943-946頁を参照。

▷6　プレイリーダーとは，「子どもがいきいきと遊ぶことのできる環境をつくる」（NPO法人日本冒険遊び場づくり協会による）という役割を担う人である。中央教育審議会答申「子どもの体力向上のための総合的な方策」（平成13年度）において，東京都世田谷区の住民が主体となって運営する子どもの冒険遊び場（プレイパーク）での常駐プレイリーダーの事例が取り上げられている。

▷7　ギャングエイジとは，遊びを中心とした，自主的な規制が遵守される閉鎖的な子どもの仲間集団の形成と，そこでの付和雷同的な行動がみられるようになる児童期の中期から後期（中学年から高学年）にかけての発達段階のことである。

▷8　小学校第1学年：102時間，第2～4学年：105時間，第5，6学年：90時間，中学校：105時間。

おすすめ文献

†仙田満（1992）『子どもと遊び』岩波新書。

†中村和彦（2004）『子どものからだが危ない──今日からできるからだづくり』日本標準。

†神谷拓（2015）『運動部活動の教育学入門──歴史とのダイアローグ』大修館書店。

7　子どもスポーツのマネジメント

子どものスポーツをめぐるマネジメント課題

1　子どものスポーツとは

「子ども」とは，「大人（成人）」の対概念であり，胎児，乳幼児，児童，少年少女などを総称します。また，「スポーツ」とは，狭義には競争として行われる運動を意味します。これらの意味から，中学生と高校生の運動部活動も子どものスポーツの範疇に入るのですが，運動部活動については，Ⅰ-1-8,9 で詳述されているため，本項では，「地域における小学生の組織的なスポーツ活動」を子どものスポーツと捉えることにします。

2　子どものスポーツをめぐるマネジメント課題

○子どもの人口減少への対応

小学生の組織的なスポーツ活動を統括する代表的な団体は，「日本スポーツ少年団」です。日本スポーツ少年団は，オリンピック・東京大会を2年後に控えた1962（昭和37）年6月23日のオリンピックデーに，日本体育協会創立50周年の記念事業として創設されました。設立当初は22団体，中学生を中心とした753名の団員にすぎなかったのですが，設立から24年後の1986（昭和61）年には，登録団数3万348団，団員数112万1,875名（小学生の加入率8.9％）という，極めて大きな全国規模の組織に発展しました。しかし，この年度をピークに，1982（昭和57）年から始まった，継続的な子どもの人口減少の影響で，団員数が減少傾向を示し，2015（平成27）年では，登録団数3万3,077団，団員数71万9,752名（小学生の加入率9.6％）となっています。

子どもの人口が多かった時代には，単独の小学校の4年生以上の児童だけで1つの少年団が形成できていましたが，現在は，複数の異なる小学校に通う児童を集めないとチームが組めない団が増えており，1－2年生の低学年の児童も大会に選手登録しないとチームが組めない団も存在しています。このような状況では，団員募集の広報活動の在り方や低学年の団員に対する指導内容・言葉かけなど，団運営のノウハウと幅広い専門的な指導の知識・技術の獲得が指導者に求められてきます。また，日本スポーツ少年団では，将来像として，幼児や障がいのある子どもの加入促進に取り組もうと構想していますが，ボランティアゆえの指導者不足に悩む団が多い中で，個々に応じたサポート体制がとれるかどうかが課題となっています。

▷1　（公財）日本体育協会ウェブページ。www.japan-sports.or.jp（2016年12月19日最終アクセス）

▷2　総務省によると，14歳以下の子どもの人口は，1985（昭和60）年が2,604万人，2015（平成27）年は1,617万人で，987万人（38％）も減少している。

○子どものスポーツ振興の財源確保

先に述べたように，日本スポーツ少年団の団員数は，ピーク時に比べて40万人余りも減少しています。また，今後も子どもの人口は減少すると予測されており[3]，団員登録料収入の自主財源が減少することは明白です。日本スポーツ少年団が，国際児童年を記念して，1979（昭和54）年に第1回大会を開催した全国スポーツ少年団軟式野球交流大会は，2006（平成18）年に開催場所を札幌ドームなどに固定した大会になりましたが，後援企業の読売新聞社の予算縮小のため，2015（平成27）年に全国もち回り大会に戻りました。全日本バレーボール小学生大会の冠スポンサーは，ライオン，ペプシ，サントリー，ローソン，ファミリーマートと変遷しており，経済状況の影響を受けています。高円宮賜杯全日本学童軟式野球大会の冠スポンサーであるマクドナルドも経営危機が報道されています。また，市町村合併により，行政からの支援を得られない現状もあることから，スポーツ振興基金[4]やtoto[5]の助成を含めて，子どものスポーツ振興の財源をいかにして確保するのかが大きな課題となっています。

○指導者養成・研修制度の見直し

現在，日本スポーツ少年団の指導者養成は，「スポーツ少年団認定員」という名称で「スポーツリーダー」[6]の資格と兼ねて，毎年，都道府県単位で実施されています。8科目35時間の講義と試験が課されており，平成27年度より団登録の際に，有資格指導者2名以上の登録が義務づけられています。しかし，資格更新の規定がないため，毎年の登録更新だけで資格は永続します。徳島県では，資格取得後4年間で1回の受講義務化を目指して独自の研修会を実施していますが，受講率は47％で，義務化には至っていません[7]。（公財）日本バレーボール協会[8]は，「スポーツリーダー」の8科目35時間とバレーボール専門科目40時間（講義・実技・指導実習）を課して「公認バレーボール指導員」を認定し，4年後の更新時までに1回の研修会の参加を義務づけています。また，全国大会参加には指導者の1名以上が「指導員」以上の日体協公認資格の保有者であることを義務づけています。（公財）日本サッカー協会[9]は，小学生に焦点化した「D級コーチ」（講義5時間・実技4.5時間）以上の資格を保有する指導者が1名以上いることを全国大会参加の義務とし，「C級コーチ」（講義13時間・実技22時間）の資格保持者に対して，毎年，都道府県単位でリフレッシュ研修会を実施しており，4年間で2回の研修会への参加を義務づけています。

競技ルールの変更やスポーツ科学の進展がめまぐるしい中，子どものスポーツ指導者も研修に励むことが望まれます。しかし，日本スポーツ少年団と各種競技団体の指導者資格認定・更新の制度に統一性がないのが現状です。今後，日本スポーツ少年団と各競技団体が連携し，子どものスポーツ指導者の養成・研修制度について，共通の理念をもって見直すことが必要となります。

（藤田雅文）

▷3　国立社会保障・人口問題研究所は，2010（平成22）年の15歳未満人口に対して2050（平成62）年では36.3％減少すると推計している。

▷4　平成2年度からの政府出資金250億円と民間企業からの寄付を財源とした基金。

▷5　スポーツ振興投票の実施等に関する法律（平成10年5月公布）に基づき，日本スポーツ振興センターが2001（平成13）年3月から販売を始めたスポーツ振興くじ。

▷6　IV-13-3 を参照。

▷7　徳島県スポーツ少年団本部委員会資料（2016）。

▷8　（公財）日本バレーボール協会ウェブページ。www.jva.or.jp（2016年12月19日最終アクセス）

▷9　（公財）日本サッカー協会ウェブページ。www.jfa.jp（2016年12月19日最終アクセス）

おすすめ文献

†内海和雄（1987）『がんばれスポーツ少年』新日本出版社。

†山本清洋（1988）『子どもとスポーツ』三考堂。

7 子どもスポーツのマネジメント

子どものスポーツ組織・団体と連携・協働

① 子どものスポーツ組織・団体とは

　前項で述べたように，スポーツを愛好する多くの子どもたちは，スポーツ少年団や各種競技別の協会・連盟に登録し，組織化されています。本項では，「スポーツを行っている子どもを統括し，子どものスポーツ競技大会を開催している組織・団体」を子どものスポーツ組織・団体と捉えることにします。また，総合型地域スポーツクラブや(公財)日本レクリエーション協会（NRJA）など，子どもを対象としたスポーツ教室やレクリエーション活動を展開している団体も子どものスポーツ関連組織・団体に含めます。

> 1　詳細はⅠ-2-7, 8 を参照。

② 子どものスポーツ組織・団体の現状

　競技別団体の中でもっとも登録チーム数が多い(公財)全日本軟式野球連盟では，都道府県の軟式野球連盟内に小学生のクラスを「学童部」として組織しており，2015（平成27）年度では１万2,396チームが登録しています。また，(公財)日本サッカー協会は，「４種」という区分で組織しており，2014（平成26）年度現在で8,934チーム，31万5,178人（小学生の加入率4.8％）の小学生が登録しています。

　表１は，日本スポーツ少年団と主な競技別団体が公開しているウェブページなどから，小学生の登録チーム数・人数のデータを引用し，一覧にしたものです。

> 2　(公財)全日本軟式野球連盟ウェブページ。jsbb.or.jp（2016年12月19日最終アクセス）
>
> 3　(公財)日本サッカー協会ウェブページ。www.jfa.jp（2016年12月19日最終アクセス）

③ 子どものスポーツ組織・団体と連携・協働

　スポーツ基本法（2011（平成23）年６月公布）の第１章第７条には「国，独立行政法人，地方公共団体，学校，スポーツ団体及び民間事業者その他の関係者は，基本理念の実現を図るため，相互に連携を図りながら協働するよう努めなければならない」と定められています。子どものスポーツ組織・団体における連携・協働には，以下のような事例があり，さらなる努力が求められています。

○競技団体内の連携・協働

　柔道に励む子どもたちは，スポーツ少年団，道場連盟，都道府県柔連の少年カテゴリセクション，全日本柔道少年団分団組織に所属しており，各都道府県で少年柔道チームの統括団体が異なっていたため，全体を統括する全国組織として機能していない状態にありました。(公財)全日本柔道連盟は，この状況を

> 4　(公財)全日本柔道連盟ウェブページ。www.judo.or.jp（2016年12月19日最終アクセス）

表1　子どものスポーツの組織・団体の現状

名　称	区分	団・チーム数	人数	年度
日本スポーツ少年団	小学生	33,077	627,415	2015
全日本軟式野球連盟	学童	12,396	-	2015
日本サッカー協会	4　種	8,934	315,178	2014
日本ミニバスケット連盟	小学生	8,804	148,436	2015
全日本剣道連盟	小学生	-	107,325	2007
日本小学生バレーボール連盟	小学生	6,092	81,619	2015
日本水泳連盟	小学生	-	52,628	2011
全日本柔道連盟	小学生以下	-	37,111	2014
日本テニス協会	10歳未満	-	22,663	2012
日本ソフトテニス連盟	小学生	-	17,566	2014
日本卓球協会	小学生	-	12,404	2014
日本ドッジボール協会	小学生	696	-	2015

注：表内の「-」は，no data を示す。

解決するため，2015（平成27）年7月に，各団体の垣根を越えて小学生以下の少年柔道を指導する「全国少年柔道協議会」を発足させ，当面の事業として，オリンピック金メダリストらによる少年柔道教室を全国20カ所で開催しています。

○競技団体間の連携・協働

中学生以下の競技者が少ないハンドボールと中学生以下の競技者が多いドッジボール。同じ「投げる」スポーツとして共通点のある両協会は，タッグを組んで普及・振興を図っています。2004（平成16）年には，学生ドッジボールフェスタに関東学生ハンドボール連盟に所属する多くの選手が参加しました。徳島県では，同一人物が両団体の理事長を兼任しており，両者協動のホームページを2014（平成26）年11月に立ち上げています。

○体育協会・スポーツ科学情報センター・教育委員会の連携・協働

福岡県では，2004（平成16）年からオリンピックなどの国際競技大会で活躍するアスリートを輩出することを目標として，小学5・6年生と中学生を対象に「福岡県タレント発掘事業」を始めています。開始から2年後には全競技団体に「タレント発掘担当者」を配置し，県立スポーツ科学情報センターが実施する体力測定，トレーニングなどのプログラムの実施に関する連携協力関係を構築し，これまでに25名の国際大会出場者を輩出しています。

○スポーツ少年団と総合型地域スポーツクラブの連携・協働

徳島県のA総合型地域スポーツクラブは，町の体育指導委員（現：スポーツ推進委員）協議会会長を務めていた人物が会長に就任し，一部のスポーツ少年団指導者もメンバーに加わってクラブ設立の準備が進められました。78名のクラブ実技指導者のうち4名がサッカー少年団の指導者を兼任しており，クラブでは幼稚園児と小学生を対象としたミニサッカー教室の指導を受けもっています。また，48名のクラブ運営スタッフの1名は，町のスポーツ少年団団長であり，12カ所の地域の公共スポーツ施設のうち3カ所をスポーツ少年団と共用で利用しています。

（藤田雅文）

▷5 （公財）日本ハンドボール協会（2004）機関紙『ハンドボール』452, 8-9頁。

▷6 徳島県ドッジボール協会・ハンドボール協会ウェブページ。www.tokushima-handodge.com（2016年12月19日最終アクセス）

▷7 福岡県タレント発掘事業ホームページ。fukuokasportstalentidproject.blogspot.jp（2016年12月19日最終アクセス）

▷8 藤田雅文・前川勝秀（2009）「総合型地域スポーツクラブとスポーツ少年団の連携に関する研究」『鳴門教育大学研究紀要』24, 184-190頁。

おすすめ文献

†四国スポーツ研究会（1992）『子どものスポーツ——その光と影』不昧堂出版。

第Ⅲ部　対象に応じたスポーツマネジメント

7　子どもスポーツのマネジメント

5　子どもスポーツクラブ・チームのマネジメント

1　マネジメントが育ちにくい子どもスポーツの土壌

　たとえば，スポーツ少年団では，子ども会の役員のように，自分の子が関わる間はお世話する，といった指導者の関わり方も稀ではないでしょう。ほとんどのスポーツ少年団はボランティア（非営利）で営まれており，自分の次に指導してくれる奇特な人を見つけるのに苦労するといったことも少なからずあるでしょう。まして子どもも保護者も多様化し，様々に学校を悩ませる話題が広がっている現状を鑑みても，スポーツ少年団をお世話するという覚悟はますます重いものになってきています。そうした奇特な人に，マネジメントを要求するといった力は働きにくくなります。

　一方，長年継続し，多くの指導者が集ってしっかりマネジメントを行っているスポーツ少年団も少なからず存在します。6年生の卒団式では，子どもも保護者も涙を流しながら別れを惜しむ，そんなスポーツ少年団も存在するのです。なかなかマネジメントの育ちにくい子どもスポーツの土壌の上で，マネジメントはいかに成り立ちうるのか，経営者のコンセプチュアルスキル，ヒューマンスキルという観点で描いてみます。

2　ミッションを共有するコンセプチュアルスキル

　非営利組織においてマネジメントが成り立つための重要な要素は，ミッションの共有です。非営利組織の経営にあたり，もっとも重要な経営者の問いは，「われわれの使命は何か」だといわれます。この問いが明確に定まらない限り，計画も成果も評価も定まることはありません。

　優れたスポーツ少年団には，数々の物語が共有されています。1つ例をあげます。県大会で優勝し，全国大会へ出かけたものの，相手チームの監督が試合前練習で体罰を振るう姿に激怒し，ついに「そんなチームとは，試合をしない！」と放棄して帰ってきたという逸話。これはある少年団で，昔の名監督を偲ぶ美談として語られています。出かけていった全国大会を試合放棄するという大胆な行為，それが美談になるくらい，このスポーツ少年団では，指導上大切にしていることが浸透していたと考えられます。挨拶や履物を揃えるなどの礼儀の徹底，「強ければ何をしてもいいのか！」「強い者はそれだけ大きな責任を負うのだ！」といった指導者の考え方が，他の指導者にも，保護者の間でも

▶1　カッツ，ロバート・L.（1982）「スキル・アプローチによる優秀な管理者への道（HBR 著名論稿シリーズ）」『DIAMOND ハーバード・ビジネス』7(3)，75-91頁。

　ロバート・カッツは，マネジャーに求められる能力として，テクニカルスキル，ヒューマンスキル，コンセプチュアルスキルを提唱した。コンセプチュアルスキルとは，知識や情報などを体系的に組み合わせ，複雑な事象を概念化することにより，物事の本質を把握する能力であり，それを事業（取り組むべき課題）のビジョンとして部下に指し示すことである。優れた経営者は，部下の目線を上げる力があるといわれている。

▶2　ドラッカー，P. F.（1990）『非営利組織の経営』ダイヤモンド社；同（2000）『非営利組織の成果重視マネジメント』ダイヤモンド社。

流布しています。

　実はこうして語られる物語の中に，ミッションが現れています。そうした逸話は，「うちのスポ少は，単に勝利を目指しているのではない」と語ってくれているように感じます。もちろん明文化して少年団の綱領として掲げているところもあります。しかし，掲げられたスローガンや信条がどれほど指導者間で共有しているかが重要です。

　ある少年団は，毎週金曜日に指導者たちで酒を酌み交します。地域のスポーツ推進委員（元体育指導委員）は，酒を飲めない体になってもマイボトルのお茶を持参して懇親の会に必ず参加します。そこでは，たとえば高校野球のある名監督がいかに素晴らしい指導を行っていたかなど指導信条に関わる物語や，かつて指導した優れた子どもの逸話などが交換されるのです。そうした上で，ときに行き過ぎた若手指導者の言動を戒めるのです。

　ミッションは，明文化された言葉だけでは機能しません。指導者の血となり肉となるような形で，実践として「生きられる言葉」として成り立つとき，初めて機能するのです。子どもスポーツの現場にマネジメントが生きるためには，まずこうしたミッションと世界観を体現する「コンセプチュアルな働き」が不可欠でしょう。基本的に小学校段階では試合に参加しないという方針でしっかりした活動を維持しているスポーツ少年団も存在します。そこでは，なお一層，指導者たちを引きつけ，子どもたちを魅惑する活動とそれを意味づける語りが求められます。ある一定の時間と場所に，毎回指導者たちが集まり，子どもたちが集まってくるという活動の場を創出することは容易ではありません。

❸ 人を育てるヒューマンスキル

　マネジメントの基本的な活動は，事業の計画を立て，具体化し，メンバーに課業を分配し，成果を上げていく段取りをすることでしょう。子どもスポーツの現場では，子どもにふさわしい試合の計画，練習の計画を立て，指導者たちに仕事を割り振っていく仕事が根幹になります。

　ある野球の少年団は，週2日の土日のみの練習を基本にしています。土曜日に練習試合をし，そこでうまくいかなかったところを修正する練習を日曜日に行います。わずか週2日の短時間の練習で，ある年には全市大会で優勝するという快挙を遂げます。そのときの子どもたちは，勝利への志向性が強く，団結力もあったので，微妙に練習強度を上げ，追い込むことができたといいます。つまり，子どもたちの実態を感じとって目指す目標，練習内容を制御するというのです。子どもスポーツの現場では，子どもに見合った活動内容を編成し，指導者たちの高いモチベーションと参与を引き出すマネジメントが欠かせません。

（野﨑武司）

▶3　競技力が高いばかりでなく，すべての子どもたちに慕われていた6年生のキャプテンは，カッとなったある3年生，もともと多重性障害の傾向のある年下の子どもに叩かれても叩かれても，泰然として諌めていたなど。

（おすすめ文献）
†中川信子（2003）『子どものこころとことばの育ち』大月書店。
†山口文子（2008）『子どもを輝かせるスポーツコミュニケーションスキル』体育とスポーツ出版。

第Ⅲ部　対象に応じたスポーツマネジメント

7　子どもスポーツのマネジメント

　少年スポーツ指導者

　少年スポーツ指導者の課題

　子どもスポーツの指導者の多くは，ある意味ボランティアです。そのため，資質や能力が評価されて指導者として認められるといった場面はあまりないのかもしれません。わが国ではスポーツ経験さえあれば子どもの指導はできる，という考え方が根深く広がっているように感じます。そこで陥りやすい失敗の原因は，自らのスポーツ経験を基本にした指導，そして自らの子ども時代をイメージした子どもとの関わり方でしょう。

　子どもスポーツの指導者は，たいてい自らが若い時期にスポーツ選手であり，何がしかの実績のある人がほとんどでしょう。その大抵の記憶は，中学校・高等学校・大学といった青年期のスポーツ体験ではないでしょうか。それはある意味，大人と同等の体格となり，大人レベルの筋力やスタミナや俊敏性などを身に付けた頃の自己イメージです。その頃の自分自身が強くなるきっかけとなった練習方法は，自分にとって極めて価値の高いものとして位置づいているでしょう。しかしその練習方法が子どもにマッチするわけではありません。公式のスポーツ種目は，基本的に大人のスポーツを基盤にしています。大人の体格・体力・運動能力をベースにした練習方法は，子どもの効果的なスポーツの修得にプラスになるとは限りません。いわゆる野球肘やテニスエルボーなどの子どものスポーツ障害を考えるだけでも，大人にとっての運動技術の合理性とその修得方法は，そのまま子どものスポーツの合理性になるとは限りません。ここに，子どものスポーツ指導者としての専門性があるはずです。

　また現在の大人が子どもであった頃とは，大きく生活環境が変化しています。畳の上を基盤にした生活は，リビングのテーブルや椅子を基盤にした生活へ変化し，和式トイレの使い方すらわからない子どもたちが多く存在するようになっています。いわば幼児期からの生活の中での身体所作が根本的に変化しています。紙鉄砲のような昔遊びの衰退は，手首のスナップの使い方の自然な習得の機会を奪っています。子どもの身体レベルの特性は，昔と今で大きく異なっているはずです。自分自身の子ども時代の成長イメージを，そのまま今の子どもに当てはめることはできないかもしれません。また少子化の中での過保護などの影響で，人と関わる力が脆弱になっているといわれます。指導者のちょっとした叱責に深く傷つくといったこともあり得ます。さらに追い討ちを

▷1　発達障害とは，何らかの先天的障害による，子どもの発達の変調であるといわれます。多動性や自閉傾向を示す子どもは通常学級の中に6％は存在するといわれ，学校教育の中で大きな問題となっている。当然，スポーツ少年団の現場にも同じ問題は広がっており，指導者には子ども理解のより専門的な知識が求められているといえる。

かけるように，発達障害という現代的問題も広く知られるようになりました。じっとしていられない多動性，相手の気持ちを感じとられない自閉傾向等々の子どもたちが増えてきています。以上のように，いまどきの子どもと関わるためには，かなり高度で多様な専門性が求められるようになってきています。

❷ 絶えず自分を成長させる指導者

　子どもに指導する際に必要な知識は，自らの経験を基盤にするだけでは不十分です。知識というものが，個人の経験により内在化されたものであると考えると，知識には必ず文脈がともないます。指導者は，自らの指導の基盤となる知識を，絶えず更新していく努力が欠かせません。

　近年，様々な競技団体がジュニアコーチ講習を行っています。優れた指導者は，公式の指導資格に関わるものだけではなく，実に多様な講習に熱心に参加しています。Jリーグを基盤とした少年サッカーの世界では，幼児期からの育成モデルやプログラム開発が進められ，多くの指導者が学びにやってきます。水泳競技，陸上競技なども，協会主体の講習会ばかりでなく，有名指導者の私的な講習会に驚くほどの指導者たちが学びに来るという事態が生まれています。そうした講習の現場は，ある種の「実践コミュニティ」として解釈できると思います。全国から集まる有能なジュニア指導者たちとの交流の中でこそ，そうした講習の現場が産出されてきたと考えるべきでしょう。ここで「場」とは，主体と客体という二元論を超えた共創的対話の中に立ち現れる新領野です。既存の知を組み替え，既存のあり方を揺るがすイノベーションの起点ともいえるでしょう。そうした「場」に参与できる開かれた講習の現場に立ち会うとき，指導者はある意味，無限の可能性を感じるようです。

　様々な変化の中で，指導者は自らの指導の基盤となる知識を更新していかねばなりません。そのためには，普段と異なる人々とのコミュニケーション（たとえば外部の講習会など）は必須のものでしょう。しかし，「場」は，普段の指導の現場にも求めていく必要があります。目の前の子どもへの指導に関して指導者間で話し合い，普段と異なる見方を生み出していく，そうした指導の現場が求められています。最先端の指導の見通しと，目前の生身の子どもの姿，それを切り結ぶために描かれる多様な文脈は，これまでに「共有された文脈」を超えて，「常に変化する，共有された文脈」へと高められる必要があります。指導の現場そのものが「実践コミュニティ」となりうるのです。継続的に自己超越する「場」を，「守（Learn）」「破（Break）」「離（Create）」の「型」，常に自らを向上させる無限のプロセスとしての「型」として捉えることも可能です。

　現在，ジュニアのスポーツ指導者たちは，実に深いところで子どもたちを捉え，関わり，指導者間での関わりの輪を培っています。その大きな広がりに期待します。

（野﨑武司）

▶2　野中郁次郎（2002）「解説」ウェンガーほか編『コミュニティ・オブ・プラクティス』翔泳社，333-343頁。組織的活動には，情報の共有が欠かせない。これまでの経営学は，組織のヒエラルキーの中での情報に焦点を当ててきた。しかしダイナミックな組織では，組織のあちこちで明示知・暗黙知を織り交ぜた新たな情報の生成と共有（新たな世界の見え方を生み出す場：実践コミュニティ）が展開する。それを組織活動にいかに生かしていけるかが重要なポイントとなっている。むしろ優れた組織は，積極的に実践コミュニティを仕掛けるような経営を展開するようになっている。

▶3　「守破離」とは，日本古来の伝統文化の中で受け継がれている考え方であり，師の教えや型を忠実に守るところから修行が始まり（守），それを自分なりに工夫したり新しい状況に当てはめたりして（破），1つの流派から離れて独自の世界を開く（離）ことをいう。

（おすすめ文献）
†サンケイスポーツ運動部編（2016）『私の失敗 純情編』ベースボール・マガジン社。
†サンケイスポーツ運動部編（2016）『私の失敗 激情編』ベースボール・マガジン社。

8 健康スポーツのマネジメント

1 高齢者のQoLと運動・スポーツ

1 高齢者，QoL，運動・スポーツの定義

「高齢者」とは，65歳以上を指すことが多く（世界保健機関（WHO）），日本でも65-74歳までを前期高齢者，75歳以上を後期高齢者と規定しています（厚生労働省）。

「運動・スポーツ」には様々な意味が含まれています。ここでは，運動・スポーツをまとめて「身体活動」とよぶこととします。厚生労働省は，身体活動を生活活動・運動とし，生活活動を「日常生活における労働，家事，通勤・通学などの身体活動」，運動を「スポーツ等の，特に体力の維持・向上を目的として計画的・意図的に実践し，継続性のある身体活動」としています[1]。

QoL（Quality of Life）は「生活の質」と訳すことができます。その意味は多義的であり，心理学分野では「自分の生活・人生に対する満足度の認知的評価」とし[2]，老年学分野では，幸福感や生活満足感などの主観的な心理的健康評価指標として扱われています[3]。様々な解釈がある中，田中らは[4]，統合的なQoL概念の構造モデルを提示しています。QoLの構成要素は，身体の質的側面，精神の質的側面，環境の質的側面，経済の質的側面という4つの枠組みに包含されているものと解釈しています（図1）。そこで，ここではQoLを「総

▷1　厚生労働省（2013）「健康づくりのための身体活動基準2013」『運動基準・運動指針の改定に関する検討会』。http://www.mhlw.go.jp/stf/houdou/2r9852000002xpleatt/2r9852000002xpqt.pdf

▷2　Pavot, W. and Diner, ed.（1993）*Review of satisfaction with life scale*, Psychol Assess, 5：164-172.

▷3　安永明智・徳永幹雄（2001）「高齢者の身体活動と心理的健康」『健康科学』23。

▷4　田中喜代次・中村容一・坂井智明（2004）「ヒトの総合的QoL（quality of life）を良好に維持するための体育科学・スポーツ医学の役割」『体育学研究』49，209-229頁。

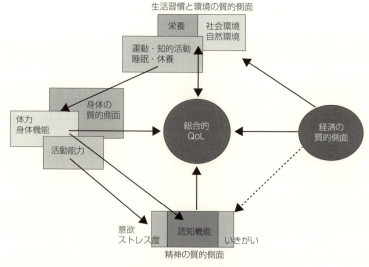

図1　総合的QoL概念の構造モデル

出典：田中ほか（2004）より。

合的な心理的健康，主観的幸福感」とし，生活の質，人生の質，生命の質を包括する概念として扱います。

2 高齢者の身体活動とQoL

海外の研究報告ですが，高齢者179人に12カ月間の運動プログラム（ウォーキング群 vs 筋力トレーニング&ストレッチ群）を提供し，身体活動がQoLに与える影響を調べた研究があります[5]。研究の結果は，ウォーキング群はQoLの点数が増加している一方で，筋力トレーニング&ストレッチ群では，大きな変化がみられないことが示されました（図2）。つまり，ウォーキングは，筋力トレーニング&ストレッチよりもわずかながらQoLに効果があると推測できます。しかし，研究対象者（運動実践者）の人種や性，年齢，体力水準などが異なれば，同じ結果が得られるとは限らないことにも注視していかねばなりません。高齢者ではウォーキングの効果が認められるとしても，若者では違った結果になることも考えられます。

運動の種目や楽しみ方は多様であり，その効果についても未だ一致した見解が得られていないのが実情です。種目ごとに，楽しみ方の工夫次第で，あるいは仲間の有無によっても，QoLに対する効果が異なってくると考えられることから，さらに詳細な検討を重ねていく必要があります。

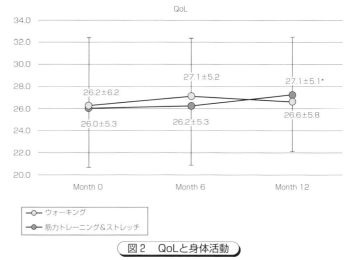

図2 QoLと身体活動

出典：田中ほか（2004）より。

3 高齢者に対する身体活動・QoLマネジメント

高齢者（ヒト全般）を対象とする身体活動は，心の健康とともに，身体的健康の重要性に注視しなければなりません。身体機能（呼吸循環系の持久力，筋持久力，筋力，俊敏力など）の向上を目的とすれば，低強度よりも中強度，中強度よりも高強度の運動が効果的であるのは明らかですが，心の健康にとってそれはマイナスの影響をもたらす可能性があります。また，頻発するマイナス面として，身体的疲労の蓄積，筋肉痛，関節痛などが考えられます。運動のやり過ぎによって種々の傷害が発生するため，ヒトの健康に影響する要因を多次元的に精査し，人々のsuccessful aging（健幸華齢）[6]に役立てるようにマネジメントしていくことが必要とされています。

（田中喜代次・根本みゆき）

[5] Awick, E. A., Wójcicki, T. R., Olson, E. A., Fanning, J., Chung, H. D., Zuniga, K., Mackenzie, M., Kramer, A. F., McAuley, E. (2015) "Differential exercise effects on quality of life and health-related quality of life in older adults: a randomized controlled trial", *Qual Life Res*, Feb; 24(2): 455-462.

[6] 田中喜代次・大藏倫博・藪下典子編集（2013）『Successful aging（健幸華齢）のためのエクササイズ』サンライフ企画。

おすすめ文献

†田中喜代次・田畑泉編（2012）『エクササイズ科学——健康体力つくりと疾病・介護予防のための基礎と実践』文光堂。

†田中喜代次・牧田茂編（2010）『中高年者の疾病予防・改善のための運動プログラム』ナップ。

第Ⅲ部　対象に応じたスポーツマネジメント

8　健康スポーツのマネジメント

 サクセスフル・エイジングの促進

1 健幸華齢とは

健幸華齢（けんこうかれい）とは，国際的に人生の理想形とされている successful aging のことを指し，日本では「健やかに幸せに華やかに齢を重ねる」という意味が込められています。少子高齢社会を迎えたわが国では，食べられる喜びや運動の楽しさを家族や仲間と共有しながら，健幸華齢の実現に取り組むことができる社会づくりが希求されています。

2 健幸華齢社会の構築に向けて

少子高齢化が進展している中，医療，年金，福祉など社会保障給付の在り方を見直すことが重要な国策に位置づけられています。筆者らは，高齢者の定義はもとより後期高齢者の定義や年金支給開始年齢（現在の若者に適用）などを将来的に見直すことが必要であると考えています（表1）。何より，喫緊の最重要課題は，たとえ医学的には健康でなくても，病気と診断されていても，身体的・精神的に元気だと自負する高齢者（≒非医療高齢者）の数を増やす方策を打ち出すことでしょう。

3 健幸華齢社会の促進策1——社会交流促進の環境づくり

運動やスポーツなどの社会交流は，一時的であっても悩みごとやストレスから解放される絶好の機会となります。仲間と一緒にコミュニケーションをとりながら取り組むことで，楽しさが確実に増し，自然と笑みがこぼれて習慣化が図られ，閉じこもりや引きこもりの防止，社会参加の促進に繋がるでしょう。そのためには，仲間の交流が円滑に進展するように働きかけるリーダーの発掘・育成，地域住民による共通理解の促進，そして強力な行政支援が必要です。こういった行政による支援態勢の整備を QoL サポートシェアリングとよんでいます。

4 健幸華齢社会の促進策2——交通手段を確保できる支援態勢

体力の弱い人は，体力測定会や運動教室に参加しても，初回だけで終わってしまう傾向にあります。しかし，運動教室に継続参加することで体力や運動技能が向上し，それを自覚できると，自然と習慣化が図られやすくなります。

▷1　田中喜代次・大藏倫博・藪下典子編集（2013）『Successful aging（健幸華齢）のためのエクササイズ』サンライフ企画。

▷2　（財）健康・体力づくり事業財団発行（2003）『高齢者の QoL 維持に向けた健康支援：運動篇』19頁。
▷3　田中喜代次ら（2010）「経年的体力調査に対する脱落高齢者および継続高齢者の特徴」『体育学研究』55, 513-524頁。
▷4　清野諭ら（2008）「ハイリスク高齢者における『運動器の機能向上』を目的とした介護予防教室の有効性」『厚生の指標』55, 12-20頁。

"筋力が増した""疲れを感じなくなった"などの感覚は，本人自らが感じとれるものです。また，運動教室への参加を継続するためには，交通手段の確保が不可欠です。住民の移動をサポートするタウンバス運行のサービス提供が望まれます。

⑤ 健幸華齢社会の促進策3──健康支援活動に関わる専門的人材の育成

市区町村財政の困窮化が進行する中，住民が住民を支えるタイプの健康づくり教室を開催することも合理的です。地域住民によるボランティア活動をベースとしたもので，指導的立場の住民を増やすことは，その人たちの生きがい・やりがいの再発見にもなり，かつ指導的立場ではない参加者の意欲喚起にもつながります。指導者の年齢には制限を設けず，若者から高齢後期の人まで多様であってよいと考えます。表2は筆者らやその共同研究者らが関わっている地方自治体において，育成・養成されている地域住民指導者の名称（称号を付与したもの）です。

どんな運動でも長期間続けると人は徐々に飽きていくものです。運動を習慣化していく中で，食育（食事・栄養の重要性），賢い生き方・老い方の講話，ストレス管理，高血圧対策など，運動以外の情報提供があると，参加者の減少を食い止める効果が生まれます。表3は，筆者らが提供しているミニ講話のタイトルです。筆者らは常々"ココロが動けば（脳の健康スイッチがonになれば），カラダも動く"という健幸華齢メッセージを教室参加者に向けて発しており，運動の実践でスイッチの入るタイプと座学（講話）を通じてスイッチの入るタイプがいることを観察しています。

⑥ 健幸華齢社会のために

健幸華齢社会の構築の在り方は，適切な生活行動の習慣化を地域住民に自覚させることに尽きます。そのためには，住民各自が自らの日常生活行動や日常生活環境の修正に向けて主体的に（個の健康覚醒），かつ家族とともに積極的に実行していけるよう（家族の健康覚醒），あるいは職域の健康覚醒を通して，地域全体の健幸華齢水準を高めていく態勢の強化が必要です。科学的エビデンスに基づく巧みな健康支援とヒトが生来的に有している優れた感性の融合によって，老化抑制法や要介護化予防法，有効なリハビリテーションが醸成されていくことが求められます。

（田中喜代次・小澤多賀子）

表1 生産年齢，高齢期，年金受給年齢の見直し提案

	年齢（歳）	
	最小値	最大値
生産年齢	15	64〜79
高齢前期 男性 女性	65 65〜70	79 84
高齢後期 男性 女性	80 85	94 99
老人期 男性 女性	95〜 100〜	
年金支給 半額（50%） 75% 全額（100%）	70〜 80〜 90〜	

国民の健幸華齢の実現（successful aging）のためには，寿命の長さ（男女差）を考慮して社会保障給付を定めていくことの議論も必要

出典：田中ほか（2013）より。

表2 地方自治体で指導者として活躍する地域住民の資格名

（筆者らが関わりのある地方自治体）

地方自治体	資格（称号）
福島県会津美里町	運動推進員（うんどう遊園指導員）
茨城県市町村全域	シルバーリハビリ体操指導士
茨城県大子町	だいご健康アドバイザー
茨城県土浦市	ダイエットリーダー
千葉県野田市	介護予防サポーター
千葉県君津市	高齢者体力つくり支援士-君津市
滋賀県草津市	たまがわ健康アドバイザー
岐阜県岐阜市	筋トレサポーター
広島県熊野町	ゆらっとくま〜熊野町リハビリ体操リーダー〜

表3 ミニ健康講和のタイトル

- スマートダイエット
- スマートエクササイズ
- 健康づくりのための食事＋運動
- 認知症の予防策
- 認知機能保持のための健康クイズ
- 運動と食事による筋肉増強策
- 運動習慣化は医療費に影響しない
- コレステロール値と寿命
- QoL（カラダの質，人生の質）
- 転倒防止策10ヵ条
- 健幸華齢（successful aging）
- 達老人生を目指した生き方
- 未病，従病の精神で元気長寿

おすすめ文献

†田中喜代次ほか編集（2013）『Successful aging（健幸華齢）のためのエクササイズ』サンライフ企画．

第Ⅲ部　対象に応じたスポーツマネジメント

8　健康スポーツのマネジメント

 高齢者のヘルスプロモーションと運動・スポーツ

1　身体づくりとしての運動・スポーツ

　加齢にともなう身体機能の低下は、あらがいにくい生理現象です。「老いは足から」といわれるように、特に下肢は上肢に比べて、機能が低下しやすいことが知られています。そして、下肢機能の低下は、歩行や立ち座りなどの日常生活動作（Activities of daily living : ADL）を困難にし、要介護化の重大なリスクとなります。また、移動が困難となる・おっくうになることで生活範囲が狭まり、孤立や抑うつといった社会的、精神的な問題にも繋がります。このような負の連鎖に陥らないためにも、できるだけ早期に運動を習慣化し、身体機能（特に下肢機能）を一定の水準で維持する必要があります。

2　うつ病・認知症予防としての運動・スポーツ

　運動は、身体機能の維持・向上に役立つだけでなく、うつ病や認知症の予防にも効果的であるといわれています。たとえば、うつ症状を有する高齢者に運動処方を行った研究を集約したメタ解析では、運動はうつ症状の改善に対し、抗うつ薬や精神療法と同程度の効果が期待できることを報告しています。また、認知症予防に関する先行研究では、高齢者であっても、有酸素運動を1年間継続して実施することで、脳の海馬が肥大し、記憶力が向上することを報告しています。うつ病や認知症といった精神疾患の処方には薬物療法が一般的ですが、これには費用と副作用がともないます。一方、運動は安価に取り組め、副作用がないどころか、様々な副次的効果が期待できます。アメリカスポーツ医学会では、"Exercise is Medicine®"（運動は良薬だ）を掲げ、運動による健康づくりを推進しています。高齢化が進むわが国において、高齢者の健康づくりに運動が果たす役割は大きいといえます。

3　他者と一緒に運動することが健康効果を高める

　運動には様々な健康効果がありますが、最近の研究によると運動は、一人で行うより、友人や家族といった他者と一緒に行う方が、効果が高まるといわれています。たとえば、運動をグループで行っている高齢者は、一人で黙々と運動している高齢者よりも、介護リスクが低いことがわかっています。また、厚生労働省が中高年者を対象とした研究では、運動習慣がある者の中でも、特に

▷1　日常生活で繰り返される基本的な動作のことを指し、移動、食事、排泄、行為、入浴などが含まれる。
▷2　メタ解析とは、同種の研究目的をもった複数の研究を系統的に集約し、統合した結果を導き出す統計手法のことである。
▷3　Bridle, C. et al. (2012) "Effect of exercise on depression severity in older people : systematic review and meta-analysis of randomised controlled trials", The British Journal of Psychiatry : the journal of mental science, 201 : 180-185.
▷4　海馬とは、脳で新しく入ってきた情報の記憶をつかさどる器官であり、記憶すべき情報の取捨選択を行う「記憶の司令塔」である。アルツハイマー型認知症では、初期段階から海馬の萎縮がはじまるため、初期症状として、今さっきの出来事が覚えられなくなる。
▷5　Erickson, K. I., Voss, M. W., Prakash, R. S., Basak, C., Szabo, A., Chaddock, L., Kim, J. S., Heo, S., Alves, H., White, S. M., Wojcicki, T. R., Mailey, E., Vieira, V. J., Martin, S. A., Pence, B. D., Woods, J. A., McAuley, E. and Kramer, A. F. (2011) "Exercise training increases

運動を他者と行っている者は、数年間にわたって精神的健康状態を良好に保たれていたことを報告しています。他者と一緒に運動することで、社会交流が促され、孤立の防止に繋がります。また、運動しながら他者と会話することでストレスや不安の軽減が望めます。高齢者において、他者と運動することは、全人的健康づくりを行う上で大きな意義があります。

4 地方自治体をあげてのヘルスプロモーション

現在、各地方自治体では、地域で運動指導ができるボランティアを育成し、住民の自助と互助による「住民参加型」の介護予防が推進しています。この代表例として、茨城県が実施している高齢者の運動指導ボランティア「シルバーリハビリ体操指導士」の育成事業があげられます。2005年より指導士の養成を始め、2016年6月時点で7,383人の指導者が登録しています。2015年度のシルバーリハビリ体操の指導士参加延べ人数は約1万3,000人、住民参加延べ人数は約5万8,000人に上り、大規模な住民による運動の場づくりとして注目されています。高齢者の割合が4分の1以上を占める日本では、専門家による運動の場の提供だけでは限界があります。これからは、住民の自助と互助による自発的な運動の場づくり(地域での運動への自立)が重要です。

5 国をあげてのヘルスプロモーション

厚生労働省は、2000年に策定した健康づくりの施策「健康日本21」を改訂し、2013年から健康日本21(第二次)を掲げ、国民の健康増進を図っています。運動に関わる指針(健康づくりのための身体活動基準2013)で、特に見直された点は、前指針の目標である「日常生活における歩数の増加」と「運動習慣者の増加」に、「住民が運動しやすいまちづくり・環境整備に取り組む自治体数の増加」が加えられたことです。これまでは、国として運動を推奨する一方で、その実践は個人の努力に任せていました。しかし、最近の研究から、人々が運動しない原因は、個人だけの理由に限らず、社会的・地理的環境の影響があることもわかっています。これからは社会全体で、運動することを後押しする時代であり、運動しやすい環境が整備(例:歩道・自転車道・公園の整備、既存施設の開放)されていくことが期待されます。

なお、健康づくりのための身体活動基準2013では、国民向けのパンフレットとして「アクティブガイド」を配布しています。ここでは『+10(プラステン):今より10分多く体を動かそう』をスローガンにしています。今より1日10分多く体を動かすという目標は、現在の国民の身体活動量に加え、健康効果が期待できる身体活動量や実際に国民が取り組みやすいメッセージであることを勘案して打ち出されました。このシンプルなスローガンが広く知れ渡り、国民全体の身体活動量が増加することが期待されます。 (大藏倫博・角田憲治)

---

size of hippocampus and improves memory", *Proceedings of the National Academy of Sciences of the United States of America*, 108:3017-3022.

▶ 6 Kanamori, S., Kai, Y., Kondo, K., Hirai, H., Ichida, Y., Suzuki, K. and Kawachi, I. (2012) "Participation in sports organizations and the prevention of functional disability in older Japanese: the AGES Cohort Study", *PLOS ONE*, 7:e51061.

▶ 7 Takeda, F., Noguchi, H., Monma, T. and Tamiya, N. (2015) "How Possibly Do Leisure and Social Activities Impact Mental Health of Middle-Aged Adults in Japan?: An Evidence from a National Longitudinal Survey", *PLOS ONE*, 10:e0139777.

▶ 8 全人的健康づくりとは、身体、心理、社会などのあらゆる面での健康づくりのことを指す。

▶ 9 「自助」は自ら自分を助けることであり、「互助」は家族や職場、地域で互いに支えあうことである。一方、介護保険など制度化された相互扶助を「共助」、生活保護など行政の財源による支援を「公助」という。

おすすめ文献

†厚生労働省(2013)『健康日本21(第二次)』(厚生労働省のホームページ)。
†田中喜代次ほか編集(2013)『Successful aging(健幸華齢)のためのエクササイズ』サンライフ企画。

第Ⅲ部　対象に応じたスポーツマネジメント

8　健康スポーツのマネジメント

高齢者の心の健康と運動・スポーツ

1　高齢者の心の健康問題

　高齢期には，退職にともなう社会的役割の喪失や，配偶者や友人など近親者との死別，閉じこもりなど，心の健康を脅かす出来事が多くなります。わが国では，うつ病や不安障害，統合失調症などの精神疾患により医療機関にかかる高齢者が，年々増加し続けています。厚生労働省は2011年に，地域医療の基本方針となる医療計画に盛り込むべき疾病として，それまでのがん，脳卒中，急性心筋梗塞，糖尿病の「4大疾病」に新たに精神疾患を加えて「5大疾病」とする方針を示しました。

　現在，わが国の健康づくり対策「21世紀における第二次国民健康づくり運動（健康日本21（第二次））」では，主要な目標の1つに「健康寿命の延伸」を掲げていますが，この健康寿命の算定には「日常生活の制限」の有無が用いられます。国民生活基礎調査データを用いた研究から，心の健康状態が不良な高齢者は良好な高齢者に比べて，性別や年齢（前期高齢者・後期高齢者），世帯構成や所得，通院疾患の有無にかかわらず，日常生活の制限があるリスクが4倍以上高いことが報告されています。さらに，日本人の「障害調整生存年数」（「早死にすることで失われた生存年」と「障害を有することによって失われた生存年」を足し合わせたもの）にもっとも影響を及ぼしている疾患は精神疾患であり，精神疾患はがんや循環器系疾患を上回る社会的損失のもっとも大きな要因となっています。

2　心の健康保持に対する運動・スポーツの効果

　このように，超高齢社会を迎えたわが国では心の健康が極めて大きな社会問題となっていますが，心の健康を保持する上で運動やスポーツが効果をもつことが明らかにされてきました。運動やスポーツをした後に気分がすっきりした，という経験のある人は多いと思います。運動やスポーツの実施前後で心の状態を比較検討し，実施後の気分が改善したことを報告した研究は数多くみられます。高齢者においても運動やスポーツは，幸福感や活気などのポジティブな気分の向上，および不安や抑うつ傾向などのネガティブな気分の改善，そのいずれにも効果があるとされています。

　また運動やスポーツには，実施前後での一過性の気分の変化のみならず，習慣的・継続的に実施することによって高齢者の心の健康を改善する効果も認め

▷1　日常生活における活動範囲が屋内にほぼ限られている状態。

▷2　厚生労働省が策定した国民一人ひとりの健康を実現するための健康づくり運動で，2013年からの10年間で達成すべき具体的目標を設定している。

▷3　健康上の問題で日常生活が制限されることなく生活できる期間。

▷4　Monma, T., Takeda, F., Noguchi, H. et al. (2016) "Age and sex differences of risk factors of activity limitations in Japanese older adults," Geriatrics & Gerontology International, 16 (6): 670-678.

▷5　Arent, S. M., Landers, D. M. and Etnier, J. (2000) "The effects of exercise in mood in older adults. A meta-analytic review," Journal of aging and physical activity, 8 (4): 407-443.

られています[6]。こうした知見から，近年ではうつ病に対する非薬物療法の1つとして運動療法が取り入れられており，日本うつ病学会が作成した大うつ病性障害の治療ガイドラインにも，軽度のうつ病に対する薬物療法や精神療法の併用療法として，運動療法が表記されています。うつ病治療の主流である薬物療法には，副作用に加えて，自分の症状に合う薬をみつけるまでに時間がかかる，薬の中止・減量のタイミングが難しい，といった問題があることから，運動療法への注目が高まっています。ただし重度のうつ病では，思考や行動のテンポが遅く注意力や集中力が減退している状態にあり，運動療法は薦められておらず注意が必要です。

3 どのような運動・スポーツが有効か

それでは，高齢者にとって具体的にどのような運動やスポーツが有効なのでしょうか。

まず運動の種類に着目すると，有酸素運動（ウォーキング，ジョギング，サイクリング，ヨガなど）がもっとも効果があるとされています[7]。また，レジスタンス運動（筋力トレーニング）にも効果が認められています。次に運動強度や運動量の点からみると，1日あたり4,000歩以上の歩行，または5分以上の中強度運動[8]を実施している高齢者には，精神疾患と診断される者はほとんどいないことが報告されています[9]。

さらに近年，人と一緒に運動やスポーツをすることの有効性が明らかにされつつあります。高齢者を対象とした研究によれば，人と一緒に運動している人は，一人で運動している人に比べて心の健康状態が良好な傾向にありました[10]。全国の自治体で実施されている介護予防事業では，ウォーキング，リズム運動，体操などの運動・スポーツプログラムも提供されており，高齢者の閉じこもりや心の健康対策の一環として位置づけられています。こうした運動・スポーツのプログラムは，身体活動の場となるばかりでなく，人との交流を通して新たな社会的役割やソーシャルネットワーク[11]，ソーシャルサポート[12]を得る場となることからも，高齢者の心の健康の保持増進に有効と考えられます。さらに家族や友人など身近な人の存在は，運動・スポーツ活動を継続する上でも重要であることから，運動・スポーツによる心の健康の保持増進効果を十分発揮させる上で人との繋がりは不可欠であるといえます。

（武田文・門間貴史）

▷6 Rhyner, K. T. and Watts, A. (2016) "Exercise and Depressive Symptoms in Older Adults : A Systematic Meta-Analytic Review," *Journal of aging and physical activity*, 24(2) : 234-246.

▷7 Netz, Y., Wu, M. J., Becker, B. J. et al. (2005) "Physical activity and psychological well-being in advanced age : a meta-analysis of intervention studies," *Psychology and Aging*, 20(2) : 272-284.

▷8 具体的には通常歩行以上の強度の運動。

▷9 Aoyagi, Y. and Shephard, R. J. (2009) "Steps per day : the road to senior health?," *Sports Medicine*, 39(6) : 423-438.

▷10 Makino, K., Ihira, H., Mizumoto, A. et al. (2015) "Associations between the settings of exercise habits and health-related outcomes in community-dwelling older adults," *Journal of Physical Therapy Science*, 27 : 2207-2211.

▷11 社会的繋がりの規模・頻度・密度など。

▷12 社会的繋がりによって得られる安心感・助け合い・情報量など。

おすすめ文献

†岡野五郎／小林幸太監修（2015）『体を動かすと心が変わる——運動と精神医学の新たな関係』星雲社。

†（公財）明治安田厚生事業団監修／永松俊哉編著（2012）『運動とメンタルヘルス』杏林書院。

†杉原隆編（2011）『生涯スポーツの心理学——生涯発達の視点からみたスポーツの世界』福村出版。

第Ⅲ部　対象に応じたスポーツマネジメント

8　健康スポーツのマネジメント

 高齢者の健康と社会環境

▷1　Ⅲ-8-4 の▷2を参照。

▷2　Ⅲ-8-4 の▷3を参照。

▷3　小林美樹（2010）「所得格差の大きさと主観的健康状態の関連——マルチレベル分析による日米比較」『医療と社会』医療科学研究所，19(4)，321-334頁。

▷4　Kanamori, S., Kai, Y., Aida, J. et al. (2014) "Social participation and the prevention of functional disability in older Japanese: the JAGES cohort study," PLOS ONE, 9(6): e99638.

▷5　Ichida, Y., Hirai, H., Kondo, K. et al. (2013) "Does social participation improve self-rated health in the older population? A quasi-experimental intervention study," Social Science and Medicine, 94: 83-90.

▷6　Hikichi, H., Kondo, N., Kondo, K. et al. (2015) "Effect of a community intervention programme promoting social interactions on functional disability prevention for older adults: propensity score matching and instrumental variable analyses, JAGES Taketoyo study," Journal of Epidemiology and Community Health, 69(9): 905-910.

1　社会環境とは

　人の健康状態には，食事・運動・休養などの生活習慣に加えて，まわりの環境が大きな影響を及ぼしています。健康状態に影響を及ぼす環境には，「自然環境」（物理学的：温熱・騒音・放射線など，化学的：気体・ダイオキシン・食品添加物など，生物学的：花粉・病原菌・ウイルスなど）と「社会環境」（家族・地域・学校・職場などの人間関係，保健医療制度，経済状態，社会情勢など）があります。近年，世界保健機関（World Health Organization：WHO）の「健康の社会的決定要因に関する世界会議」が開催されるなど，健康の決定要因として「社会環境」が重視されるようになってきました。

　こうした動きを踏まえ，現在わが国で実施されている「21世紀における第二次国民健康づくり運動（健康日本21（第二次））」では，個人の生活習慣の改善と社会環境の整備によって，健康寿命の延伸と健康格差の縮小という2つの目標達成に取り組んでいます。ここでいう「健康格差」とは，都道府県間の健康寿命の差を指していますが，健康寿命がもっとも長い県ともっとも短い県では約3年もの開きがあります。地域の社会環境の違いが，人々の健康状態に違いをもたらしているのです。

2　高齢者の健康と社会環境の関係

　それでは，具体的にどのような社会環境が高齢者の健康と関係しているのでしょうか。まず，社会経済的要因です。これまでの研究から，所得が低い，教育を受けた年数が少ないといった社会階層の低い集団ほど，死亡や要介護のリスクが高いことが明らかとなっています。また，住民の所得格差が大きい地域は小さい地域よりも人々の主観的健康感が悪い傾向にあり，特に高齢者においてその傾向が顕著であることも報告されています。

　次に，社会参加活動です。就業，趣味活動，ボランティア活動などが要介護のリスクを低減することや，地域で実施されている高齢者のサロンへの参加者は非参加者よりも主観的健康感が良好で要介護のリスクが低いことも報告されています。

　そして，近年とりわけ注目されているのがソーシャルキャピタル（社会関係資本）です。ソーシャルキャピタルとは「人々の協調行動を活発にすることに

よって社会の効率性を高めることのできる，信頼・規範・ネットワークといった社会組織の特徴」のことで，地域の絆の強さを表すものです。ソーシャルキャピタルが豊かであるほど，高齢者の死亡リスクが低く，心の健康状態が良好であることがわかっています。

ソーシャルキャピタルが健康に影響を及ぼすメカニズムは，次のように考えられます。まず人の繋がりによって，食事，運動，禁煙などの健康的な生活習慣が伝播したり促進されたりします。逆にまた，繋がりが強いことで人目が気になり，良好な社会的規範が形成されて悪いことができにくくなります。さらに，住民が団結して行政に働きかけることによって，運動施設の設置，路上喫煙禁止などの保健医療に関連する条例の施行，保健医療サービスの改善などが進みます。そして，人々の助け合いでソーシャルサポートやネットワークがあることによって，心理的ストレスが軽減されてストレス関連疾患（精神疾患や冠動脈疾患）が減少します。ソーシャルキャピタルは，まさに健康を支援する社会環境を表すバロメータの1つといえます。

3 健康を支援する社会環境の整備

これらを踏まえ，「21世紀における第二次国民健康づくり運動（健康日本21（第二次））」では，保健・医療・福祉などサービスへのアクセスの改善と公平性の確保，社会参加の機会とその公平性の確保，地域の絆に依拠した健康づくりの場の構築の3つの柱によって，高齢者の健康を支援する社会環境の整備に取り組んでいます。

しかし，このような健康を支援する社会環境の整備は，保健医療部門のみで取り組むことには限界があり，多くの部門が連携して計画し実施することが不可欠となります。たとえば，高齢者の社会参加を促進するには，高齢者の雇用拡大や安定化のための法整備や企業に対する支援，高齢者の就業ニーズに応じたシルバー人材センター事業，技能講習や面接会などを一体的に行うシニアワークプログラム事業，老人クラブや世代間交流の場などボランティアや趣味の場を拡大する取り組みなど，様々な部門の連携による実施が必要です。

世界保健機関は，「人々の健康と健康格差を規定する要因には，保健医療だけでなく社会・環境・経済なども含まれており，それらは保健医療部門や政策の影響が及ばないところで機能している」と述べ，「すべての政策において健康を考慮すること（Health in All Policies）」を提唱しています。

（武田文・門間貴史）

▶7 Putnam, R. D. (1993) *Making Democracy Work : Civic Traditions in Modern Italy*, Princeton University Press.

▶8 Kobayashi, T., Suzuki, E., Noguchi, M. et al. (2015) "Community-Level Social Capital and Psychological Distress among the Elderly in Japan : A Population-Based Study," *PLOS ONE*, 10(11) : e0142629.

おすすめ文献

†近藤克則編（2007）『検証「健康格差社会」――介護予防に向けた社会疫学的大規模調査』医学書院。

†辻一郎（2015）『健康長寿社会を実現する――「2025年問題」と新しい公衆衛生戦略の展望』大修館書店。

†イチロー・カワチ，S. V. スブラマニアン，ダニエル・キム編／藤澤由和・高尾総司・濱野強監訳（2008）『ソーシャルキャピタルと健康』日本評論社。

8 健康スポーツのマネジメント

6 健康増進施設のマネジメント

1 健康づくりの流れと健康増進施設

わが国では、1978年からの第一次国民健康づくり対策、1988年からの第二次対策「アクティブ80ヘルスプラン」、2000年からの「21世紀における国民健康づくり運動（健康日本21）」、2013年からの「健康日本21（第二次）」と展開してきました。この流れの中で、特に1988年の第二次対策から運動習慣の普及に重点が置かれはじめ、健康づくりのための運動を普及するマンパワーの確保（「健康運動指導士」などの養成）と、健康増進施設の認定制度が始まり、国民が健康づくりに取り組みやすい環境の整備が図られました。

厚生労働省が1988年に定めた健康増進施設認定規程では（第2条）、
- 一　健康増進のための有酸素運動を安全かつ適切に行うことのできる施設であって適切な生活指導を提供する場を有するもの
- 二　健康増進のための温泉利用及び運動を安全かつ適切に行うことのできる施設であって適切な生活指導を提供する場を有するもの

を健康増進施設と定義し、施設の類型ごとに認定基準が定められています。

2 運動型健康増進施設

「運動型健康増進施設」は、(1)有酸素運動及び筋力強化運動などの補強運動が安全に行える設備（トレーニングジム、運動フロア、プールの全部または一部と付帯設備）、(2)体力測定、運動プログラム提供および応急処置のための設備、(3)生活指導を行うための設備、(4)「健康運動指導士」およびその他の運動指導者など、(5)医療機関との適切な提携関係、(6)継続利用者に対する適切な指導内容、などを有していることが主な認定基準となります。医療機関型施設、疾病予防運動施設（医療法第42条施設）、フィットネスクラブ、健保組合や公共の施設など、様々な形態があり、2019年7月現在で全国の335の施設が認定を受けています。これらの施設の中でさらに、(1)提携医療機関担当医が日本医師会認定健康スポーツ医、(2)「健康運動実践指導者」の配置、(3)運動療法の実施にかかる料金体系の設定（1回当たり5,000円以内）、の要件を満たしていれば「指定運動療法施設」の指定を受けることができます。335施設中216施設がこの指定を受けており、医師の指示に基づく運動療法を実施する際に必要となる利用料金を、医療費控除の対象にすることができます（所得税法第73条）。

▷1　第一次国民健康づくり対策は、(1)生涯を通じる健康づくりの推進、(2)健康づくりの基盤整備、(3)健康づくりの普及啓発の3つを基本施策として1978年度から10カ年で取り組まれた。

▷2　第二次国民健康づくり対策「アクティブ80ヘルスプラン」は、「自身が80歳を迎えても自分で身の回りの事ができ、社会への参加もできることを目指そう」という趣旨で、1988年度から10カ年で取り組まれた。

▷3　21世紀における国民健康づくり運動「健康日本21」は、すべての国民が健やかで心豊かに生活できる活力ある社会とするために、国民が主体的に取り組める新たな健康づくり運動として、2000年度から12カ年で取り組まれた。

▷4　Ⅲ-8-4の▷2を参照。

▷5　健康増進施設の認定は厚生労働大臣名だが、運動型は公益財団法人日本健康スポーツ連盟が、温泉利用型と温泉利用プログラム型は一般財団法人日本健康開発財団が、それぞれ認定調査や指導を実施している。

▷6　医療法第42条は、「医療法人が、開設する病院、診療所又は介護老人保健施設の業務に支障のない限り、定款又は寄附行為の定めるところにより行うことができる業務」を定めて

③ 温泉利用型健康増進施設

「温泉利用型健康増進施設」は、「運動型健康増進施設」の要件に加えて、(1)温泉利用のための設備と、(2)「温泉利用指導者」の配置を認定基準としています。そして、認定施設の提携医療機関で温泉療法の知識・経験を有する医師の温泉療養指示書に基づいて温泉を利用すれば、上記と同様に医療費控除の対象とすることができます。温泉療養による生活習慣病対策や、疾病予防、健康づくりが期待され、温泉施設の利用促進を図るためにも認定が進められてきましたが、2019年7月現在、全国で22の施設しか認定を受けておらず（うち3つは指定運動療法施設）、広く普及していないのが現状です。

④ 温泉利用プログラム型健康増進施設

「温泉利用プログラム型健康増進施設」は、「温泉利用型健康増進施設」が広まっていかない課題を踏まえた普及型として、病気を治す「温泉療養」ではなく、一般の健康増進のための利用に対応できる施設として、必要なスタッフの条件、施設・設備条件を緩和した認定施設制度として始まりました。スタッフとしては、「温泉利用指導者」の普及型である「温泉入浴指導員」が常駐する必要があります。2019年7月現在で27施設とまだ普及が進んでいるとはいえませんが、本格的な運動施設を有しない一般の温泉宿泊施設などでも健康増進プログラムを提供するきっかけをつくり出せる認定制度になっています。

⑤ 各健康増進施設に共通するマネジメント

各類型の施設に求められるマネジメントは、それぞれ認定基準が異なることから具体的な部分では相違があります。しかし、各施設の資源（設備や仕組みなど）や特性（強み）を最大限に活かした魅力的な健康増進プログラムを提供した上で、施設を持続的に運営していく、という点で本質的な部分は共通しています。中でも、資源や特性を十二分に活用できる人材の存在こそ大変重要であり、「運動型健康増進施設・指定運動療法施設」は「健康運動指導士・健康運動実践指導者」が、「温泉利用型健康増進施設」は「温泉利用指導者・健康運動指導士」が、「温泉利用プログラム型健康増進施設」は「温泉入浴指導員」がそれぞれキーパーソンとなって、施設利用者からの信頼を得つつ、各施設の持続可能な運営に貢献していくことが期待されます。

健康増進施設を利用する対象者の多くは健康不安を抱えていることが想定されることから、施設は今後ますます、安全かつ効果的なプログラムの提供、より適切な内容の実践を促すための設備の整備、提携医療機関や医師などとの連携、開始しやすいメニューの開発などを進めることが求められるでしょう。

（岡田真平・大藏倫博）

おり、その中に、疾病予防のための施設の設置が含まれている。

おすすめ文献

†厚生労働省編（2014）『厚生労働白書〈平成26年版〉健康長寿社会の実現に向けて～健康・予防元年～』日経印刷。

†厚生省保健医療局健康増進栄養課健康増進関連ビジネス指導室編（1993）『健康増進施設認定の手引』中央法規出版。

†岩崎輝雄編（1995）『温泉と健康——温泉利用型健康増進施設のつくり方』厚生科学研究所。

第Ⅲ部　対象に応じたスポーツマネジメント

8　健康スポーツのマネジメント

 高齢者の健康政策

 高齢者の健康政策と介護保険法

　わが国の高齢者の健康政策の基盤には「介護保険法」という法律があります。この法律では，日々の生活の中で介護が必要（要介護状態）になった高齢者に対する支援の在り方とともに，要介護状態になることを予防するための施策に関する方針も示されています。1997（平成9）年に制定されたこの法律はその後も数度の改正を繰り返し，2015（平成27）年度には大幅な改正がなされました。その際，介護予防への取り組み方についても，次のような大きな転換が図られました。

2　ハイリスク・アプローチからポピュレーション・アプローチへ

　2015年度の介護保険法の改正前は，高齢者のくらしの様子や身体の状態を尋ねる質問紙調査の結果などから，要介護状態になる危険性が高い（ハイリスクな）高齢者を見つけだし，その高齢者を主なターゲットとして介護予防の取り組みが行われてきました。その代表例として「転倒・寝たきり予防教室」や「認知症予防教室」などとよばれる教室が，全国各地で開催されてきました。いわゆるこれが，"ハイリスク・アプローチ"による介護予防への取り組みです。しかしこの方法では，期待された介護予防効果が十分に得られませんでした。まず，ハイリスクとされる高齢者を適切に把握できなかった（本当はハイリスクであるのにハイリスク者として判定されない，あるいは本当はリスクが低いのにハイリスク者として判定されてしまうケースが多かった）ことに加え，たとえ適切に把握できたとしても，上記のような教室への参加に繋げられたケースはごく一部でした。さらに，たとえ参加したとしても，数カ月程度の短期間の教室が大半であったことから十分な効果が得られなかったり，一時的な向上がみられたとしても終了後に直ちに効果が消失したりすることで，実質的な介護予防効果は極めて低いといわざるを得ないものでした。

　これに対し，2015年度の法改正にともない「地域づくりによる介護予防」を進める方針へと転換が図られました。これは，個人のリスクに着目するだけでなく，社会や環境の質を高めることで，地域全体の健康度を高めようという考え方です。このように，集団全体に働きかける方法を"ポピュレーション・アプローチ"とよびます。この考え方に基づき介護予防を進める具体的な方策と

▷1　辻大士・近藤克則（2016）「高齢者が会・グループに参加して実践している運動・スポーツ種目はとは？——"通いの場"創出の参考に」『週刊保健衛生ニュース』社会保険実務研究所，1848号，48-53頁。
▷2　厚生労働省老健局振興課（2015）「介護予防・日常生活支援総合事業の基本的な考え方」。
▷3　▷2に同じ。
▷4　地域包括ケア「見える化」システム。http://mieruka.mhlw.go.jp/（2016年4月11日最終アクセス）
▷5　計画策定は，介護保険課や高齢福祉課など（都道府県・市区町村によって名称は異なる）が中心となって進められる場合が多い。
▷6　山谷麻由美ほか（2016）「長崎県松浦市における地域診断支援ツールを活用した高齢者サロンの展開——JAGESプロジェクト」『日本公衆衛生雑誌』63(9)，578-585頁。

して，厚生労働省は，地域の中に住民主体の"通いの場"を充実させる方針を打ち出しました[3]。すなわち今後は，住民ボランティアが運営する運動サークルや趣味の集まりなどを地域の中に増やす取り組みが，全国の各市区町村に求められます。これにより，高齢者が地域の中に生きがい，居場所，役割，出番などを持ちながら生活できる環境をつくり出し，人と人の繋がりが継続的に維持・拡充されるような地域づくり（を推進すること）が目標となります。

③ 地域を診断し，地域の課題を"見える化"して解決策を探る

上述した「地域づくりによる介護予防」を効率的に進めるためにはどうしたらよいのでしょうか。この点について厚生労働省は"地域包括ケア「見える化」システム[4]"を提供し，都道府県や市区町村などが介護予防に関わる計画を立てる際の活用を推奨しています[5]。どの地域にどのような課題があるのか，どのようなリスクをもった高齢者が多く住んでいるのかなど，国や市区町村が保有しているデータに基づく情報が地図上に色分けして表示されます（図1）。こ

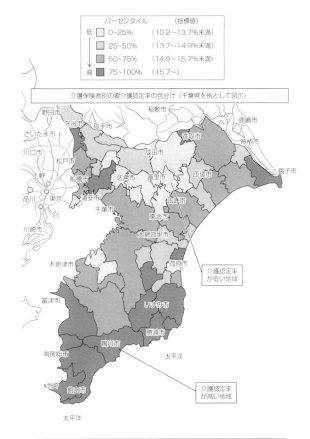

図1　地域包括ケア"見える化"システムのサンプル

出典：http://mieruka.mhlw.go.jp/（2016年4月11日取得）

れを基に，どの地域で，どのような課題の解決を目標とした"通いの場"を創出すればよいのかについて，ヒントが得られます。本システムは2014（平成26）年にプロトタイプ（試作版）が公表されて以降，現在も改良が進められています。図1は主に市町村単位の結果を基に色分けをしていますが，今後はより小さな地域（中学校区や小学校区）単位で，様々なリスク要因（身体，心理，認知機能など）についての結果が表示される見通しです。

以上のように地域を診断し，課題を"見える化"することで重点地域を抽出し，その課題を住民と共有する（報告会や意見交換会を開催する）ことで解決を目指す事例も報告されています[6]。今後は，ますますこのような取り組みが増えることが期待されます。この状況の中で，運動・スポーツの専門家や指導者には次のような役割が期待されます。(1)もともと運動・スポーツへの関心が高い高齢者の体力や健康度をさらに向上させます。(2)個人のみを対象とするのではなく，運動やスポーツの会（団体）を地域に増やし，高齢者が運動やスポーツに参加しやすい環境づくりをします。(3)運動ボランティアの相談役として彼らの運動指導スキルの向上に寄与します。

（大藏倫博・辻大士）

おすすめ文献

†近藤克則編集（2007）『検証「健康格差社会」——介護予防に向けた社会疫学的大規模調査』医学書院。

†近藤克則（2010）『「健康格差社会」を生き抜く』朝日新聞出版。

†イチロー・カワチ（2013）『命の格差は止められるか——ハーバード日本人教授の，世界が注目する授業』小学館。

9 障がい者スポーツのマネジメント

 障がい者スポーツの発展と課題

 わが国の障がい者スポーツの展開

　わが国ではパラリンピックの国内開催を契機として障がい者スポーツが発展してきたといってよいでしょう。明治期以降，視覚障害や聴覚障害のスポーツは学校教育の中で展開されてきました。しかし，肢体不自由者のためのスポーツの展開は1964年のパラリンピック・東京大会開催まで待たねばなりませんでした。このパラリンピック・東京大会を運営した国際障害者スポーツ大会実行委員会の財産を引き継ぐ形で翌年，（財）日本身体障害者スポーツ協会（現：（公財）日本障がい者スポーツ協会）が設立され，以降毎年国体の後に同施設を利用して全国身体障害者スポーツ大会（現：全国障害者スポーツ大会）が開催されています。この他わが国の障がい者スポーツの発展に重要な役割を果たした組織として，（一財）全日本ろうあ連盟，全日本盲学校体育連盟，（福）日本盲人会連合，極東・南太平洋身体障害者競技連盟，日本初の障がい者スポーツセンターである大阪市障害者スポーツセンターなどがあります。

　現在ある障がい者優先または専用のスポーツセンターの約8割は1990年までに建設されています。1985年には日本身体障害者スポーツ協会の障がい者スポーツ指導者制度が発足し，今日まで2万5000人以上の障がい者スポーツ指導者が養成されています。こうした組織や障がい者スポーツセンター，障がい者スポーツ指導者が核となり，障がい者スポーツの発展を牽引してきました。

　1991年には長野パラリンピックの開催が決まりました。これ以降，障がい者スポーツはリハビリテーションとしての役割を残しつつもその枠組みを超え，競技スポーツとしても注目されるようになります。1991年からは競技力の向上とパラリンピック出場を目的にしたジャパンパラリンピック（現：ジャパンパラ競技大会）が開催されるようになり，これ以降，急速な競技レベルの向上がみられるようになりました。

　1990年代には知的障がい者のスポーツの発展がみられました。1992年には全国知的障害者スポーツ大会が開催されるようになりました。また，1994年にはスペシャルオリンピックス日本が設立され，知的障がい者のスポーツ活動が推進されました。

　パラリンピック・長野大会（1998年）では日本人選手の活躍もあり，多くの国民が「パラリンピック」という言葉を認知するようになりました。マスメ

▷1　1965年から行われていた全国身体障害者スポーツ大会と，1992年から行われていた全国知的障害者スポーツ大会を統合した大会として，2001年から実施されている。大会の目的は，障がいのある人々の社会参加の推進や，国民の障がいのある人々に対する理解を深めることにある。参加選手約4,000人。

▷2　競技団体と共催し開催している国内最高峰の競技大会。1989年に国際パラリンピック委員会（IPC）が設立され，パラリンピックが世界最高峰のエリートスポーツ大会となったことを契機に，わが国の競技力向上と記録の公認を図ることを目的に開催されている。現在，陸上競技，水泳，車いすラグビー，ゴールボール，ボッチャ，アルペンスキーなどが実施されている。

▷3　知的障害のある人たちに様々なスポーツトレーニングとその成果の発表の場である競技会を，年間を通じ提供している国際的なスポーツ組織。国際組織は1968年，故ケネディ大統領の妹ユニス・シュライバー氏が設立。現国内組織は1994年に発足した。

▷4　32カ国から選手571人，役員575人が参加した。日本からは選手69人，役員71人が参加し，金12，銀16，銅13の計41個のメダルを獲得した。

ディアによる報道も増え，パラリンピック・長野大会以降パラリンピックの記事はスポーツ欄で取り扱われることが多くなりました。スポーツとしての障がい者スポーツが定着しつつあることの証左と考えられます。そして，パラリンピック・長野大会以降，障がい者のスポーツと障がいのない人のスポーツの統合化が進展しました。2000年には日本障がい者スポーツ協会が日本体育協会に加盟しました。国際的には，2000年，国際オリンピック委員会と国際パラリンピック委員会の間で正式な協定が結ばれ，オリンピック開催都市においてオリンピックに引き続きパラリンピックを開催することなどが決まりました。

② スポーツ基本法施行以降

2011年，スポーツ基本法が施行され「スポーツは障害者が自主的かつ積極的にスポーツを行うことができるよう，障害の種類及び程度に応じ必要な配慮をしつつ推進されなければならない」とされました。スポーツ基本計画は障がい者スポーツに関する諸施策が盛り込まれました。2013年には2020年東京オリンピック・パラリンピック開催が決まり，障がい者スポーツは様々なメディアで注目されるようになりました。2014年4月以降，リハビリテーションに関わる一部を除き，障がい者スポーツの所管が厚生労働省から文部科学省（2015年からはスポーツ庁）にかわりました。このことは障がい者の社会参加と生活向上のための障がい者スポーツ施策から，スポーツとしての普及，強化，振興のための施策への大きなパラダイム変換を意味しています。

③ 障がい者スポーツ発展のための課題

今後の障がい者スポーツ発展のための課題として，地域における障がい者スポーツの普及，障がいのある人もない人も一緒に運動やスポーツを楽しめる環境の整備，そして，障がい者スポーツの競技強化をあげることができます。これらの課題解決のために，障がい者スポーツ関連組織の連携と障がい者も指導できるスポーツ指導者，運動やスポーツも指導ができる福祉関係者の養成の2点があげられます。

厚生労働省の管轄であった関係で，地方ではまだ福祉関連部局が障がい者スポーツを担当しているところが大半です。しかし，地域における障がい者スポーツの普及を考えると，行政や他の福祉・障がい者関連組織，学校や教育委員会，障がい者スポーツおよびスポーツ関連組織などが連携して各種事業にあたることが必要です。また，競技力強化に関しては障害のない人のスポーツ競技団体とも連携し，人や情報の交流が重要です。その課題解決の方策として，障がい者も指導できるスポーツ指導者，運動やスポーツも指導ができる福祉関係者の養成を考えなくてはなりません。保健体育科教員養成や理学療法士などの養成において障がい者スポーツに関する授業を必修化することなどが必要でしょう。

（藤田紀昭）

▶5 文部科学省では2012年から初めての障がい者スポーツ関連事業として「健常者と障害者のスポーツ・レクリエーション活動連携推進事業」実施した。

▶6 スポーツ庁の調べでは，障害者のスポーツ実施率（週に1日以上実施）は24.9％（2020年度）であった。

▶7 障害者スポーツの所管がスポーツ担当部署になったのは2020年現在47都道府県中17都府県である。

(おすすめ文献)

†（公財）笹川スポーツ財団（2020）『スポーツ白書2020 2030年のスポーツのすがた』。
†藤田紀昭監修（2017）『よくわかる障害者スポーツ』PHP研究所。
†藤田紀昭（2016）『パラリンピックの楽しみ方』小学館。

第Ⅲ部 対象に応じたスポーツマネジメント

9 障がい者スポーツのマネジメント

2 障がい者スポーツの開発とマネジメント

1 障がい者スポーツの特徴

　障がい者スポーツとは障がいのある人も実施可能なスポーツのことです。子どものスポーツ，高齢者のスポーツ，女性スポーツと同様で，障がいのある人が行うからといって特別なスポーツということではありません。類義語にアダプテッドスポーツ（adapted sports），パラスポーツ（para-sports），ディサビリティスポーツ（disability sports），バリアフリースポーツ（barrier free sports），ユニバーサルスポーツ（universal sports）などがあります。

　これらのうち，アダプテッドスポーツとはスポーツを実施する人の身体状況や発達段階に応じて既存のスポーツを修正，変更して実施されるスポーツのことです。たとえば，車いすテニスではツーバウンドのボールまで打ち返してよいし，視覚障害者柔道では対戦する2人が組み合った状態から試合が始まります。パラリンピック（Paralympic）がもう1つのオリンピックという意味であることから，障がい者が実施するスポーツ全般をパラスポーツとよぶことがあります。パラ陸上競技やパラバドミントンなども同様です。バリアフリースポーツやユニバーサルスポーツは障がいの有無に関係なく参加するスポーツを指します。

2 障がい者スポーツ開発のポイント

　障がい者も実施可能なスポーツの開発には既存のスポーツを修正する場合と，新たなスポーツを創造する場合が考えられます。前者の場合はスポーツ文化の構成要素であるルール，用器具，技術などを参加する人の身体状況や知的発達状況に応じて修正します。当該スポーツの機能的特性や参加者が頑張る局面を担保するとともに，既存施設などで実施しやすくするためにルールや用器具の修正は，最小限にとどめることが求められます。たとえば車椅子バスケットボールで使用するコートの広さ，ゴールの高さやボールの大きさなどは一般のバスケットボールと同じですし，ルールもダブルドリブルに関するものなど一部を除きほぼ同じものです。

　地域のスポーツ事業やレクリエーションプログラムなどに障がいのある人が参加する場合，様々な障害種の人々が参加することや障がいのある人とない人が一緒に運動やスポーツを楽しむことが考えられます。そうしたとき，既存の

▷1　パラリンピックが始まった当初は脊髄損傷で対麻痺の人しか参加していなかった。そのため，対麻痺（下半身不随）を意味するparaplegiaとOlympicを合わせた造語であった。

▷2　バリアフリースポーツやユニバーサルスポーツでは，障がい者や高齢者などが参加できるだけでなく，勝敗のあるスポーツでは参加者に等しく勝つチャンスがあることが重要である。

▷3　車椅子バスケットボールではボールを持ったままでは車椅子を2回までしかプッシュする（こぐ）ことができない。しかし，そのあとドリブルをすればさらに2回プッシュすることができる。このほか，障がいの程度によって1点から4.5点まで持ち点が決まっており（障がいの重い人ほど持ち点が低い），コートにいる5人の選手の持ち点の合計が14点以下でなくてはならない。

スポーツの修正では対応できず，新たなスポーツを創造しなくてはならないことがあります。その場合，多様な人たちが参加できることはもちろん，勝敗のある運動やスポーツでは，参加する人すべてに勝つチャンスがなくてはおもしろくありません。様々な特徴をもった人が参加する運動やスポーツでは遊びの要素のうちアゴン（競争）以外のアレア（偶然），ミミクリー（模倣），イリンクス（眩暈）といった要素を取り入れたものにすることがポイントとなります。たとえば勝敗が偶然に左右されやすいものや，ダンスなどです。

スポーツの修正，創造，とりわけ創造のためには参加対象者の特徴（年齢，性別，障がいの有無など身体機能の特徴），実施場所の環境，使える用具や使い方の工夫，マンパワーの状況などを勘案する必要があります。その上で柔軟な発想で参加者が可能な動きを活かしたものを考えます。一人で考えるよりもグループで意見を出し合い，トライアンドエラーを重ねることでよりよいものになります。

3 障がい者スポーツ開発の事例とマネジメント

知的障がいがある人や車椅子利用者などが数百名参加する運動会のために開発された競技に「ロープ送り」と「風船バレー」があります。ロープ送りは列になった参加者が20mほどのロープを順繰りに隣の人に送り，早く送り切ったチームが勝ちというものです（図1）。風船バレーは体育館中央に人が一列に並びネット代わりになります。二分された体育館の両サイドから同時に直径50-60cm程度の風船数十個を相手コートに投げ入れます。できるだけたくさんの風船を相手のコートに入れたチームが勝ちとなります（図2）。ルールがシンプルでわかりやすく，誰でも参加できて勝つチャンスがあるものという点に配慮されています。

これらの競技も完成したものではありません。参加者の身体状況などによって競技時間を変えるなどルール変更することもあります。その意味で競技は生き物です。参加者，実施場所の環境によりより楽しめるものに修正して実施する必要があります。

図1　ロープ送り

図2　風船バレー

（藤田紀昭）

▷4　ロジェ・カイヨワ／多田道太郎・塚崎幹夫訳（1990）『遊びと人間』講談社。

▷5　（公財）国際障害者年記念ナイスハート基金が全国で実施している「ふれあいのスポーツ広場」（障がい者のための運動会）の中で実際に行われている。

▷6　（公財）日本レクリエーション協会では特に障がいのある人とない人が一緒に楽しめるスポーツづくりに関するマニュアルをつくって公開している。http://universal.recreation.or.jp/

〔おすすめ文献〕

†（公財）日本障がい者スポーツ協会編（2020）『障害のある人のスポーツ指導教本（初級・中級）』ぎょうせい。

†（公財）日本レクリエーション協会（2015）「障害のある人とない人のスポーツ・レク交流事業　スタッフの手引き」。

†（公財）日本レクリエーション協会（2015）「障害のある人とない人のスポーツ・レク交流事業　ガイドブック」。

第Ⅲ部　対象に応じたスポーツマネジメント

9　障がい者スポーツのマネジメント

 障がい者スポーツとバリアフリー

1　バリアフリーという発想

　バリアフリーは当初，建築用語のバリアフリーデザイン（建築上障壁のない設計）として取り上げられ，その後，障がい者に対して社会参加を困難にしている(1)物理的障壁，(2)制度的障壁，(3)文化・情報面での障壁，(4)意識的障壁の4つの障壁を除去する概念として定着しました。背景には，完全参加と平等を唱えた「ノーマライゼーション」の理念の具現化があります。バリアフリーは，障がい者の社会参加を妨げるバリアに対する修繕的な発想です。

　2006年に施行されたバリアフリー新法は，スロープやエレベーター，点字ブロック，音声案内，聴覚障害などに配慮した情報提供設備，そしてすべての人が利用しやすい多機能トイレなど，建築物，道路，公共交通機関および駐車場でのバリアフリーを推進しました。これは，物理的障壁に配慮することにより，障がいのある人のアクセスを向上させて社会参加を促す方略です。またバリアフリーを促進することにより，障がいの有無や年齢などに関係なく，すべての人が参加できるユニバーサル社会を目指す取り組みになっています。

　バリアフリーの発想は，一般的な「既製品」に対して，適応できる人と適応困難な人を区別し，適応困難な人に特別なアプローチをして「インテグレーション：統合」を図ることが特徴です。

2　障がい者スポーツとインテグレーション

　スポーツにおけるバリアフリーは，障がいのある人のスポーツ参加を困難にしているバリアに対するアプローチになります。たとえば，車いすテニスは，2バウンドでの返球が認められている以外は障がいのない人のテニスと同じルールで行います。また，車椅子バスケットボールは，ゴールの高さやスリーポイントシュートなどは通常のバスケットボールと同じですが，ダブルドリブルの反則がありません。これらはパラリンピックを代表するスポーツ種目ですが，通常のスポーツのルールや用具を工夫して，障がい者が参加できるように修正しています。加えて最近では，生涯スポーツ種目として人気のグラウンド・ゴルフでも，車椅子使用者用のクラブが既製品として販売されています。用具の発展は障がいのある人のスポーツへのアクセシビリティを向上させて，インテグレーションを促進します。その一方で，車いすをスポーツの用具とみ

▷1　ノーマライゼーションとは，1981年の国際障害者年に「完全参加と平等」として紹介された理念である。
▷2　「バリアフリー基本構想作成に関するガイドブック」（国土交通省）。http://www.mlit.go.jp/report/press/sogo09_hh_000125.html（2016年9月12日最終アクセス）
▷3　インテグレーションとは，適応できる人と適応困難な人を区別した上で統合を進めることを示す。背景には，障がい児が健常児と等しく教育を受ける権利としての統合教育がある。草野勝彦・長曽我部博（2001）「障害児をインクルージョンした体育の授業と教員の態度」『体育学研究』46, 207-216頁。
▷4　心のバリアフリー「ユニバーサルデザイン2020 中間とりまとめ」（内閣府）。http://www.kantei.go.jp/jp/singi/tokyo2020/（2016年9月1日最終アクセス）
▷5　中邑賢龍・福島智（2012）『バリアフリー・コンフリクト——争われる身体と共生のゆくえ』東京大学出版会。

なして，車椅子バスケットボールや車椅子ロードレースなどに障がいのない人が参加する，リバースインテグレーションという発想もあります。

ところで，地域における障がい者スポーツは，障がい者が利用しやすいハードウエアの設置とともに，障がい者スポーツの専門指導員を配置した障がい者優先スポーツ施設がリードしてきました。障がい者が安心してスポーツに親しめる環境を整備することは，スポーツという文化の享受に際して不利な立場にある人へのバリアフリーであり，そこでボランティアを導入したり，障がいのある人とない人の交流イベントを開催して，障がい理解を促す取り組みはインテグレーションになります。

3 バリアフリーの推進とユニバーサルデザイン

2020年東京オリンピック・パラリンピック開催に向けては，「共生社会」への啓発・理解を掲げた「心のバリアフリー」教育が推進されています。しかし，スポーツの競技性が強調され「障がい者スポーツ＝パラリンピック」という極端に偏ったイメージが先行してしまうと，今度は既存の障がい者スポーツにアクセスしがたい，高齢障がい者や重度障がい者のスポーツに対するネガティブな意識の広がりが懸念されます。また，制限された身体機能や認知機能の補償を目的に開発・利用されてきた様々なハードウエアは，近年の性能向上により「補う」機能と「増強」機能を併せもつようになりました。その結果，パラリンピックのメダリストが着用している競技用義足と記録の是非が議論されるようにもなりました。バリアフリーの推進にともなう「公平性」の曖昧さは，新たな課題として「バリアフリー・コンフリクト」を生んでいます。

近年では，既存のシステムに適応できる人と適応困難な人を区別せずに「公平」「参加」の視点を重視した「ユニバーサルデザイン」の発想が主流になりました。ここでは，障がいの有無にかかわらずすべての人を包摂する「インクルージョン」が重視されます。障がい者優先スポーツ施設の利用システムも1970年代から先駆的に取り組んだ施設は「障がい者専用型」であり，1980年代後半以降に開設した施設は，障がいの有無を超えてすべての人が利用する「供用型」になっています。さらに2011年にスポーツ基本法が施行されてからは，一般公共スポーツ施設の障がい者利用推進に向けた方略が推進されています。2016年には障害者差別解消法が施行され，障がいの有無を問わず，機会の均等を基礎としてユニバーサルな環境を確保するための「合理的配慮」がうながされるようになりました。障がい者スポーツにおける合理的配慮は，障がいの特性を踏まえた上で，該当場面や状況に応じて，障がい者が参加しやすいように柔軟に対応することを示します。この場合の合理的配慮は，サービスを提供する側とサービスを利用する障がいのある人との相互理解により成立します。

（金山千広）

▷6 年齢や能力の有無にかかわらずすべての人々が使いやすいデザインを指す。1980年代に Ronald Mace により提唱された7つの原則を含む。川内美彦(2001)『ユニバーサル・デザイン──バリアフリーへの問いかけ』学芸出版社，79頁。

▷7 ユニバーサルデザインの考え方と近い理念である（同上，125-126頁）。背景には1994年のユネスコ・サマランカ宣言によって導入された，すべての人の個別ニーズに対応する学校教育を示す。

▷8 スポーツ庁における障がいを理由とする差別の解消の推進に関する対応要領テキスト。http://www.mext.go.jp/sports/sabetukaisho/1369333.htm（2016年7月10日最終アクセス）文部科学省所管事業分野における障害を理由とする差別の解消の推進に関する対応指針の策定について。http://www.mext.go.jp/sports/sabetukaisho/1369333.htm（2016年7月10日最終アクセス）

おすすめ文献

†川内美彦(2001)『ユニバーサル・デザイン──バリアフリーへの問いかけ』学芸出版社。

†中邑賢龍・福島智(2012)『バリアフリー・コンフリクト──争われる身体と共生のゆくえ』東京大学出版会。

†清水貞夫(2010)『インクルーシブな社会をめざして──ノーマリゼーション・インクルージョン・障害者権利条約』かもがわ出版。

第Ⅲ部　対象に応じたスポーツマネジメント

9　障がい者スポーツのマネジメント

アダプテッドスポーツの思想とマネジメント

1　障がい者スポーツからアダプテッドスポーツへ

　欧米では1970年代より障がい者の体育・スポーツを Adapted Physical Education（APE）とか Adapted Physical Activity（APA）と表すようになりました[1]。これを意訳するならば，各人に適応させた体育および身体活動となります。アダプテッドスポーツとは，APE や APA を発展させた比較的新しい概念です。その真意は，障がい者や高齢者をスポーツの中心に据えながらも，個人の身体能力，年齢，障がいの有無などにとらわれず，ルールや用具を工夫して，その人に適合させたスポーツを展開することにあります[2]。また，アダプテッドスポーツは，障がい者スポーツの要素を含みながら，スポーツの対象を「健常者と同じルールや用具の下にスポーツを行うことが困難な人々」[3]としていることが特徴的です。このような発想は障がいの有無や年齢を超えて，すべての人にスポーツの楽しさや健康・体力の維持・増進などを含んだスポーツ文化を共有しやすくし，その指導法は障がい者を含めた乳幼児から高齢者，運動初心者などあらゆる人を対象とした場面にフィードバックしやすくします。このアダプテッスポーツのマネジメントは，実践者の主体性と障がい者自身を取り巻く人的要因や環境を「インクルージョン（包摂）」したシステムづくりが重要です[4]。

2　アダプテッドスポーツとダイバシティ

　スポーツのダイバシティ（多様性）には，表層的な部分として，障がいの有無や性別，年齢を含めた個人属性が，深層的な部分として，スポーツに関連する技能や能力があります。インクルージョンやユニバーサルデザインには，障がいの有無を問わず，利用者一人ひとりのニーズに柔軟に対応するマネジメントが包含されています。そしてこの理念は，特別支援教育（2007年）[5]，スポーツ基本法（2011年），障害者差別解消法（2016年）[6]において政策的に反映されていますが，実践にはアダプテッドスポーツの発想が重要になります。

　図1は，スポーツの対象者を適応できる人とできない人という「二分的な発想」とすべての人とした「統合的な発想」，そして合理的配慮の有無の観点からアダプテッドスポーツのマネジメントを整理したものです。適応できない人に配慮がなされない場合は，スポーツに参加する権利を剝奪した状態になりま

▷1　Winnick, J. P. (1990) *Adapted physical education and sport*, Human Kinetics：book Illinois.
▷2　矢部京之助（1997）「アダプテッド・スポーツの提言」『ノーマライゼーション　障害者の福祉』12月号（第17巻　通巻197号），17-19頁。
▷3　藤田紀昭（2006）「アダプテッド・スポーツ」日本体育学会監修『新版スポーツ科学辞典』平凡社，385頁。
▷4　矢部京之助（2004）「アダプテッド・スポーツとは何か」矢部京之助・草野勝彦・中田英雄編著『アダプテッド・スポーツの科学──障害者・高齢者のスポーツ実践のための理論』市村出版，3-4頁。
▷5　これまでの特殊教育の対象の障がいだけでなく，通常学級に在籍する児童生徒一人ひとりの教育的ニーズに柔軟に対応し，計画的に適切な指導および支援を行う。背景には1994年のユネスコ「サマランカ声明」で提唱されたインクルーシブ教育の推進がある。
▷6　合理的配慮の否定を差別と位置づけた，国連「障がい者の権利に関する

す。これはインクルージョンの逆に位置する「エクスクルージョン（排除）」です。また，「機会」が与えられても配慮がなされない状態はダンピング（投げ込み）になります。この状態では各人が好ましいスポーツ消費行動を得ることができません。適応困難な人への合理的配慮はバリアフリーの発想です。これは，狭義の障がい者スポーツになります。そして，適応できない人のみが配慮の対象になるのではなく，すべての人が楽しく，心地よく参加できるようにルールや用具を工夫してスポーツの「個人化」を図った状態がインクルージョンであり，

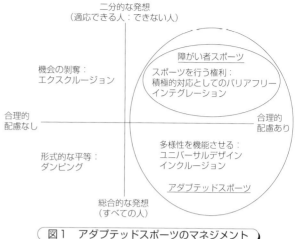

図1　アダプテッドスポーツのマネジメント

出典：津田（2011）をもとに筆者作成。

そこではユニバーサルなスポーツが展開されます。したがって，アダプテッドスポーツのマネジメントのポイントは，障がい者スポーツを包含して，各人の多様性を生かした状態であるといえるでしょう。

3　インクルーシブスポーツの実際

　アダプテッドスポーツでは，すべての人が心地よく参加できる「共生空間」を生み出すためのマネジメントが必要です。また，スポーツにおける狭義のインクルージョンは，合理的配慮のもとで障がいのある人とない人が一緒にスポーツを行うことであり，そこでの障がいのある人の参加形態は，参加者として障がいのない人とともにスポーツの場に居ること，ボランティアなど補助者がついて一緒にスポーツ活動を行うこと，自立してスポーツ活動を行うことなどあらゆる段階を含んでいます。

　この発想から生まれた卓球バレーは，チーム6人が卓球台を囲んで椅子に座り，中に鉛が入って音が出るピン球を長方形の木製ラケットでネット下をくぐらせ，3打以内に相手コートに返球します。全員が座って行うために身体的な負担が少なくなります。また，風船バレーは，チーム全員が風船に触れてから10打以内に相手コートに返球するというルールで行います。この工夫はすべての人がゲームに参加する機会を生み出します。バレーが得意な人はチーム全員が風船に触れるようにパスを回します。障がい者や高齢者，運動が苦手な人など，様々な人が一緒にスポーツを楽しむには，多様性に配慮しつつスポーツを工夫する過程も重要です。スポーツ生活者の多様化にともなうニーズに対応するには，既存のニュースポーツにとどまらず，様々な観点から工夫を凝らしたスポーツの創造が必要です。アダプテッドスポーツの発想は対象者に合わせて既存のスポーツを修正したり，新たにスポーツを創作するプロセスにも楽しさがあります。

（金山千広）

条約」をベースとして，2016年にすべての国民が，障がいの有無によって分け隔てられることなく，相互に人格と個性を尊重し合いながら共生する社会の実現に向け，障がいを理由とする差別の解消を推進することを目的として制定された。
▶7　津田英二（2011）「『インクルージョン』の意味をめぐって」津田英二監修『インクルーシヴな社会をめざして〈共に生きる〉とはどういうことか』神戸大学大学院人間発達環境学研究科ヒューマン・コミュニティ創成研究センター，かもがわ出版，8頁。

おすすめ文献

†山下秋二・中西純司・松岡宏高（2016）『図とイラストで学ぶ　新しいスポーツマネジメント』大修館書店。
†矢部京之助・草野勝彦・中田英雄編著（2004）『アダプテッド・スポーツの科学——障害者・高齢者のスポーツ実践のための理論』市村出版。

第Ⅲ部　対象に応じたスポーツマネジメント

9　障がい者スポーツのマネジメント

 障がい者と競技スポーツ

1　パラリンピックの起源と語源

　パラリンピックは，障がい者を対象とした世界最高峰の国際スポーツ競技大会で，4年に1度，オリンピック終了後に同じ場所で開催されている大会です。1989年に創設された「国際パラリンピック委員会（IPC）」は，過去の大会をさかのぼって1960年にローマで開催された「第9回国際ストーク・マンデビル大会」を「第1回パラリンピック」として位置づけています。この「ストーク・マンデビル大会」とは，L. Guttmann博士が，1948年にイギリスのストーク・マンデビル病院において車椅子患者（退役軍人）によるアーチェリーの試合を開催したことから始まりました。同病院において毎年開催していたこの大会は，1960年のローマ大会時に，イギリス，オランダ，ベルギー，イタリア，フランスの5カ国により「国際ストーク・マンデビル大会委員会」を設立し，その委員会において「オリンピック開催年に実施する大会はオリンピック開催国で実施していく」という取り決めがなされたのです。

　パラリンピックという言葉は，1964年のオリンピック・東京大会開催後に実施した「第13回国際ストーク・マンデビル大会」において付けられた愛称で，その当時の大会は，脊髄に損傷をうけた車椅子の人だけが参加する大会であったことから，「対麻痺（下半身不随）者＝パラプレジア（Paraplegia）」とオリンピックとの合成語を意味する言葉として名づけられたものでした。この愛称は1988年のオリンピック・ソウル大会開催後に実施した大会から公式名称なりましたが，その間，車椅子の人たちだけでなく，目や耳の不自由な人など，様々な障がい者が参加できる大会に発展していたことから，現在のパラリンピックは，「パラレル（parallel）」とオリンピックの合成語として，つまり，「もう1つのオリンピック」という意味で用いられる言葉として認識されています。

2　オリンピックとの統合化

　障がい者を対象とした国際的なスポーツ組織は，障害種別によっても多様な団体が創設されています。具体的には，「聴覚障がい者の団体（CISS）」「車椅子使用者の団体（ISMWSF）」「切断・機能障害など肢体不自由者の団体（ISOD）」「脳性まひ者の団体（CPISRA）」「視覚障がい者の団体（IBSA）」「知的障がい者の連盟（INAS-FID）」などがあげられます。ちなみに，1982年に

▷1　夏季は1960年ローマ大会，冬季は1976年スウェーデン大会がIPCによって第1回パラリンピックとして位置づけられている。

▷2　阿部崇（2015）「障害のある人のスポーツの確立」中村敏雄・高橋建夫・寒川恒夫・友添秀則編集主幹『21世紀スポーツ大辞典』大修館書店，945-947頁。

▷3　この大会は，後に「第2回パラリンピック大会」として位置づけられている。

▷4　後藤邦夫（2015）「障害のある人のスポーツの発展」中村敏雄・高橋建夫・寒川恒夫・友添秀則編著『21世紀スポーツ大辞典』大修館書店，947-949頁。

ISMGF, ISOD, CPISRA, IBSA の4団体により「国際調整委員会 (ICC)」が発足し, 多様な障害種別の選手が参加できる国際大会が開催されました。また, 1985年には,「国際オリンピック委員会 (IOC)」とICCとの合意によりパラリンピックを公式名称として使用することが可能となり, さらに, 1989年には, IPCが創設されました。つまり, パラリンピックは, 様々な障害種別の団体がICCとして一緒に活動し, その活動がIPCへと発展していくことで, 種目数の拡大や障害種別の統合化を進めてきたのです。

▷5 国際ストーク・マンデビル競技連盟。

IOCとの関係構築においては, 2000年のオリンピック・シドニー大会開催時にIOCとIPC間における協力関係に関する話し合いがもたれ,「オリンピック開催国は, オリンピック終了後, 引き続いてパラリンピックを開催しなければならない」との基本的な取り決めが合意されました。また, 2001年には再度話し合いがもたれ, 詳細な協力関係に関する合意がなされるとともに, 2008年の北京大会以降は, 協働的に大会運営を実施するようになっています。

▷6 (公財)日本障がい者スポーツ協会 (2016)『障がい者スポーツの歴史と現状』。

3 障がい者スポーツの高度化の功罪

IOCとIPCの組織的な統合は, パラリンピックの注目度とともに, 障がい者スポーツの認知度向上に大きな影響を与えています。しかし, 一方で, 近年, 政治的, 経済的な影響力が大きくなり, 競技力の高度化が進められることで, 様々な問題を抱えるようになっています。たとえば, ドーピングです。パラリンピックでは1988年のソウル大会より, 厳格な審査が実施されるようになりました。しかし, 選手は障がいに関わる薬を飲んでいる場合もあることから, 禁止薬物を含まない医薬品を医師に処方してもらうというむずかしい対応が必要になっています。また, 車椅子や義足など最先端の器具は, 形状や素材が年々進化し, 非常に高額で, このような器具を開発・購入できる先進国と途上国との格差の広がりが問題になっています。加えて, パラリンピックでは障がいの度合いに応じた階級, いわゆるクラス分けを行って競技が実施されていますが, 近年, メダルの価値を向上させるため, この階級を少なくする動きが起こっており, 階級の統廃合によって障がい部位による有利不利ができてしまうジレンマを抱えています。さらに, 2000年のシドニー大会において男子バスケットボール知的障害クラスで金メダルを獲得したスペインチームに障がい者を装った健常者がいたことが発覚し, それ以降の大会より知的障がい者クラスを実施しない措置がとられるといった, いわゆる, 障がい偽装の問題も出てきています。

▷7 陸上競技においては, オリンピック出場を果たしたパラリンピック選手 (オスカー・ピストリウス選手＝南アフリカ) も登場している。

▷8 髙橋明 (2004)『障害者とスポーツ』岩波新書。

このようにIOCとIPCの協働が進むにつれて, 競技志向を強める障がい者スポーツですが, その功罪は幅広い視点から今後も注目すべき問題といえるでしょう。

(行實鉄平)

おすすめ文献

†髙橋明 (2004)『障害者とスポーツ』岩波新書。
†渡正 (2012)『障害者スポーツの臨界点』新評論。
†清水諭・友添秀則編 (2013)『現代スポーツ評論29』創文企画。

9 障がい者スポーツのマネジメント

 ## 障がい者スポーツの支援体制

1　わが国における障がい者スポーツ組織・施設の特徴

　わが国の障がい者スポーツの普及・振興を図る全国的な統括組織として，「(公財)日本障がい者スポーツ協会」は，1965年に厚生省（現：厚生労働省）の認可を受けて設立されました。同協会の事業は，障がい者スポーツに関する，国内外における大会の開催や選手の派遣，指導者の養成，各種競技団体の統括，ならびに，調査研究・情報収集・広報など多岐にわたるものとなっています。また，1999年には，(公財)日本パラリンピック委員会（JPC）を同協会内に設置し，国際競技力向上に向けた取り組みも進めるようになりました。

　全国各地における最前線の障がい者スポーツの支援組織としては，都道府県・指定都市における障がい者スポーツ協会や，障がい者スポーツセンターといった組織・施設をあげることができます。これらの組織・施設では，福祉領域の組織と連携しながら各地域における単発的な事業（大会や講習会など）をはじめ，定期的な事業（教室やサークル支援など）についても，各地域の特性に合わせて活動を展開しています。

　しかしながら，わが国における障がい者スポーツの組織は，体育協会や各種目別競技団体といったスポーツ組織に障がい者スポーツの部門が内包されることはほとんどなく，障がいのある人々のために，障がいのない人々とは個別の組織化を図ってきたことにその特徴をみることができます。これは，わが国の障がい者スポーツの普及・振興に関する取り組みが対象者のリハビリや，社会参画の一環として発展してきた日本の行政システムに大きく影響を受けているものと考えられます。

2　障がい者スポーツ指導者の制度と現況

　障がい者スポーツにおける専門的な知識・技術を有する指導者の養成および資質の向上は，組織や施設の整備と合わせて必要不可欠な取り組みです。日本障がい者スポーツ協会では，1985年に資格制度を制定し，現在，「障がい者スポーツ指導員（初級・中級・上級）」「障がい者スポーツコーチ」「障がい者スポーツ医」「障がい者スポーツトレーナー」といった6つの資格を認定しています。さらに1993年からは，認定校制度を発足し，専門学校や短期大学，大学において所定のカリキュラムを習得した学生による資格認定を行うことで若手

▷1　当時は「(財)日本身体障害者スポーツ協会」の名称で認可され，活動をスタートさせた。

▷2　障がい者スポーツ協会名には，いくつかのバリエーションがある。たとえば，大分県障害者体育協会，京都障害者スポーツ振興会など。

▷3　障がい者スポーツセンターは，障がい者スポーツ施設を指す。

▷4　たとえば，地方自治体の福祉行政局部局や社会福祉協議会などである。

▷5　(公財)日本障がい者スポーツ協会（2016）『障がい者スポーツの歴史と現状』。

▷6　武隈晃（1999）「障害者スポーツ」『現代スポーツ経営論』アイオーエム。

指導者層の量的拡大が図られました。また、全国8ブロックおよび全国47都道府県において障がい者スポーツ指導者の協議会が設立されており、指導者間の情報交換や指導活動が促進されるような各種活動を展開しています。

障がい者スポーツ指導員の資格取得者は、2万2,646人（2015年12月現在）で、過去20年間で大きく増加しましたが、ここ10年間は横ばいの傾向となっています。また、障がい者スポーツ指導者の現況に関する調査によれば、週1回以上の定期的な活動者は約1割で、活動頻度の多い指導者は上級指導者であるほど、年齢が上がるほど多くなり、さらに、資格取得者の職種は福祉関係者が多く、活動場所での主な役割は指導ではなく補助的な役割を担う方が多い、といった現状が報告されています。つまり、障がい者スポーツ指導者の現況は、量的・質的の両面において様々な課題を抱えているといえるでしょう。

③ 障がい者スポーツの普及を通したソーシャル・インクルージョンの可能性

わが国の「スポーツ基本法」(2011年)では、「スポーツを通じて幸福で豊かな生活を営むことは、全ての人々の権利」であり、「障害者が自主的かつ積極的にスポーツを行うことができるよう、障害の種類及び程度に応じて必要な配慮をしつつ推進されなければならない」といった、いわゆる、国民の「スポーツ権」の確立とともに「障がい者スポーツ」の推進が1つの基本理念として掲げられています。また、「スポーツ基本計画」(2012年)においても障がい者スポーツ推進に関する施策が随所に示されており、国（文部科学省）は、同法の基本理念および同計画を推進するために、特に、地域における障がい者スポーツ推進に関しては、障がい者だけでなく健常者を含めたアダプテッドスポーツの考え方をベースとした施策を展開しています。具体的には、総合型地域スポーツクラブにおける障がい者スポーツの導入や、特別支援学校施設の積極的活用、スポーツ推進委員を対象とした障がい者スポーツ講習会の推奨など、新たな組織、施設、指導者に向けた障がい者スポーツ施策による支援体制の構築が模索されています。加えて、予算措置においても、これまで厚生労働省がその多くを管轄していた障がい者スポーツ事業の一部が文部科学省に移管され、スポーツ政策として一体的に推進する動きが進められています。

障がい者スポーツの普及は、このような一般的なスポーツ振興と一体的に統合したマネジメントを進めていくことで、障がいのある人だけでなく、障がいのない人に対しても、障がい者や障がい者スポーツに対する理解を深めることとなり、ひいてはノーマライゼーションの理念に基づくソーシャル・インクルージョンや共生社会の構築に向けた機運を高める可能性を秘めているのです。

（行實鉄平）

▷7 地域における障害者スポーツ普及促進に関する有識者会議（2016）『地域における障害者スポーツの普及促進について』文部科学省。

▷8 （公財）笹川スポーツ財団（2013）平成25年度文部科学省『健常者と障害者のスポーツ・レクリエーション活動連携推進事業（地域における障害者のスポーツ・レクリエーション活動に関する調査研究）報告書』。

▷9 2014年よりスポーツ振興の観点が強い障がい者スポーツ事業は一体的に推進されており、スポーツ庁の発足により、その加速が期待される。

▷10 障がい者などが差別されることなく地域で普通の生活を営むことを当然とする福祉の基本的な考えであり、バンク＝ミケルセンによって1950年代に提唱された概念。Ⅲ-9-3 も参照。

▷11 障がい者などを社会から隔離排除するのではなく、社会の中で共に助け合って生きていこうとする運動や施策を含意する言葉。社会的包摂（力）。

おすすめ文献

†藤田紀昭（2013）『障害者スポーツの環境と可能性』創文企画。

†矢部京之助・草野勝彦・中田英雄編著（2004）『アダプテッド・スポーツの科学――障害者・高齢者のスポーツ実践のための理論』市村出版。

†（公財）日本障がい者スポーツ協会編（2012）『障害者スポーツ指導教本初級・中級〈改定版〉』ぎょうせい。

第 Ⅳ 部

社会とスポーツマネジメント

---**イントロダクション**---

　スポーツマネジメントは，スポーツをマネジメントする団体や組織の営みとして具体化されます。一方，スポーツマネジメントは社会の中で営まれています。したがって，社会に開かれ，社会から影響を受ける営みでもあり，社会との関連の在り方も重要な課題になります。第Ⅳ部では，このようなスポーツマネジメントと社会との関わりを解説します。スポーツ法制度のスポーツマネジメントでは，スポーツの法制度や政策や行財政の現状や課題について解説します。スポーツ法制度や政策は，参加型スポーツのマネジメントのみならず，観戦型スポーツの基礎となる競技力向上をめぐるマネジメントにも関連します。スポーツ団体のマネジメントでは，日本のスポーツ団体の全体構造を俯瞰するとともに，個別の競技団体や統轄団体の現状とマネジメント課題について解説します。近年，スポーツマネジメントをめぐる倫理の保障や社会的責任への認識も重要なマネジメント課題となってきました。スポーツマネジメントと倫理・CSR では，倫理マネジメントや社会的責任の考え方を理解するとともに，スポーツ団体のガバナンス，プロスポーツ組織の社会的責任，コンフリクトマネジメントやリスクマネジメントについて学習します。さて，スポーツマネジメントに関わる人材養成は，スポーツの発展をめぐる最重要課題です。スポーツマネジメント人材の養成では，参加型スポーツと観戦型スポーツにおけるマネジメント人材の具体例や資格制度を紹介します。最後に，スポーツマネジメントの研究動向では，スポーツマネジメントの実践を理論づけたり，方向づけるスポーツマネジメントの研究動向について，日本と諸外国の学会活動を紹介します。

10 スポーツ法制度とスポーツマネジメント

 スポーツに関する法制度の体系

スポーツ法の体系

　法とは，国家またはそれに準ずる社会によって定立され，社会の成員に対して強制力をもつ社会規範のことです。このうち，スポーツに関する法のことをスポーツ法といいます。また，スポーツ法の体系は，スポーツ国家法，スポーツ固有法およびスポーツ国際法から構成されています。スポーツ国家法とは，国家がその社会秩序を維持するために定めたスポーツ法のことで，スポーツに関する国の法令（法律や命令など），地方公共団体の法令（条例や規則など）および裁判所の判例などがあります。スポーツ固有法とは，スポーツの組織社会においてスポーツ団体や組織がその組織や社会を管理または規律するために固有に定めた規範のことで，スポーツルール（競技規則など），スポーツ団体協約（団体の定款や規約など），およびフェアプレイ，スポーツマンシップなどのスポーツ理念に大別されます。スポーツ国際法とは，国際的なスポーツに関する法のことで，スポーツに関する国家間の取り決め（条約など），国家と国家以外（たとえば国際的なスポーツ団体）との間の取り決め，オリンピック憲章のように国際的なスポーツ団体が定めた規範のように世界的にスポーツの分野で通用する取り決めなどに分けられます。スポーツマネジメントを行うためには，スポーツに係るこれらスポーツ法を体系的に理解し，国内的にも国際的にも精通し，法令を遵守し，適正にマネジメントに活かすことが必要です。

2 日本におけるスポーツ制定法の体系

　スポーツ国家法の中でも，特に条文の形式をとった成文の法令のことをスポーツ制定法とよびます。日本におけるもっとも主要なスポーツ制定法としては，「スポーツ基本法」（平成23年法律第78号）があります。スポーツ基本法は，スポーツに関して，基本理念を定め，また国および地方公共団体の責務ならびにスポーツ団体の努力などを明らかにするとともに，スポーツに関する施策の基本となる事項を定めています。また，スポーツ基本法は，「スポーツを通じて幸福で豊かな生活を営むことは，全ての人々の権利」であることを確認するなど，日本のスポーツ法やスポーツ政策の基本原理を定めています。さらに，スポーツ基本法は，国によるスポーツ基本計画の策定および地方公共団体による地方スポーツ推進計画の策定についても定めています。

▷1　齋藤健司（2015）「スポーツ国家法」中村敏雄・高橋健夫・寒川恒夫・友添秀則編集主幹『21世紀スポーツ大事典』大修館書店，84-87頁。
▷2　地方公共団体のスポーツに関する行政計画，審議会，施設（指定管理者）などの条例がある。吉田勝光（2007）『地方自治体のスポーツ立法政策論』成文堂。
▷3　（公財）日本スポーツ協会定款，（公財）日本障がい者スポーツ協会定款，（一社）日本プロフェッショナル野球協約，（公社）日本プロサッカーリーグ規約，日本学生野球憲章など，様々なものが該当する。
▷4　ユネスコの「スポーツにおけるドーピングの防止に関する国際規約」（2005年）や「体育，身体活動及びスポーツに関する国際憲章」（2015年）などがある。
▷5　日本スポーツ法学会編（2011）『詳解スポーツ基本法』成文堂。

この他，スポーツくじ（toto）について定めた「スポーツ振興投票の実施等に関する法律」（平成10年法律第63号）や，「独立行政法人日本スポーツ振興センター法」（平成14年法律第162号）は，日本のスポーツの施策に関わる主要な法律といえます。また，「スポーツにおけるドーピングの防止活動の推進に関する法律」（平成30年法律第58号），ゴルフ場等に係る会員契約の適正化に関する法律や，公営競技に関する法律（競馬法，自転車競技法），小型自動車競走法，モーターボート競走法，日本中央競馬会法などもスポーツ制定法といえます。

教育関係法としては教育基本法，学校教育法，社会教育法などがあり，学校における体育およびスポーツと関係があります。たとえば，学校教育法第3条は，学校の設置基準について規定があり，学校体育施設も設置基準に基づいて設置されています。また，社会教育法第2条は，社会教育を「学校の教育課程として行われる教育活動を除き，主として青少年及び成人に対して行われる組織的な教育活動（体育及びレクリエーションの活動を含む。）」と定義しています。

国の行政組織に関しては，文部科学省設置法があり，文部科学省の任務として「スポーツに関する施策の総合的な推進」を定め，外局としてスポーツ庁を設置することを定めています。また，国家行政組織法に基づきスポーツ審議会令が制定されています。地方公共団体の行政組織に関しては，特に地方自治法で，地方公共団体の組織・運営，教育委員会，公の施設などを規定しています。また，地方教育行政の組織および運営に関する法律は，特に教育委員会の職務権限として「スポーツに関すること」を定め（第21条），特例により，学校における体育に関することを除き，スポーツに関する教育委員会の職務権限を地方公共団体の長が管理できることを定めています（第23条）。

3 スポーツマネジメントと関係の深い法制度とその多様性

社会一般を規律する法制度の中にもスポーツマネジメントと関係の深い法令が多様に存在しています。たとえば，民法や国家賠償法では，スポーツ事故の法的責任に関係する規定があります。一般社団法人および一般財団法人に関する法律，公益社団法人および公益財団法人の認定等に関する法律，特定非営利活動促進法（NPO法），会社法などは，スポーツ団体やスポーツクラブの法人格と関係があります。著作権法，商標法，特許法，意匠法などは，スポーツに関する知的財産と関係があります。たとえば，スポーツの試合の映像は，著作権法上の映画の著作物としてみなされ，放送権，公衆送信権が売買されます。プロスポーツチームのロゴやマークは，商標権として保護することができ，関連するグッズの商品化権を行使することができます。民法，労働法，独占禁止法などは，スポーツに関する契約，プロ選手の地位やプロスポーツリーグと関係があります。スタジアムが設置されている総合運動公園は，都市公園法に基づいて整備されています。

（齋藤健司）

▷6 金銭などを賭ける行為を特別な法律によって行政の管理下におくことで公に認められた競技のことである。

▷7 齋藤健司（2011）「スポーツ法政策」菊幸一・齋藤健司・真山達志・横山勝彦編『スポーツ政策論』成文堂，34-49頁。

▷8 公の施設とは，「住民の福祉を増進する目的をもってその利用に供するための施設」のことで，地方自治体の公共スポーツ施設もこれに含まれる。

▷9 日本弁護士連合会弁護士業務改革委員会（2013）『スポーツ事故の法務』創耕舎。

▷10 日本スポーツ法学会監修（2016）『標準テキストスポーツ法学』エイデル研究所。

おすすめ文献

†小笠原正監修（2000）『導入対話によるスポーツ法学』不磨書房。
†道垣内正人・早川吉尚編（2011）『スポーツ法への招待』ミネルヴァ書房。
†スポーツ問題研究会編（2012）『Q&Aスポーツの法律問題（第3版）』民事法研究会。

10 スポーツ法制度とスポーツマネジメント

2 国のスポーツ政策

1 スポーツと政策

　政策とは，ある集団が目標を達成するために行う決定や行動の指針のことです。その中でも公共的な問題を解決するための国の決定や行動の指針のことを公共政策といいます。また，政策には，基本戦略，法律，基本計画などの国の決定や指針だけでなく，それを具体的に実施するための施策や事業が含まれます。さらに，政策には，政策・施策・事業といった階層構造をともなった政策体系が存在しています。政策分析の基礎として，政策は政策決定，政策実施および政策評価からなる政策過程として捉えることがあげられますが，国のスポーツ政策も，このような政策過程として捉えることができます。

2 日本のスポーツ政策の決定と政策体系

　日本のスポーツ政策は，スポーツ基本法（2011年制定）により基本理念や施策の基本が決定され，同法に基づき策定されたスポーツ基本計画（2012年）によって10年間のスポーツ推進のための基本方針と5年間の総合的かつ具体的に取り組むべき施策が示されています。たとえば2012年のスポーツ基本計画では，「学校と地域における子どものスポーツ機会の充実」「若者のスポーツ参加機会の充実や高齢者の体力つくり支援等ライフステージに応じたスポーツ活動の推進」「住民が主体的に参画する地域のスポーツ環境の整備」「国際競技力の向上に向けた人材の養成やスポーツ環境の整備」「オリンピック・パラリンピック等の国際競技大会等の招致・開催等を通じた国際交流・貢献の推進」「ドーピング防止やスポーツ仲裁等の推進によるスポーツ界の透明性，公平・公正性の向上」「スポーツ界における好循環の創出に向けたトップスポーツと地域におけるスポーツとの連携・協働の推進」の7つの政策目標が示され，それぞれの政策目標ごとに施策目標と具体的施策展開が示されています。さらに，スポーツ基本計画に対応して，毎年，具体的な事業やプロジェクトが決定され，スポーツ庁を中心に実施されています。

3 行政組織によるスポーツ政策の実施

　国のスポーツ政策を実施する行政組織としては，文部科学省の外局としてスポーツ庁が設置されています。また，スポーツ庁は，厚生労働省（健康増進，

▷1　日本におけるスポーツの基本戦略としては，文部科学省が2010年に策定した「スポーツ立国戦略」がある。

▷2　菊幸一・齋藤健司・真山達志・横山勝彦編（2011）『スポーツ政策論』成文堂。

▷3　たとえば，平成28年度のスポーツ庁の事業の中には，競技力向上事業，ハイパフォーマンスサポート事業，ナショナルトレーニングセンター競技別強化拠点施設活用事業，スポーツ参加促進プロジェクト，スポーツ環境整備事業，スポーツ・フォー・トゥモロー等推進プログラム，武道等の円滑な実施の支援，体育活動における課題対策推進事業などがある。

▷4　外局とは，府省のもとに設置され，特殊な事務を行う国の行政機関である。

高齢者，障害者福祉），国土交通省（公園整備，観光振興，地域振興），外務省（国際交流，経済協力），経済産業省（スポーツ施設，スポーツ産業）などと連携してスポーツ行政の総合的な推進を図っています。2016年のスポーツ庁の内部部局としては，政策課（学校体育室を含む），健康スポーツ課（障害者スポーツ振興室），競技スポーツ課，国際課，オリンピック・パラリンピック課，参事官（地域振興担当，民間スポーツ担当）が設置されています。また，審議会として，スポーツ審議会が設置されています。なお，国全体のスポーツ政策の実施を実現していくためには，スポーツ庁や国の行政機関だけでなく，地方公共団体，（独）日本スポーツ振興センター，（公財）日本スポーツ協会，（公財）日本障がい者スポーツ協会，（公財）日本オリンピック委員会，国内スポーツ連盟，地方体育協会，地域スポーツクラブ，その他のスポーツ団体，学校，大学，プロスポーツリーグ，民間事業者などの関係者との相互の連携協力や政策ネットワークの形成が必要となっています。また，2020年の東京オリンピック・パラリンピックに向けては，東京オリンピック競技大会・東京パラリンピック競技大会推進本部と東京オリンピック・パラリンピック担当大臣が政府に設置され，関連府省，東京都，JOC，（公財）東京オリンピック・パラリンピック競技大会組織委員会などと連携しながら特別に政策が実施されています。

4 スポーツ政策の評価

日本のスポーツに関する行政計画の実施は，2001年の行政機関が行う政策の評価に関する法律に基づいて政策評価の対象となっています。これは，ニュー・パブリック・マネジメントの考え方の影響により，客観的な根拠に基づく政策（Evidence-Based Policy）の実施と評価が求められるようになってきたからです。実際に文部科学省では，「企画立案（Plan）」「実施（Do）」「評価（Check）」「企画立案への反映（Action）」というマネジメント・サイクルの中に政策評価を制度化し，実施しています。そして，スポーツに関する事業などについても，実績評価，事業評価，総合評価，規制評価などが実施されています。

また，特に政策評価を行うにあたっては，評価指標が設定されています。特にスポーツ政策については，スポーツ基本計画で掲げられている成人のスポーツ実施率（週1回以上65％程度，週3回以上30％程度），オリンピックにおけるメダル獲得数（夏季・冬季オリンピックにおける過去最多のメダル数）およびメダル獲得ランキング（夏季オリンピック5位，冬季オリンピック10位）などが政策指標として示され，政策目標が掲げられています。これらのスポーツ政策の評価は，行政による内部評価が中心ですが，国民やスポーツを行う者の意見や評価を政策に取り入れ，またスポーツ政策の専門家による客観的な評価や分析ができるようにさらにマネジメントをしていく必要があります。

（齋藤健司）

▷5　スポーツ庁ウェブサイト。http://www.mext.go.jp/sports/ （2016年12月15日最終アクセス）

▷6　（独）日本スポーツ振興センターウェブサイト。http://www.jpnsport.go.jp/ （2016年12月15日最終アクセス）Ⅳ-10-4 も参照。

▷7　NPM（New Public Management）と略される。行政に経営手法を導入して行政改革を進め，行政の効率化や合理化を進めようとする考え方。

▷8　新日本有限責任監査法人（2014）『スポーツ政策調査研究（スポーツ基本計画の評価に関する調査研究）報告書』。

（おすすめ文献）
†菊幸一・齋藤健司・真山達志・横山勝彦編（2011）『スポーツ政策論』成文堂。
†中村祐司（2006）『スポーツの行政学』成文堂。
†関春南（1997）『戦後日本のスポーツ政策──その構造と展開』大修館書店。

第Ⅳ部　社会とスポーツマネジメント

10　スポーツ法制度とスポーツマネジメント

地方のスポーツ政策

1　地方のスポーツ政策と法

　日本国憲法は地方公共団体について，「地方公共団体の組織及び運営に関する事項は，地方自治の本旨に基いて，法律でこれを定める」（同法第92条）と規定し，そして，その権能として，地方公共団体は，その財産を管理し，事務を処理し，及び行政を執行する権能を有し，法律の範囲内で条例を制定し（同法第94条），様々な政策を展開しています。

　ここでは，地方公共団体がスポーツの振興・推進を図っていくためにとられている手法についての概要を述べることとします。その地方公共団体がスポーツの政策をどのような手法で展開するかは，行政マネジメントの1つとして重要です。

　手法には法的な拘束力をもつものともたないものがあります。ここでは，まず，法規範である「条例」および「規則」による政策の展開を述べ，法規範ではない行政の運営による行政計画および宣言を取り上げます。

2　法規範によるスポーツ政策

　まず，条例による政策の展開があげられます。地方公共団体が法律の範囲内で制定することができる，地方公共団体の憲法であり，最高規範です。条例は住民の代表で構成される議会により制定されるもので，住民に対する強制力は強大です。もちろん，その規制力の度合いには強弱があり，単に努力義務を課すのみにとどまる場合もあります。スポーツに関する政策条例には様々なものがあり，たとえば表1に掲げるものがあります。中でもスポーツに関する基本的な政策（振興・推進）を包括的に定めた条例をスポーツ基本条例といいます。

　次に，「規則」による政策実施もあります。市区町村長といった首長が定める規則は，数は少ないのですが，褒賞関係の規則として兵庫県スポーツ賞規則があります。また，東京都立学校の管理運営に関する規則は，教育委員会が定める規則です。この規則は，部活動が教育活動の一環として設置・運営されるものであることと初めて法的に認めたものです。

3　法規範ではない行政の運用によるスポーツ政策

　これには，スポーツ振興・推進計画の策定やスポーツ宣言があります。

▶1　首長が定める「規則」などを含むと解釈されている。芦部信喜（高橋和之補訂）（2011）『憲法第5版』岩波書店，359頁。

▶2　法的な拘束力をもち，人の行動を規制するものをいう。法的拘束力をもたない規範には，道徳規範，政治規範などがある。

▶3　日本スポーツ法学会監修（2016）『標準テキスト　スポーツ法学』エイデル研究所，83頁。

表1　スポーツ政策条例

分類区分	条例名（代表的なもの）	備考
スポーツ政策組織に関するもの	熊本県スポーツ推進審議会条例，高浜市事務分掌条例	
スポーツの基本的な政策を定めるもの（スポーツ基本条例）	山口県スポーツ推進条例，21世紀出雲スポーツのまちづくり条例，三重県健康づくり推進条例	全国で37件
特定のスポーツ活動の促進を図るもの	北海道アウトドア活動振興条例	
適切な利用が確保されないスポーツ施設の適正化を図ろうとするもの	滋賀県琵琶湖のレジャー利用の適正化に関する条例，神奈川県プレジャーボートの保管場所に関する条例，恩納村海岸管理条例	
一定の利用者に対して税金などの賦課または特例に関するもの	富士河口湖町遊漁税条例，特定非営利活動法人に対する岐阜県税の特例に関する条例	
スポーツ愛好者の安全を確保しようとするもの	長野県安全登山条例，野沢温泉村スキー場安全条例，神奈川県海水浴場等に関する条例	
スポーツ中の事故に関する補償を行おうとするもの	さいたま市学校災害共済給付金条例，三鷹市スポーツ障害見舞金支給条例	
学校などの施設管理運営に関するもの	三鷹市立学校施設の開放に関する条例，調布市公の施設の指定管理者の指定の手続等に関する条例	

　国では，2000年にスポーツ振興基本計画が策定され，その後2006年に改定がありました。2011年6月のスポーツ基本法制定を受けて，2012年3月にスポーツに関する個別の行政計画として，スポーツ基本計画が策定されました。

　行政計画は，行政機関・組織が，その行政目的を達成するために方針や具体的目標などを定めたものです。行政を，組織として合理的かつ円滑に推し進めるためには必要不可欠なものです。この行政計画には，限定した行政を行うための個別計画とその事業を総合的に企画する総合計画があります。個別計画にするか，それとも総合計画にするかは，その地方公共団体によって判断が異なります。事業規模や予算などによりいずれが適切か判断されることになります。

　このような行政計画は，地方のスポーツ政策の展開についても行われています。都道府県レベルでは，個別計画としてのスポーツ振興・推進計画をもっているところがほとんどです。経済政策，環境政策，学校教育政策などを取り込んだ総合計画の中でスポーツの振興・推進計画を盛り込んでいるところは極めて稀です。市区町村レベルになりますと総合計画に盛り込んでいるところが多いといえますが，特に市レベルでは個別計画の策定が進んでいます。たとえば長野県では19市のうち，12市でスポーツに特化した地方スポーツ推進計画が策定されています。

　スポーツ宣言の実施は，地方公共団体が，住民などにスポーツ振興・推進や健康づくりに力を入れていることをアピールするために発せられる宣言です。たとえば，苫小牧市スポーツ都市宣言，戸田市生涯スポーツ都市宣言などがあります。かつては，住民に対して，スポーツ政策への積極的姿勢を示すために盛んに実施されました。

（吉田勝光）

おすすめ文献

†阿部泰隆（1999）『政策法学と自治体条例』信山社。
†佐々木信夫（2008）『自治体政策』日本経済評論社。
†吉田勝光（2007）『地方自治体のスポーツ立法政策論』成文堂。

第Ⅳ部　社会とスポーツマネジメント

10　スポーツ法制度とスポーツマネジメント

 # スポーツ行政のしくみ

1　スポーツ行政

　現在，スポーツは，国民生活においてなくてはならないものとなっています。国民はスポーツを「行う」「みる」「支える」など，様々な形で楽しみ，スポーツの喜びを味わっています。国や地方公共団体は，国民の欲求を満たすべく努力しようとしてスポーツの振興・推進に力を入れることとなります。それが，国のスポーツ行政であり，地方のスポーツ行政です。

2　国のスポーツ行政

　国のスポーツ行政は，2015年9月30日までは，文部科学省スポーツ・青少年局が中心となって行ってきました（うちスポーツ関係3課1参事官体制。図1左欄）。トップの局長の下，大臣官房審議官が置かれ，スポーツ・青少年企画課などが配置されていました。この他に文部科学大臣の諮問機関として中央教育審議会スポーツ・青少年分科会がありました。この体制で，国の基本的なスポーツ政策や方針を決定し，学校体育関係団体に対しては，指導・助言，補助金の交付，事業・運営の監督をし，民間のスポーツ団体・組織に対しては，補助金の交付，事業・運営の監督や基金造成を行ってきました。また，地方公共団体に対しては，指導・援助・助言をし，補助金の交付を行ってきました。

　2015年10月1日に上記スポーツ・青少年局がなくなり，それに変わるものとして，文部科学省の外局としてスポーツ庁が開設されました。初代長官は水泳のオリンピック金メダリストの鈴木大地です。その組織構成は，長官の下，次長，審議官がおり，政策課などが配置されました（5課2参事官体制。図1右欄）。大きな変更点は，障害者スポーツ関係や学校体育・運動部活動が「室」として設置されたこと，オリンピック・パラリンピック関係課の創設などです。

　そもそも，スポーツ庁を開設しようとした大きな理由は，スポーツに関する行政が多くの省庁に分散していることから，公費の効率的活用，政策の統一性などを図ったものです。しかし，今回のスポーツ庁の開設では，省庁間の調整がうまくいかず，その目的を実現できませんでした。その欠点を補うために，スポーツ庁職員121人（旧スポーツ・青少年局関係職員は76人）のうち，他府省から23人を配置し，スポーツ庁と他府省間の今後の調整の円滑化を図ろうとしています。なお，スポーツ基本法は，省庁間の合理的調整を行うため，スポーツ

▷1　相談機関のこと。したがって，その意見と異なる判断をしても問題にされない。

▷2　厚生労働省の高齢者のスポーツ活動の振興など，社会保険庁の職場での運動による健康づくり事業など，経済産業省のスポーツ関連産業の振興などがある。

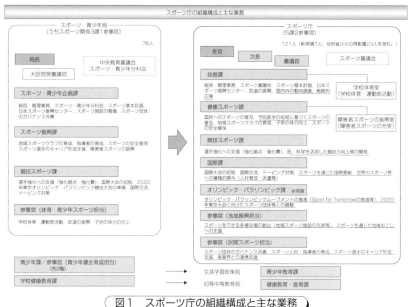

図1　スポーツ庁の組織構成と主な業務

出典：組織図：スポーツ庁・文部科学省ホームページ。http://www.mext.go.jp/sports/b_menu/soshiki2/1362177.htm（2016年7月8日最終アクセス）

推進会議を設けています。

同年12月には，スポーツ庁長官の諮問機関として，スポーツ審議会が設置されました。現在，第2期スポーツ基本計画の策定作業を進めています。

3 地方公共団体のスポーツ行政

地方公共団体では，過去，学校における体育および一般市民を対象としたスポーツ行政について，ほとんど教育委員会内の担当部局が中心的機関として関与していました。ところが，2007年6月に地方教育行政の組織及び運営に関する法律の一部を改正する法律が成立し，これまで行われていた補助執行の方法に拠ることなく，地方自治体は，条例の定めるところにより，首長が，スポーツに関する事務（学校の体育に関する事務は除く）の一部または全部を管理し，執行できることとなりました。これにより，首長部局は，教育委員会に代わって，条文に規定されることを前提として，地方のスポーツ行政に関与できるようになりました。そして，現在では首長への権限付与条例も出ています。町田市（東京都）は，文化スポーツ振興部（スポーツ振興課および国体推進課）を，東京都は，スポーツ振興局（総務部，スポーツ事業部および国体・障害者スポーツ大会推進部）を，それぞれ首長部局に設けました。その他に，国の諮問＝相談機関であるスポーツ審議会に相当するものが都道府県や市区町村にもあります。スポーツ推進審議会です。また，スポーツの推進役としてスポーツ推進委員（非常勤公務員）を置いて，スポーツの推進を図っています。

（吉田勝光）

▷3　内部的に執行機関の権限を補助し，執行させるもの。対外的には執行機関の名で執行され，補助執行の名は表示されない。
▷4　これに該当することとなった地方公共団体を特定地方公共団体とよぶ。
▷5　スポーツに関する事務の一部または全部を管理し，執行できるとした条例をこのように表現している。

（おすすめ文献）

†新藤宗幸（2008）『新版　行政ってなんだろう』岩波書店。
†今井照（2011）『図解　よくわかる地方自治のしくみ』学陽書房。
†田村明（2000）『自治体学入門』岩波書店。

第Ⅳ部　社会とスポーツマネジメント

10　スポーツ法制度とスポーツマネジメント

　スポーツ財政

財政と予算

　財政とは，国や地方公共団体が，その果たすべき活動を行うために必要な財力を調達し，また，それを管理し処分する一連の作用をいいます。国や地方公共団体の財政（その中でも重要な予算）は，一定の手続き（予算の編成→審議→執行→決算）を経て行われています。

　調達手段の主なものは，一般に税金であり，また国民などからの借金（国債）などがあります。スポーツ関係では，その他にたとえば，スポーツ振興くじ（toto）が実施されており，国民や住民のためにスポーツ施設の整備やスポーツクラブの育成，競技力向上の事業などに使われています。

2 国の財政

　国の予算編成は，8月頃に概算要求基準を閣議決定することから本格的に始まります。その後，各省庁は概算要求を財務省に提出します。そして，提出された書類をベースに，各省庁が折衝を行います。12月下旬頃に政府は案を閣議決定します。年度末の3月下旬に国会で翌年度予算が決まるのです。

　2015年10月1日にスポーツ庁が創設されました。そのため2016年度のスポー

表1　平成28年度予算（案）主要事項

（千円）

事　項	事　項	金額（　）前年度額
【1】2020年東京オリンピック・パラリンピック競技大会などに向けた競技力の向上	競技力向上，ハイパフォーマンスサポート事業など	13,708,295 (11,847,099)
【2】スポーツ庁設置によるスポーツ施策の総合的な推進		8,006,390 (3,881,830)
スポーツによる健康増進，地域社会の活性化，障害者スポーツの推進	スポーツ医科学等を活用した健康増進プロジェクト，スポーツによる地域活性化推認事業など	1,784,810 (646,238)
スポーツによる国際交流，国際貢献の推進	スポーツ・フォー・トゥモローなど推進プログラムなど	1,289,304 (1,294,677)
スポーツ関連産業振興策の推進	スポーツ新事業開拓に関する調査研究事業，産業界などとの連携に向けた検討会議	36,397 (0)
子どもの体力向上，学校教育・運動部活動の推進	子どもの体力向上課題対策プロジェクト，体育活動における課題対策推進事業など	4,895,879 (1,940,915)

出典：文部科学省「平成28年度文部科学省予算（案）の発表資料（1月）」(http://www.mext.go.jp/a_menu/yosan/h28/1365892.htm) をもとに筆者作成。

ツ関係予算はスポーツ庁予算として作成されました。2015年12月の閣議決定されたスポーツ庁の関係予算は323億6,000万円でした。「スポーツ立国の実現」という大項目の中，「スポーツ立国の実現を目指したスポーツの振興」として計上されています（表2参照）。前年度の予算額が289億7,000万円ですから，約34億円の増額になります。

3 地方の財政

地方財政の収入源は，地方税，地方交付税▶1，地方債，使用料および手数料，寄附金などがあります。これらの収入源を元に，歳出の予算が組まれます。表2は松本市のスポーツ関係の歳出予算です。施設管理運営費と体育館改修事業費の多くの予算が割かれていることがわかります。

表2　平成28年度松本市スポーツ推進課予算

（千円）

款項目	節	本年度	前年度	説明
スポーツ振興費		940,970	1,299,660	かりがね，美鈴湖の大型事業終了による減
（内訳）	人件費（職員以外）	12,720	−	スポーツ指導員，推進員等
	スポーツ振興事業費	20,820	−	事務費，委託料等
	スポーツ施設管理運営費	465,290	−	事務費，委託料等
	学校体育施設開放事業費	7,810	−	事務費，委託料等
	市民生涯スポーツ振興事業費	10,640	−	事務費，委託料等
	総合体育館改修事業費	352,020	−	委託料，工事請負費等
	プロスポーツ振興事業費	10,530	−	事務費，委託料費
	柔剣道場改修事業費	4,970	−	委託料（工損調査）
	負担金	30,780	−	マラソン，クロカン，市町村対抗駅伝等
	補助金	25,390	−	体協，銃弾駅伝，スポ少，全国・北信越大会等

4 公金の不適切使用

地方公共団体の活動に関する財務行政の適正さを確保するために，住民が行政の内部機関に対して，住民監査請求▶2をすることが認められています（地方自治法第242条）。また，この手続きを経た上で，裁判所に住民訴訟▶3▶4を提起することが認められています（同法第242条の2）。この制度は，行政活動全般に関するもので，スポーツに係る行政にも適用されます。

（吉田勝光）

▶1　地方公共団体間の財政力の格差を是正するために，国がその税収入の一部を一定の水準に基づいてその団体に交付するもの。使い道は特定さておらず，自由に使える。

▶2　サッカー松本山雅の練習場の建設をめぐり，住民監査請求を経た上で，市民が松本市を相手に約12億4,800万円の支出指し止め等を求めた事例（『朝日新聞』2014年5月14日付）。

▶3　大阪市が2008年オリンピックの招致活動で市長らの職員をオリンピック・シドニー大会に出張させたことについて住民訴訟が提起された（判例地方自治165号55頁以下）。

▶4　新国立競技場の建設費が基本設計案（1,625億円）を上回り，国が東京都に対して500億円超の工事負担を求め，住民訴訟の可能性が指摘された（『読売新聞』2015年6月21日付）。

おすすめ文献

†神野直彦（2007）『財政のしくみがわかる本』岩波書店。

†肥沼位昌（2015）『よくわかる自治体財政のしくみ（第2次改訂版）』学陽書房。

†定野司（2013）『一番やさしい自治体予算の本』学陽書房。

第IV部 社会とスポーツマネジメント

10 スポーツ法制度とスポーツマネジメント

スポーツ政策のマネジメント

1 スポーツ政策におけるマネジメント

　まずはマネジメントをビジネスや企業経営活動と狭く限定したとしましょう。その場合，スポーツ政策と企業活動は密接に関係します。なお，広義の政策には法律や計画も含まれます。2011年6月に制定されたスポーツ基本法の第18条（項目の名称はスポーツ産業の事業者との連携など）を読むと国はスポーツの普及と競技水準の向上に企業・民間事業者の力が重要だと認識していることがわかります。スポーツ基本法にはスポーツ振興法にはなかった新たな考え方が盛り込まれたのです。そのことは翌年3月に策定されたスポーツ基本計画についてもいえます。

　しかし，本来マネジメントは企業経営や産業の固有の用語ではなく，政策を実現するための具体的な事業の企画・運営やそれらを動かす組織・団体の組織化や組織運営，ネットワーキングなども含むものと解されます。スポーツ政策のマネジメントとは，スポーツにおける組織や人といった利害関係者（ステークホルダー）が意見や考え方の違いをお互いに認識しつつ，当該スポーツ政策の目的を達成するためにときには妥協しつつも，相互に協力・連携する仕組みとその活動ということができるでしょう。

2 地域スポーツ政策をマネジメントする

　スポーツ政策を適切に管理運営し実施していくことをスポーツ政策のマネジメントと捉えるならば，その意味合いはもっと広がりと複雑さをもったものとなります。ここでは，国のスポーツ基本計画を対象に考えていきましょう。

　スポーツ基本計画は，年齢や性別，障がいなどを問わず人々がスポーツに参画できるスポーツ環境の整備を達成することを掲げた非常に幅の広い政策です。実際にこれをマネジメントするとなると数々の課題に直面します。

　たとえば障がい者が公共施設でスポーツを楽しむためには，ハード面・ソフト面の両方において，施設管理者には様々な工夫が必要となります。障がい者が使用できるスポーツ用具の取り揃え，移動における段差の解消，使用可能なトイレや更衣室の設置，安全面での対応や補助者の配置などが必要となります。

　また，施設利用者からの料金徴収の設定，スポーツ教室における適切な指導者の配置，利用者からの要望への対応など，施設運営におけるマネジメントの

▷1　1961年制定のスポーツ振興法を全面的に改正した法律。

▷2　スポーツ基本法の規定に基づき策定され，10年間程度の見通しの中でスポーツ基本法の理念を具体化したもの。

▷3　「We・東京五輪・パラリンピック」『毎日新聞』（2016年3月6日付朝刊）。

▷4　2014年6月23日に，組織委員会と全国の大学・短期大学が連携協定を締結し，2020年の大会に向けてオリンピック教育の推進やグローバル人材の育成，各大学の特色を活かした取り組みを進めている。連携協定締結大学は2015年12月現在で786大学である。

力が問われることとなります。

　こうしたスポーツ環境の整備はどこが主体となって行うのでしょうか。スポーツ基本計画では，住民が主体的に参画することを掲げています。このように地域スポーツ政策のマネジメントには多様な関係者が関わることとなります。

③ 国際競技力向上の政策をマネジメントする

　スポーツ基本計画では，オリンピックにおけるメダル獲得数を具体的にあげて，これを達成するためにジュニア期からの戦略的支援，スポーツ指導者などの養成，ナショナルトレーニングセンター（NTC）と国立スポーツ科学センター（JISS）のトップアスリートのための拠点化も掲げられています。

　こうした国家・国際レベルのスポーツ政策のマネジメントには，（公財）日本オリンピック委員会（JOC）や文部科学省の独立行政法人である日本スポーツ振興センター（JSC），さらには中央スポーツ競技団体の間での相互連携による強力な支援が不可欠となります。また，都道府県や市区町村の地方スポーツ競技団体との間でのトップアスリートの発掘・育成・強化をめぐる情報共有や実践協力が必要となります。

　このように国際競技力向上の政策は，スポーツ医・科学などの分野や競技用具などの開発も含んだ，かつ中央と地方と貫くところの国力をいかに発揮するかのマネジメントが問われることとなります。

④ 国際大規模スポーツ大会の政策をマネジメントする

　それでは最後に，2020年東京オリンピック・パラリンピックにおける組織委員会の政策を例にみることとしましょう。

　2014年1月に東京都と日本オリンピック委員会が設立した東京オリンピック・パラリンピック組織委員会（以下，「組織委」）は，「競技の運営，開・閉会式，仮設施設の整備，選手村の運営，大会関係者や観客の輸送，会場周辺のセキュリティーなど，20年大会の準備・運営を多岐にわたって担う」組織です。

　たとえば，組織委の大学連携協定事業の内容は，大学におけるオリンピック講座の開催，地元の小中学校・高等学校におけるオリンピック教員の支援，海外大学との交流や外国人への観光案内，パラリンピックの理解促進，スポーツをテーマにしたイベントの開催，各種ボランティアの養成など多岐にわたっています。

　組織委を構成する11局が所管するオリンピック政策が個々に実施・展開されるのではなく，あたかも1つのチームとして相互に連携・協力できるかにマネジメントの成否がかかっています。その際にもっとも大切なことは政策が上から押し付けられるのではなく，政策が契機となって人々の意欲ややる気が引き出され，自発的な立案や実施，他者との連携・協力を通じた事業（政策の実施）に繋がっていくことです。

（中村祐司）

表1　東京五輪・パラリンピック組織委員会11局の所管事項

①総務局（東京都）	人事，庶務，大学連携事業，自治体からの要望対応
②企画財務局（財務省）	大会ビジョン策定や新エンブレム選考などの重要企画
③広報局（NHK）	メディア対応，対外的な広報，PRイベントの企画運営
④マーケティング局（電通）	チケット収入等大会運営資金の確保
⑤国際渉外・スポーツ局（JOC）	IOC（国際オリンピック委員会）との調整，海外の要人への対応
⑥大会準備運営第1局（文部科学省）	放送，アンチドーピング，飲食，パラリンピック
⑦大会準備運営第2局（東京都）	選手村，施設，輸送
⑧警備局（警察庁）	安全安心の確保，テロ対策
⑨テクノロジーサービス局（NTT）	サイバー攻撃対策，サイバーセキュリティー強化
⑩会場整備局（東京都）	競技会場の設計，既存施設の仮設工事
⑪施設整備調整局（国土交通省）	交通機関や道路規制の調整

出典：「We・東京五輪・パラリンピック」『毎日新聞』(2016年3月6日，同13日，同20日，同27日付)より。局名のカッコは局長の出身組織。

おすすめ文献

†千葉正士・濱野吉生編『スポーツ法学入門』体育施設出版。
†中村祐司（2016）『スポーツと震災復興』成文堂。
†日本スポーツ法学会編（2011）『詳解スポーツ基本法』成文堂。

第Ⅳ部　社会とスポーツマネジメント

10　スポーツ法制度とスポーツマネジメント

 スポーツ政策をめぐる政策ネットワーク

 政策ネットワークとは何か

　政策にはそれに関わったり担ったり，さらには影響を受けたりする人々や組織が必ず存在します。このことは政策の立案，決定，実施のどの段階においてもいえることです。その際に政策に何らかの影響を及ぼし得る人々や組織（関係者）を指して，アクター（actor：行為者）やステークホルダー（stakeholder：利害関係者），さらにはプレイヤー（player）とよぶ場合もあります。

　関係者がゼロの政策はありませんが，関係者の数や範囲などは当該政策によって異なります。また，政策自体が大きなレベル（macro-level）なのか，小さなレベル（micro-level）なのか，あるいは中間レベル（meso-level）なのかによっても，関係者の数や範囲は変わってきます。たとえばオリンピックの開催に向けた政策を一括りにしてオリンピック政策と捉えれば，国家や国際レベルの広がりを有するマクロレベルの政策になります。ある地域で小規模のスポーツ運動公園を設置するといった場合にはそれはミクロレベルの政策になります。そして各都道府県が主催する国民体育大会の開催はメゾレベルの政策となります。

　どのレベルであっても，そこには関係者間で相違する意見の調整や合意の形成が必要となります。意見の相違が解消されず関係者間の摩擦が顕在化する場合もあります。相互の連携・協力が進み，政策目的がたとえ完全でなくても達成される場合もあります。このように当該政策をめぐり関係者の間では，各々が影響力を行使しようとする相互作用によって，関係者の間でのある種の繋がりや関係性，すなわちネットワークが生じるのです。

　こうした政策をめぐる関係者相互の働きかけによる動態的な繋がりを政策ネットワークとよびます。したがって，政策ネットワークの実証的な研究においては，関係者が有する正当性，権限，構成メンバー，財源・組織力といった資源（リソース）に注目します。何らかの資源をもたなければ関係者は影響力を行使できないからです。そして，対象とした政策ネットワークの特徴を浮き彫りにしようとするのです。

② スポーツ政策ネットワークの全体

　それでは具体的にスポーツ関係省庁とスポーツ団体などとの関係をみながら，スポーツ政策をめぐる政策ネットワークとはどういうことなのかを考えてみます。

▶1　スポーツをめぐる政策ネットワークを対象とした研究については，中村祐司（2006）『スポーツの行政学』成文堂。
▶2　スポーツ庁は庁官・次長・審議官・スポーツ統括官の下に政策課，健康スポーツ課，競技スポーツ課，国際課，オリンピック・パラリンピック課，参事官（地域振興担当），参事官（民間スポーツ担当）の5課・2参事官で構成される。政策課に学校体育室，健康スポーツ課に障害者スポーツ振興室がある。障がい者スポーツとパラリンピックが厚労省から移管された。Ⅳ-10-4 を参照。
▶3　組織委の正式名称は（公財）東京オリンピック・パラリンピック競技大会組織委員会。2020年東京大会の日程はオリンピックが7月24日から8月9日まで。パラリンピックが8月25日から9月6日まで。
▶4　東京オリンピック競技大会・東京パラリンピック競技大会推進本部ホームページ。http://www.kantei.go.jp/jp/headline/toky-

スポーツ庁は2015年10月に文部科学省の外局として設置されました。しかし、厚生労働省、経済産業省、国土交通省およびその外局の観光庁などもスポーツに関係した省庁です。たとえば観光庁は外国からの観光客がスポーツ観戦やスポーツ体験を観光の一環として楽しんでもらう「スポーツツーリズム」政策を打ち出しています。文部科学省は(独)日本スポーツ振興センター（JSC）に交付金を提供し、(公財)日本オリンピック委員会（JOC）や(公財)日本スポーツ協会（JSPO）といった全国スポーツ統括団体に対して補助金を提供し、事業を委託する構図になっています。JOCには中央スポーツ競技団体が加盟し、JASAには都道府県体育協会が加盟し、各々JOCとJASAから補助金を受けます。そして都道府県と市区町村にスポーツ競技団体と体育協会があり、それぞれが地方自治体からの支援も受けています。

このように全体のスポーツ政策ネットワークは、中央省庁、独立行政法人、統括団体、スポーツ競技団体、地方自治体が、加盟・事業委託・補助金・交付金を媒介にネットワークを形成しているのです。その他にもスポーツ関連事業の共催・後援・協賛や派遣や出向などの人的交流、さらには情報共有などがネットワークを形成する重要な要素となります。

3 2020年東京オリンピック・パラリンピック後の政策ネットワークに注目

2020年東京オリンピック・パラリンピック（以下、「東京五輪」）の開催というマクロレベルのスポーツ政策ネットワークにおいて、大会組織委員会（組織委）は自らをJOC、(公財)日本障がい者スポーツ協会（JSAD）、日本パラリンピック委員会（JPC）、東京都、政府、経済界、その他関係団体などからなる「オールジャパン体制の中心」と位置づけた上で、大会の準備および運営に関する事業を行うとしています。

3つのスポーツ統括団体の傘下には各競技団体が存在します。開催都市の東京都には「東京オリンピック・パラリンピック準備局」が、政府には「東京オリンピック競技大会・東京パラリンピック競技大会推進本部」が設置されています。2015年6月には東京五輪を担当する大臣が誕生しました。

東京五輪をめぐる政策ネットワークにおいて、政府は関係者に全面協力を強く求めています。政治、行政、経済界、スポーツ界がオリンピック・パラリンピック（以下、「五輪」）の成功を目指して同じ方向を向き一体化しているかのようです。新たな市場の開拓やハード面・ソフト面でのスポーツ環境の整備など、経済界もスポーツ界も五輪開催から得る果実がたくさんあるからです。

しかし、課題も残されています。招致活動において掲げた「復興五輪」はその後どのように展開しているのでしょうか。私たちにとって五輪開催のレガシーとは何でしょうか。私たちが能動的に関わりを見出し行動することで、東京五輪後の政策ネットワークは変容するのです。

（中村祐司）

o2020/（2016年12月21日最終アクセス）

この中で政府の取り組みとして、セキュリティーの万全と安全安心の確保、アスリート、観客などの円滑な輸送および外国人受け入れのための対策、暑さ対策・環境問題への配慮、などをあげている。また、表1のように、たとえばオリンピック・東京大会におけるユニバーサルデザインに関わる担当は広範な省庁に及んでいる。

表1 ユニバーサルデザインに関わる中央省庁

○五輪担当大臣、○内閣官房大会推進本部事務局長、○同企画・推進統括官、○内閣官房国土強靭化推進室審議官、○内閣府政策統括官（共生社会政策担当）、○内閣府政策統括官（防災担当）、○警察庁交通局長、○総務省情報通信国際戦略局長、○消防庁次長、○法務省人権擁護局長、○文部科学省初等中等教育局長、○スポーツ庁次長、○厚生労働省社会・援護局障害保健福祉部長、○農林水産省食料産業局長、○経済産業省商務情報政策局長、○国土交通省総合政策局長

出典：東京オリンピック競技大会・東京パラリンピック競技大会推進本部「ユニバーサルデザイン2020関係府省等連絡会議の開催について」2016年2月19日。

おすすめ文献

†池田勝・守能信次編（1999）『スポーツの政治学』杏林書院。

†中村祐司（2016）『政策を見抜く10のポイント』成文堂。

†文部科学省委託調査（2014）『スポーツ庁の在り方に関する調査研究事業』新日本有限責任監査法人。

第Ⅳ部 社会とスポーツマネジメント

11 スポーツ団体のマネジメント

 スポーツ団体の役割・分類と全体構造

 スポーツ団体とは

　一人でジョギングやウォーキングをしたり，公園で親子がキャッチボールをするのは，不特定の人々の一時的な活動であることから未組織集団といえます。しかし，自然発生的であれ意図的であれ，集団を構成する成員間の相互作用が一定したパターンをもちながら持続的に活動するようになると組織集団となり，スポーツ集団が誕生します。さらに，スポーツは競技という形式をとることが多いことから，ルールの制定や適用が必要になります。そして，スポーツの普及・啓発，競技力の向上といった特定の目的や目標を達成するために，意図的・計画的に組織をつくる必要が生じてきます。個人や設立者グループによって，あらかじめ合理的かつフォーマルな形で設計して，役割を明確にした人員を配置することで目標達成のために活動を行う必要があります。この活動の目的や人員の役割を明確にした合理的な組織がスポーツ組織であり，日本におけるスポーツ団体になります。つまり，スポーツ団体は，複数の人々の相互作用で成り立っている学校部活動，スポーツクラブ，チームといった組織集団を統括・支援することで，スポーツの普及・啓発や競技力の向上を図るという目的を達成する上位組織としての役割を担っています。

▷1　森川貞夫・佐伯聰夫編（2004）『スポーツ社会学講義』大修館書店。

 スポーツ団体の分類

　スポーツ団体は，どのような目的を達成するのかで分類されます。近年は，大小様々なスポーツ団体が存在していますが，ここではその一部について例を示して取り上げます。1つ目は，特定のスポーツの振興を直接担っている各種競技団体です。（公財）日本陸上競技連盟，（公財）日本水泳連盟，（公財）日本サッカー協会，（公財）日本バスケットボール協会などの中央競技団体をはじめ，東京都陸上競技協会，福岡県水泳連盟などの都道府県競技団体など，特定の競技種目全体の普及と発展に寄与することを目的とした団体です。2つ目は，ある大会や競技種目の中の一定の活動に特化した団体です。オリンピックに特化した国際オリンピック委員会や（公財）日本オリンピック委員会（JOC），競技種目の中でもプロリーグの運営に特化した（公社）日本プロサッカーリーグや（一社）日本野球機構があげられます。3つ目は，スポーツを通じた青少年の健全育成や生涯スポーツの実現を図ることを目的としたスポーツ団体です。（公

財)日本体育協会が中心となって推進してきたスポーツ少年団や総合型地域スポーツクラブが該当します。

3 スポーツ団体の機能

日本体育協会は、中央競技団体、各都道府県体育協会および関係スポーツ団体（日本中学校体育連盟、全国高等学校体育連盟など）を加盟団体として統括するとともに、日本のスポーツの振興と競技力の向上、あるいは国民の体力の向上を図ることを目的として機能しています。また、日本オリンピック委員会と連携して国際競技力の向上に努めています。中央競技団体は、競技ごとに全国に組織された地方競技団体と連携しながら、それぞれの種目の競技力の向上や競技人口の拡大、指導者養成や審判養成等の事業を行うとともに、各競技の国際競技団体（IF）の窓口や事務局として機能しています。都道府県体育協会は、都道府県内のスポーツ団体の統括をしてスポーツの振興と住民の体力の向上を図ることを目的としています。日本のスポーツ団体の概略図は図1の通りです。

▶2 新日本有限責任監査法人編（2015）『スポーツ団体のマネジメント入門』同文舘出版。

▶3 山下秋二・畑攻・冨田幸博編（2003）『スポーツ経営学』大修館書店。
▶4 関春南（1997）『戦後日本のスポーツ政策——その構造と展開』大修館書店。

▶5 世界中の人々の健康づくりと生涯スポーツの推進を通して、生活の質を向上させることを目的に設立された国際スポーツ組織。
▶6 大学スポーツを統括する国際組織であり、約100カ国の地域が加盟しており、ユニバーシアードや世界大学選手権の運営を行う。

おすすめ文献

† 菊幸一・清水論・中澤眞・松村和則編（2006）『現代スポーツのパースペクティブ』大修館書店。
† 新日本有限責任監査法人編（2015）『スポーツ団体のマネジメント入門——透明性のあるスポーツ団体を目指して（スポーツの未来を考える1）』同文舘出版。
† 渡辺融（2001）『現代社会とスポーツ』放送大学教育振興会。

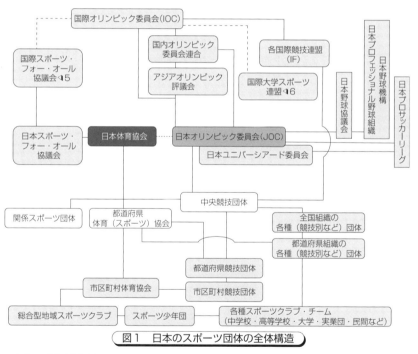

図1 日本のスポーツ団体の全体構造

出典：日本体育協会をもとに作成。

（西原康行）

第Ⅳ部 社会とスポーツマネジメント

11 スポーツ団体のマネジメント

 # 中央競技団体（NF）のマネジメント

① 中央競技団体（NF）のマネジメントとマーケティング

　2020年東京オリンピック・パラリンピック開催決定から今日までの間に大会組織委員会と国内オリンピック委員会（NOC）（日本オリンピック委員会（JOC））は，約35社（2016年7月1日現在）のスポンサーから約2,000億円の協賛金を集めています。一方で，スポーツビジネス最大の市場があるアメリカの市場は，国内だけで年間60兆円超といわれております。日本はすべてのスポーツ関連の売上を集めても年間5兆5,000億円にすぎない状況です。このマーケットの中で中央競技団体（以下「NF」）は，現在，どのようなマネジメントとマーケティングを行い，資金を集めることが適切なのでしょうか。

　NFのマーケティング実態を調査してみましたが，表1にあるように様々な手法やパートナー広告代理店と協働し，努力と苦労を重ねています。2020年東京オリンピック・パラリンピックの登場は，絶好のマーケット拡大のチャンスであると考えられますが，テレビでの露出は人気スポーツが中心となり，マイナースポーツにはテレビ露出のチャンスは開放されていない状況です。NFは本来，共通の目的と意識を共有した同志ですが，スポーツマネジメントやマーケティングの市場では，大きな格差が生じており，意識の高いNFは，他のNFとの間でライバルと化した競い合いが始まりつつあります。

　2016年現在においては，NFのマネジメントとマーケティングの成功事例では，「スター選手をつくること」「権利を確立すること（放送権，商品化権，イベント開催権利など）」「ロゴやマークの権利」を存在させ，そして1種目1社の鉄則で権利を販売し，ときには種目よって，その権利を同業他社へも提案できるシステムを考え出し始めています。NFの戦略としては，権利ビジネスの成長の証として，1種目1業種1社の原則から，1競技複数種目1業種複数社の権利拡大を目指し始めています。

③ NOCは，NFに対するサービス機関

　2020年東京オリンピック・パラリンピック後にスポーツ界がさらに成長し続けるためには，NOC（JOC・JPC）とNFが協調し，マーケット拡大を図ることが求められています。それは，前述した35社のスポンサーが2020年東京オリンピック・パラリンピックで自社のCSRもしくはCSVに成功し，次なるター

▷1　NF＝National Governing Body＝National Federation．

▷2　ガバナンスとコンプライアンスが成り立っているNFであることが前提です。

▷3　（公財）日本パラリンピック委員会。

▷4　企業の社会的責任（Corporate Social Responsibility：CSR）Ⅳ-12-1，4 を参照。

▷5　共通価値の創造（created shared value：CSV）

▷6　KPI（Key Performance Indicator）とは，組織や事業，業務の目標の達成度合いを計る定量的な指標のこと。組織や個人が日々活動，業務を進めていくにあたり，「何をもって進捗とするのか」を定義するために用いられる尺度であり，現在の状況を表す様々な数値などの中から，進捗を表現するのにもっとも適していると思われるものが選択される。

ゲットを探すからです。その際にコンテンツをもっているのは，NFであり，NOCは，そのNFのコンテンツにオリンピック・パラリンピックという世界最高の認知度のコンテンツを掛け合わせることができる唯一のチームなのです。NOCが存在感を高め，NFをサポートすることによって，新たな素晴らしいコンテンツが生まれると考えています。このようにNOCがNFへのサービス・支援機関となって，1つのチームでコンテンツや事業を一緒につくりあげていくことが2020年東京オリンピック・パラリンピックのレガシーであり，マーケットの拡大であり，スポーツの発展に導いていきます。

4 NFのもつ財産（プロパティ）のマネジメント

スポーツ庁は「スポーツ団体の経営力強化」を打ち出し，NFに自立・経営力強化・人材育成・スポーツ人口の増加など数値目標（KPI）も具体的に掲げられました。経営力強化には，マネジメントとマーケティングの中で「権利（ライツ）」の確立はもちろん，「財産（プロパティ）」を掘り起こすことが新しい競争へ不可欠な要素といえます。

2015年12月に発表された（公財）日本体操協会と富士通の体操競技の自動採点システムやツール・ド・フランスでのNTTグループの競技者のデータ分析システムなどは，NFのもつ財産がスポンサーのマッチングによって世界に認められた成功事例といえます。ライツビジネスからプロパティビジネスへ，そして，「スター選手をスポンサーと一緒に育てる」「NFを知恵の泉としてスポンサーが研究開発の場所」とするなど，日本国の目指す方向と一致させながらNFが独自のマネジメントとマーケティングを行うことこそが2021年以降の姿であり，2020年東京オリンピック・パラリンピックのレガシーとなります。

NFこそ，現場や選手・指導者にもっとも近い場所に存在するスポーツ団体であり，権利所有者，競技の財産所有者でもあります。今後，さらに組織・経営力を備え，使命と役割を把握し，競技ごとの独自の戦略とマネジメントとマーケティング手法を開発し，進んでいくことが求められています。2020年までと2021年からでは，スポーツ庁の支援も変化が予想されますが，その指針に従い，JSC，（公財）日本体育協会，JOC，JPCとの協働体制を保ちながら，NFの権利と財産を活用することが成功成長に不可欠です。

（大塚眞一郎）

▷7 自動採点システムとは，公益財団法人日本体操協会，国際体操連盟と富士通が連携して進める競技採点の効率性と透明性を高めるための技術開発システム。
▷8 データ分析システムとは，NTTグループのもつ通信テクノロジーのノウハウを活かし，選手が装着する専用のデバイスから位置情報，速度などを収集し，レースの解説者や観戦者に情報を提供するシステム。
▷9 （独）日本スポーツ振興センター。Ⅳ-11-4を参照。

おすすめ文献

†つくば国際スポーツアカデミー・アソシエーション編（2016）『国際スポーツ組織で働こう！——世界の最先端スポーツ大学院でマネジメントを学ぶ』日経BP社。

表1 主な国内競技団体（NF）のマーケティング状況

競技団体	協会協賛	日本代表協賛	大会協賛	専任代理店の有無
陸上競技	○	○	○	×
水泳	×	×	×	○
サッカー	×	×	△	○
テニス	○	○	○	×
ボート	○	○	○	×
ホッケー		○	○	×
体操	○	○	○	×
バスケットボール	×	○	○	×
レスリング	○	○	○	×
セーリング	○	○	○	×
ホッケー		○	○	×
トライアスロン	○	○	○	×
ゴルフ（JGTO）	○	× 代表はJGAが選出	○	×
ゴルフ（JGA）	○	○	○	△
ゴルフ（LPGA）	○	× 代表はJGAが選出	○	×
空手	○	× スポンサー無	○	×

* NFマーケティングの図表挿入（公益社団法人 日本トライアスロン連合（JTU）調べ）。

第Ⅳ部　社会とスポーツマネジメント

11　スポーツ団体のマネジメント

スポーツ統括団体のマネジメント

1 （公財）日本スポーツ協会

　（公財）日本スポーツ協会は中央競技団体・都道府県体育協会・民間スポーツ団体・準加盟団体といった加盟団体により構成され，公益法人として国から事業運営の監督を受け事業を展開しているわが国の代表的なスポーツ統括団体です。しかし日本スポーツ協会は，そもそも中央競技団体や都道府県体育協会の統括団体として設立されたのではありません。1909（明治42）年に当時国際オリンピック委員会（IOC）の会長だったピエール・ド・クーベルタンから，日本からも委員を出しオリンピック競技大会に参加してほしいという依頼によって1911（明治44）年に設立された団体です。オリンピックに参加する国は，スポーツの全国的な統括団体としての国内オリンピック委員会（NOC）が必要で，日本からオリンピックに出場するにはNOCとしてのスポーツ団体が必要だったのです。

　大日本体育協会（当時）創立後，しばらくの間は競技団体が存在せず，陸上競技や水泳の全国大会は大日本体育協会が直接主催していました。その後，1920（大正9）年に日本漕艇協会が設立され，1921（大正10）年から1925（大正14）年にかけて，日本サッカー協会，日本テニス協会，日本水泳連盟などの中央競技団体が組織化されました。地方体育協会としては1923（大正12）年に秋田県体育協会が設立されています。1946（昭和21）年には，戦後のスポーツの復興と国民生活に希望を与えることを目的に，第1回国民体育大会夏季大会・秋季大会，1947（昭和22）年には第1回冬季大会が開催されています。

　1989（平成元）年には，日本オリンピック委員会（JOC）が日本体育協会（JASA：当時）から分離・独立し，JOCはオリンピックなどへの選手団の編成・派遣とオリンピック・ムーブメントの推進を担い，日本体育協会は国民体育大会の開催，スポーツ指導者の育成，スポーツ少年団の育成，スポーツによる国際交流といった生涯スポーツの推進を担うことになりました。

　日本体育協会は，2018（平成30）年に日本スポーツ協会と名称が変更されました。同協会は独自の事業を実施するというよりも，国をはじめ加盟団体や関係機関などと連携・協力し，わが国のスポーツの普及・振興に関する事業を展開しています。

2 （公財）日本オリンピック委員会（JOC）

 1　フランスの教育家。古代オリンピックに感銘を受け，近代オリンピックを提唱した。IOC第2代会長。

 2　オリンピック・ムーブメントとは，スポーツを通じて，友情，連帯，フェアプレイの指針を培い相互に理解し合うことにより世界の人々が手をつなぎ，世界平和を目指す運動のこと。

日本体育協会は，もともとオリンピック競技大会への参加を勧められて設立されたNOCとしての性格をもつ国内のスポーツ統括団体であり日本オリンピック委員会そのものでした。1952（昭和27）年に制定された日本オリンピック委員会規定によって日本体育協会の執行機関から独立し所管事項に関して決定および実施の権限を有する一機関として規定されました。その後，JOCは1980（昭和55）年のオリンピック・モスクワ大会のボイコットを機に，法人格をもった団体として独立する機運が高まりました。それまでは，あくまでも日本体育協会の内部組織であってJOC自体は自らの予算をもたないなどNOCとしての自主性・主体性がありませんでした。1991（平成3）年にJOCは日本体育協会から完全に分離・独立し，選手強化と財源確保を事業の柱とした国際競技力向上を事業の中心とするスポーツ団体として位置づけられました。

JOCはIOC承認の国際競技連盟に加盟する国内のスポーツ団体，各競技別に統括する国内の競技団体などを加盟団体とし，オリンピック・ムーブメントを推進し，スポーツを通じて世界の平和の維持と国際的友好親善に貢献する事業やスポーツ選手を育成・強化する事業などを行っています。JOCは競技団体とともに，スポーツ科学・医学・情報の分野から支援を行う拠点である国立スポーツ科学センター，トップレベル競技者用トレーニング施設として設置されたナショナルトレーニングセンターと連携・協力し，国際競技力向上に向けた事業を展開しています。

3 その他のスポーツ統括団体

（公財）日本障がい者スポーツ協会は，日本における障がい者スポーツの普及・振興を図るため1965（昭和40）年に厚生省（当時）により認可されたスポーツ統括団体で，大会の開催・奨励，国内関連団体との連絡・調整，国際大会派遣，選手強化，指導者の養成といった事業を実施しています。1999（平成11）年には，内部組織として日本パラリンピック委員会を創設し，パラリンピック競技大会への派遣や選手強化を担当しています。2001（平成13）年からは国民体育大会終了後に開催地で，身体に障がいのある人々を対象に1965（昭和40）年から行ってきた「全国身体障害者スポーツ大会」と，知的障がいのある人々を対象に1992（平成4）年から行ってきた「全国知的障害者スポーツ大会」を統合した大会として「全国障害者スポーツ大会」を実施しています。この大会は，パラリンピックなどの競技スポーツよりも，障がいのある人々の社会参加の推進や，国民の障がいのある人々に対する理解を深めることを目的としています。

（公財）日本レクリエーション協会は，1947（昭和22）年に創立され，都道府県レクリエーション協会・種目別加盟団体・領域別加盟団体の加盟によって構成され，公認指導者の養成・支援，レクリエーションの普及・啓発，用具・書籍などの販売を実施しています。

（馬場宏輝）

▷3 国立スポーツ科学センターとは，スポーツ科学・医学・情報など先端的な研究により，わが国の国際競技力向上のための支援を行う機関である。
▷4 ナショナルトレーニングセンターとは，国立スポーツ科学センターと一体となった，トップレベル競技者の国際競技力の総合的な向上を図るための強化活動拠点である。

おすすめ文献

† (公財) 日本体育協会 (1986)『日本体育協会75年史』広研印刷。
† 日本スポーツ協会ホームページ。http://www.japan-sports.or.jp（2019年10月9日最終アクセス）
† (公財) 日本オリンピック委員会ホームページ。http://www.joc.or.jp（2016年12月23日最終アクセス）
† (公財) 日本障がい者スポーツ協会ホームページ。http://www.jsad.or.jp/（2016年12月23日最終アクセス）
† (公財) 日本レクリエーション協会ホームページ。http://www.recreation.or.jp/（2016年12月23日最終アクセス）

11 スポーツ団体のマネジメント

 ## 独立行政法人日本スポーツ振興センター(JSC)のマネジメント

1 (独)日本スポーツ振興センター(JSC)の役割・使命

▷1 独立行政法人日本スポーツ振興センター法，独立行政法人通則法，スポーツ振興投票の実施などに関する法律，スポーツ基本法。

JSCは，法律▷1に基づき設立され，その目的は，「スポーツの振興及び児童生徒等の健康の保持増進を図るため，その設置するスポーツ施設の適切かつ効率的な運営，スポーツの振興のために必要な援助，学校の管理下における児童生徒等の災害に関する必要な給付その他スポーツ及び児童生徒等の健康の保持増進に関する調査研究並びに資料の収集及び提供等を行い，もって国民の心身の健全な発達に寄与すること」と定められています。

このように，JSCは，法律に定められた役割に基づき，スポーツの推進と国民の健康で豊かな生活を実現し，活力ある地域コミュニティ，平和で友好に満ちた世界に貢献すべき使命を果たすことが求められています。

JSCは，そのメッセージ「未来を育てよう，スポーツの力で」にも現れているように，スポーツを身近に楽しむことにより手に入れることができる心身の元気の力，トップアスリートの姿を通して湧き上がる夢や憧れや感動の力，子供たちの明日への希望の生きる力など，すべての人々にとって限りない可能性のある未来を育てる力でわが国のスポーツ立国の実現を目指すこととしています。

2 スポーツ施設のマネジメント

▷2 新国立競技場（整備中），秩父宮ラグビー場，代々木第一体育館，代々木第二体育館，西が丘サッカー場など。

JSCでは，わが国におけるオリンピック・パラリンピック，ワールドカップなどの国際競技大会やイベントなどを開催するスポーツ施設▷2や登山に関する指導者の養成および情報提供を行う「国立登山研修所」，スポーツ文化の歴史と伝統を伝える「秩父宮記念スポーツ博物館・図書館」の管理・運営を行っています。

2016（平成28）年現在，新国立競技場は，2019（平成31）年11月末日の完成を目指し整備中であり，2020年東京オリンピック・パラリンピックの開・閉会式をはじめ，陸上競技などのメインスタジアムとして使用されることとなっています。

3 ハイパフォーマンス・スポーツの拠点として

東京都北区西が丘地区において，国立スポーツ科学センター（JISS）およびナショナルトレーニングセンター（NTC）を設置し，管理・運営を一体的に行い，JISSは，最新のスポーツ医・科学を活用した研究の中枢機関として，各

関係機関と連携し、調査研究を推進するとともに、NTC は、トップレベル競技者の強化・育成活動の中核拠点として、集中的・継続的に高度なトレーニングを実施し、わが国のスポーツの国際競技力向上への支援を行っています。

また、2016年4月に開始した「ハイパフォーマンスセンター（HPC）」においては、JISS、NTC が一体となり、協働体制を構築し、各種スポーツ資源を開発するとともに、その進捗状況や運営に関する主要事項、今後の取り組みについて、情報交換や協議・検討を行うため、JSC、JOC、JPC、外部有識者などによる「HPC 運営委員会」を設置しています。

4 スポーツ振興のための助成およびスポーツ振興くじの実施

JSC では、わが国の地域におけるスポーツ環境の整備・充実や国際競技力の向上など、スポーツの普及・振興を図るため、スポーツ振興事業助成およびスポーツ振興くじ（toto, BIG）を実施しています。

このうち、競技力向上事業助成などについては、2015（平成27）年度から2020年東京オリンピック・パラリンピックに向け、戦略的な競技力強化を実施することにより、国際競技力の向上を図るため、国からの交付金を財源として、競技団体などが実施する選手強化事業に対して助成を行っています。

また、2003（平成15）年度から国内トップリーグ（2016年4月現在：9競技13リーグ293チーム）の活性化を目的とした活動に対し、競技強化支援事業の助成を行っています。

5 スポーツ情報の機能強化を目指して

わが国のスポーツ推進のために必要な情報を扱う中枢機関として、国内外の情報を統合・分析し、スポーツ施策の検証・提案を実施するとともに、ロンドン、ラフバラ大学、ローザンヌでの国外拠点を活用した人材育成や国際スポーツイベントの招致・開催支援、スポーツを通じた国際協力活動を展開しています。

さらに、日本政府が推進するスポーツを通じた国際貢献事業として、主に開発途上国を対象とした「スポーツ・フォー・トゥモロー（SFT）」を展開しています。

6 スポーツ・インテグリティの向上

JSC においては、スポーツ活動が公正かつ公平、適切に実施されるようにするため、必要な業務を行うことが求められています。

具体的には、「スポーツ・インテグリティ・ユニット」を設置し、スポーツにおけるガバナンス欠如、暴力、ドーピング、八百長・違法賭博などの様々な脅威から、Sport Integrity（スポーツの健全性・高潔性）を守る取り組みを実施しています。

(森岡裕策)

▶3 （公財）日本オリンピック委員会、（公財）日本パラリンピック委員会、中央競技団体、地方自治体、大学、企業、国内外のスポーツ研究機関など。

▶4 (1)アスリート開発、(2)コーチング開発、(3)スポーツ開発、(4)医・科学サポート開発、(5)スポーツ資源開発の5つの領域を指す。

▶5 スポーツ振興基金、スポーツ振興くじ（toto, BIG）、競技力向上事業などによる助成のこと。

▶6 2020年まで開発途上国をはじめとする100カ国以上、1,000万人以上を対象にあらゆる世代の人々にスポーツの価値とオリンピック・パラリンピック・ムーブメントを広げていく取り組みであり、外務省とスポーツ庁が連携し、主導するプログラムのこと。

第Ⅳ部　社会とスポーツマネジメント

11　スポーツ団体のマネジメント

国際的なスポーツ団体のマネジメント
——フランス柔道連盟の事例

1　国際競技団体（IF）が果たすべき役割の概要

　2015年に改定されたUNESCO（以下，「ユネスコ」）の体育・身体活動・スポーツに関する国際憲章第3条では，スポーツの競技団体における役割を「第3条-すべて関係者が戦略的ビジョン創造，方針選択肢や優先順位，策定に参画しなければならない」と記述しています。

　同憲章は1978年に採択され，1991年の小改定を経て今回，全面改定されました。特徴的なことは，憲章の名称にこれまで含まれなかった「身体活動」という用語が含まれたことです。これにより憲章の範囲が拡大しました。この背景には，IFなどのスポーツ団体に対し，ジェンダーやスポーツにおけるインテグリティ（健全性・高潔性）など，現代的課題を視野に入れながら，体育・身体活動・スポーツにおける安全・安心な環境を整備するよう社会の要望が高まっているからだといえます。

　本項ではユネスコが明示する体育・身体活動・スポーツの取り組みをIFと連携しながら先験的に行っているフランス柔道連盟の活動を紹介し，戦略的ビジョンのもとでどのような活動をしているのかを紹介します。

2　フランス柔道連盟の概要

　フランス柔道連盟の正式名称は，「フランス柔道・柔術・剣道等の共同体（FFJDA）」といいます。柔道だけでなく，柔術や剣道，居合道，なぎなた，相撲といった武道をまとめた連盟です。1946年12月5日に創設され初代会長は，ポール・ボネモリ氏が就任し1991年8月2日に公益財団として認可されました。

　現在，2013年度のフランスにおける柔道の登録数は63万4,927人です。5,688クラブ（道場）が存在し，その中には1,000人以上の大型クラブもあります。連盟の下部組織には34地区，85県で運営されています。1949年から1969年までのフランススポーツ人口が著しく増加したのにともない，柔道も1970年代以降著しく増加してきました。とりわけ1990年以降になると，フランスの人気スポーツの位置を占めるようになりました。

　ではなぜ，フランスでは日本生まれの柔道が著しく普及したのでしょう。それは，フランス柔道連盟が競技偏重ではなく教育的な普及を推進しているからです。前述したように，フランスの柔道登録人口は約60万人です。そのうち約

▷1　*International Charter of Physical Education, Physical Activity and Sport.*
▷2　第3条の3.3は以下の通りである。
「3.3　あらゆるレベルの公的機関及び団体は，法律や規定，策定と施行，明確な目的を備えた国のスポーツ開発計画策定，及び物質的，財政的，技術的な援助条件を含めた，その他の体育・身体活動・スポーツ奨励策を採用するための措置を講じなければならない」

75％が10代の柔道家です。とりわけ，フランスでは子どもの柔道による死亡事故は今までゼロです。柔道事故が起きない理由の1つは，フランスでは12歳以下の全国大会が禁止されているからです。2013年から都道府県ごとの団体戦が始まりましたが，日本の全国小学生大会のような競技志向ではなく親善大会です。

また1970年以降，柔道人口が増加した理由は，移民が増加し多文化社会に移行する社会の変化の中で，宗教や民族を超えた柔道の道徳教育が保護者らに支持されたからです。特徴的なのが，フランス柔道連盟がコードモラルという8つの道徳を設定していることです。これは，他のスポーツ競技団体にはみられない教育的な要素です。

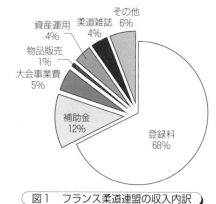

図1　フランス柔道連盟の収入内訳

出典：FFJDA, Dojo info（2014年3月号）をもとに筆者作成。

3　ライセンスビジネスが経営基盤

フランス柔道連盟の運営の特徴として，補助金に依存するのではなく登録料収入を主財源とした自立した経営ができていることです。総予算2,800万ユーロ（約36億4,000万円）総予算のうち，登録料収入は68％を占める運営をしています。700万ユーロ（約9億1,000万円）が強化費に直接的に使われ，間接的（昇段審査，クラブ運営費など）には1,500万ユーロ（約19億円）が登録会員のために使用されています（図1）。

このように圧倒的な登録数により登録料を基軸として莫大な収入を得ることで，補助金や協賛金に依存せず，独自性を出しながら運営することができています。とりわけ日本の競技団体は，タニマチ文化が存在するように企業の寄付金や国の補助金などに依存する傾向があります。とはいえ競技成績が良いときは大口のスポンサーがつくのでいいのですが，成績が悪くなった場合にはスポンサーが離れ，補助金，協賛金などの収入が激減してしまう上，景気の影響を受けるため必ずしも財政基盤が安定しているとはいえません。

フランスの柔道連盟のように補助金，協賛金に依存することなく自主財源となるライセンスビジネスを基軸することで競技団体の資金運営を安定することできます。

現在，日本では2020年東京オリンピック・パラリンピックに向けて，日本の国策として補助金や協賛金が競技団体へ注ぎ込まれています。とはいえ2020年以降，補助金や協賛金が激減されると予測される中，競技力の向上だけでなくどれだけスポーツ愛好家を増やし自主財源となる登録数を増やしていくかが，今後の競技団体の課題といえます。国内では少子化，人口減が進む中で，登録者の確保，増加は容易なことではありません。他の競技と競合するのではなく共存，協働しながら，スポーツの教育的，社会的価値を発信していくことが重要です。

（溝口紀子）

▷3　礼節 La politesse (C'est respecter autrui)，勇気 Le courage (C'est faire ce qui est juste)，＊「正義を貫く勇気」誠実 La sincerite (C'est s'exprimer sans deguiser sa pensee)，名誉 L'honneur (C'est etre fidele a la parole donnee)，謙虚 La modestie (C'est parler de soi-meme sans orgueil)，尊敬 Le respect (C'est faire naitre la confiance)，自制 Le controle de soi (C'est savoir taire sa colere)，友情 L'amitie (C'est le plus pur des sentiments humains).

おすすめ文献

†（公財）笹川スポーツ財団（2014）『入門　スポーツガバナンス──基本的な知識と考え方』東洋経済新報社。
†新日本有限責任監査法人（2015）『スポーツ団体のマネジメント入門──透明性のあるスポーツ団体を目指して（スポーツの未来を考える1）』同文舘出版。
†スポーツにおけるグッドガバナンス研究会（2014）『スポーツガバナンス実践ガイドブック』民事法研究会。

第Ⅳ部 社会とスポーツマネジメント

12 スポーツマネジメントと倫理・CSR

スポーツマネジメントをめぐる倫理と社会的責任（CSR）

スポーツと倫理

　スポーツの精神は，公正，ルールの遵守，人格の形成，人権の尊重，友情，連帯など，教育的，社会的，倫理的な価値や原則を基本とした活動の追求に求められます。しかし，実際のスポーツ界では，暴力，虐待，ドーピング，薬物乱用，八百長，汚職，横領，不正経理，賭博，セクシュアル・ハラスメント，差別，安全軽視，権力濫用など，倫理に反する反社会的な行為が報告されています。このような状況から，スポーツに参加するすべての人を不正から守り，人権や人間の尊厳を確保し，よりよいスポーツ文化を保護・形成していくために，スポーツの倫理規範や基準が定められるようになってきました。たとえば，2011年に制定されたスポーツ基本法では，スポーツの公正，安全などの基本理念を定めています。2015年の「体育・身体活動・スポーツ国際憲章」第10条では，「体育，身体活動及びスポーツのインテグリティ及び倫理的価値の保護と促進は，すべてにとって不断の関心事でなければならない」ことを定めています。また，オリンピック憲章規則22は，倫理委員会が倫理規程を作成することを定めており，実際に「IOC倫理規程」が定められています。日本においても，（公財）日本スポーツ協会は，「公益財団法人日本スポーツ協会及び加盟団体における倫理に関するガイドライン」を制定し，倫理規程を整備し，不祥事の予防や意識啓発，研修会の実施，相談窓口などの対策を講じています。

▷1　United Nations Educational, Scientific and Cultural Organization, International Charter of Physical Education, Physical Activity and Sport.
▷2　インテグリティ（integrity）とは，スポーツの健全性や高潔性のこと。
▷3　尊厳，インテグリティ，グッド・ガバナンスと資金，立候補（都市の行動規範），国などとの関係，守秘義務，規程の実施について原則と適用が定められている。
▷4　社会的責任には，(1)組織統治，(2)人権，(3)労働慣行，(4)環境，(5)汚職防止，(6)消費者課題，(7)コミュニティへの参画およびコミュニティの発展の7つの中核主題がある。

2 倫理マネジメントシステムとスポーツ

　企業が社会の中で存続し，持続的な経営を維持するためには，高い倫理観をともなって社会的な責任を果たしていくことが求められています。このため，企業倫理マネジメントとして，コンプライアンス（compliance：法令遵守），コーポレート・ガバナンス（corporate governance：企業統治），情報開示，リスクマネジメント（risk management），企業の社会的責任（CSR：corporate social responsibility）などの基準やガイドライン，マネジメントシステムが構築されています。特にCSRとは，企業が倫理，環境，人権その他の社会問題に対応して，企業と社会の持続可能な発展に貢献するように，様々なステークホルダー（利害関係者）との関係を築きながら社会的責任を果たしていくことをいいます。また，企業のブランド価値を高めたり信頼を獲得したりするためにも，企業が

戦略的にCSR活動を行うようになってきました。そして，同様にスポーツの分野でも，このような倫理マネジメントシステムの構築や社会的責任が求められるようになってきました。たとえば，ISO（国際標準化機構）は，企業に限らず，公的私的な様々な組織や団体が社会的に責任のある運営を行うための基準として，「ISO26000社会的責任（SR：Social Responsibility）」を定めていますが，(1)説明責任，(2)透明性，(3)倫理的な行動，(4)ステークホルダーの関心の尊重，(5)法の支配の尊重，(6)国際行動規範の尊重，(7)人権の尊重の7つの社会的責任の原則などはスポーツ組織にも適用できるものといえるでしょう。実際に，不正会計，組織紛争，暴力問題，事故などを背景として，スポーツ団体に対してもガバナンスの確保や法令遵守，リスクマネジメントが強く求められるようになってきました。また，IOCは，オリンピックおよびスポーツの運動組織の健全な組織管理のためにグッド・ガバナンス（Good Governance）の基本原則を提唱しています。プロスポーツクラブやスポーツ関連企業などでは，社会貢献活動や地域貢献活動を行い，スポーツ活動への寄付や製品その他の資源を提供することを通じてCSR活動を行っています。さらに，近年では，企業が追求する価値と社会が追求する価値とを同時に実現する意味から，CSRに加えて，企業自らが戦略的に「共通価値の創造」（CSV：Creating Shared Value）を行い，社会的な課題を事業化し解決していくことも行われるようになってきています。

❸ スポーツの価値の向上と持続可能な発展のためのマネジメント

　企業や団体が倫理を重要視し，社会的責任を果たそうとするのは，企業も社会の一員として行動し，社会や地球の持続的な発展に貢献するべきであるとする基本的な考え方があるためです。そして，そのために経営理念，経営戦略，コーポレート・ガバナンスの方針などに理念，価値，倫理を盛り込み，社会の発展や信頼を獲得しながら，経営を行うようになってきました。このような考え方は，スポーツに関係した企業や団体にも同様のことが当てはまるといえます。さらに，スポーツの団体や組織には，スポーツそのものの価値を高め，文化として発展させていくこと，またスポーツの価値を失墜させるような行動をなくす責任や役割があるのです。そのためにも，倫理，CSR，ガバナンスなどに関するマネジメントシステムを組織の運営に取り入れていくことが大切なのです。スポーツの団体や組織の倫理マネジメントは，スポーツ文化やスポーツ市場の持続可能な発展の礎となっているのです。すでに様々なスポーツの理念や倫理が経営・政策として示されるようになってきた現在では，それらの理念や倫理を経営・政策に反映させ，理念を浸透させていくためのマネジメントも必要になっています。また，スポーツの団体や組織が倫理やCSRを軽視したマネジメントを行えば，社会的信用を失い，ブランド価値が低下し，スポンサーやメディアなどのステークホルダーの撤退に繋がることでしょう。

（齋藤健司）

▶5　日本スポーツ仲裁機構『中央競技団体のガバナンスの確立，強化に関する調査研究　NF組織運営におけるフェアプレイガイドライン――NFのガバナンスの強化に向けて』（平成26年度文部科学省委託事業）。

▶6　日本経済団体連合会（2010）「企業行動憲章――社会の信頼と共感を得るために（改定版）」。

おすすめ文献

†スポーツにおけるグッドガバナンス研究会編（2014）『スポーツ団体ガバナンス実践ガイドブック』民事法研究会。
†フィリップ・コトラー，ナンシー・リー／恩藏直人監訳（2007）『社会的責任のマーケティング』東洋経済新報社。
†ISO26000国内委員会監修（2011）『ISO26000：2010社会的責任に関する手引き』日本規格協会出版。

第Ⅳ部　社会とスポーツマネジメント

12　スポーツマネジメントと倫理・CSR

スポーツ団体のガバナンス

1 なぜスポーツ団体にガバナンスが求められるのか

　近年，多くの識者からスポーツ団体のガバナンスの必要性が指摘されています。これは，営利企業におけるコーポレート・ガバナンス強化の風潮がスポーツ団体にも押し寄せていることも1つの要因ですが，他方，スポーツのグローバル化，国際化，ビジネス化が急加速し，スポーツと社会との距離が急接近する中で，スポーツ団体の社会における役割や責任が急速に拡大していることも大きな要因です。これら社会情勢の変化を踏まえ，今後，スポーツ団体は，自ら積極的にガバナンス構築に取り組むことが求められています。

2 スポーツ団体のガバナンスの構築に向けて

　スポーツ団体の中には，単一種目のスポーツクラブや総合型地域スポーツクラブ，都道府県の統括団体，各競技を統括する中央競技団体（National Federation：NF）など様々な団体が存在していますが，特に，NFについては，代表選手の選考・派遣権限や選手強化予算の配分権，加盟登録料の徴収権限，各種ルールの設定権限など特別な権限がほぼ独占的に付与され，また，当該競技の普及，振興，競技力向上というミッションを永続的に果たすことが求められています。したがって，NFは，他のスポーツ団体に比べ，特に高い公益性，公共性が求められる団体といえ，より高次のガバナンスの構築が求められています。

　このようなNFの課題解決の支援を目的として，2014年に，文部科学省から（公財）日本スポーツ仲裁機構に対し，「中央競技団体のガバナンスの確立・強化に関する調査研究」が委託され，「スポーツ団体のガバナンスに関する協力者会議」が組織されました。この調査では，約20競技のNFに対するヒアリングを実施し，NFの関連業務の洗い出しを行うとともに，いかなる業務がいかなる意思決定プロセスのもとで行われているかについて実態調査を行った上で，「NF組織運営におけるフェアプレーガイドライン──NFのガバナンス強化に向けて」を取りまとめ，公表しました。今後のNFのガバナンス構築の一助として活用されることが期待されます。

3 小規模スポーツ団体のガバナンス

　スポーツ団体がその任務を果たすために，人事，総務，経理，法務，広報，

▷1　文部科学省においても，これらの問題認識を背景に，2011年に「スポーツ立国戦略──スポーツコミュニティ・ニッポン」の中で「スポーツ団体のガバナンスを強化し，団体の管理運営の透明性を高めるとともに，スポーツ紛争の迅速・円滑な解決を支援し，公平・公正なスポーツ界を実現する」ことを目標として掲げ，また，2012年に制定した「スポーツ基本計画」においても，「スポーツ団体のガバナンス強化と透明性の向上に向けた取組の推進」として，「組織運営体制の在り方についてのガイドラインの策定・活用，スポーツ団体における，運営の透明性の確保やマネジメント機能強化」を掲げている。

▷2　同調査報告書では，スポーツ団体が遵守すべきとして，(1)権限と組織の明確化，(2)倫理的な行動，法令遵守，(3)適正なルール整備，(4)透明性と説明責任，(5)戦略的計画性，(6)多様なステークホルダー（利害関係人）の尊重，(7)効果的な財務運営，という7つの原則を定め，当該原則に則って，(1)NF運営全般，(2)NFの会議体運営，(3)NFの具体的業務運営，(4)NFの会計処理，(5)NFの懲罰，紛争解決，(6)NFの情報公

海外連携などバックオフィス業務の役割は極めて重要です。しかしながら、実際に多くのスポーツ団体においては、バックオフィス業務の経費やスタッフが十分確保できず、マネジメント人材も不足し、また、多くの役員は無償、非常勤というのが実態です。2012年に文部科学省で策定された「スポーツ基本計画」では、「小規模なスポーツ団体におけるガバナンス強化に向けた一方策として、例えば団体間の連携を図りつつ、共通する事務を協働で処理するための取組等を通じ、組織マネジメントの強化を図ることも考えられる」と明記されていますが、この課題の解決も日本スポーツ界の重要なテーマです。2015年には、2020年東京パラリンピックの成功とパラスポーツの振興を目的に、日本財団の支援により（公財）日本財団パラリンピックサポートセンターが設立されましたが、同センター内には、約25団体のパラリンピック競技団体が無償で入居・利用できる共同オフィスが設けられ、また、翻訳業務や会計業務など各団体のバックオフィス業務を協働で支援する体制、さらには税理士、弁護士による無料相談体制も整備されるなど、様々なサポート体制が整備されています。NFのバックオフィス業務は、どの団体においてもおおむね共通していますので、上記支援体制は極めて合理的であるといえます。

4　国際競技団体との関係

ところで、NFのガバナンス構築に関して、留意すべき重要なポイントは、NFとその上部団体である国際競技団体（International Federations：IF）との関係です。IFの定めるルールの中には、各国の中央競技団体が遵守すべきルールが定められており、これらの規定に違反すると各種制裁を受けることもあります。2014年11月に、（公財）日本バスケットボール協会は、国際バスケットボール連盟から「資格停止処分」を受け、国際交流試合など一切の国際活動を禁止される事態となりましたが、まさに、この件も、NFがIFの定めるルールに違反していたことが制裁の主な理由でした。

IFのルールの中には、NFとリーグとの関係、選手、コーチ、審判などに関するルールなど様々なルールが含まれており、NFは、その加盟団体である国内リーグや都道府県協会、大学や高等学校の体育連盟、登録コーチ、登録選手を含めた当該競技界全体に対し、上記IFの定めるルールを遵守させることが求められています。これも広い意味で、NFのガバナンスに含まれることになりますので、NF関係者は留意が必要です。

さらに付言すれば、NFが遵守すべきIFの定めるルールがすべて正しいとは限らず、実際、日本の国内法では対応できないルールが設定されることもあります。IFがルールを設定する過程において、日本の立場を代表し、きちんとした意見を述べ、交渉できる有意な人材を得ることも日本スポーツ界にとっては重要な課題であるといえます。

（境田正樹）

開、(7) NFのインテグリティ、(8) NFの危機管理という8つのフェアプレーガイドラインを定めている。なお、（公財）日本スポーツ仲裁機構のウェブサイト上に、「NF組織運営におけるフェアプレーガイドライン～NFのガバナンス強化に向けて」が公開されている。Ⅳ-11-2, 3

▷3　（公財）笹川スポーツ財団調査研究「中央競技団体現況調査2014」。

▷4　日本財団パラリンピックサポートセンター。https://www.parasapo.tokyo/about/

▷5　境田正樹・岸郁子（2015）「日本バスケットボール協会に対する制裁が解除されるまでの経緯」『法律のひろば』42-52頁。

▷6　山崎卓也（2014）『スポーツガバナンス実践ガイドブック』民事法研究会、241-249頁。

おすすめ文献

†日本スポーツ法学会監修（2016）『標準テキスト――スポーツ法学』エイデル研究所。

†（公財）笹川スポーツ財団（2014）『入門 スポーツガバナンス――基本的な知識と考え方』東洋経済新報社。

†日本スポーツ法学会編（2011）『詳解 スポーツ基本法』成文堂。

第Ⅳ部 社会とスポーツマネジメント

12 スポーツマネジメントと倫理・CSR

3 Jクラブとハイブリッド型スポーツクラブ

▷1 2016年現在J3 Y.S.C.C横浜だけが特定非営利活動法人（NPO法人）。2013年まではモンテディオ山形の法人格は社団法人。

▷2 親会社が球団を株式で支配することができる。

▷3 Jリーグの参入要件「法人格」は、J1・J2は株式会社もしくは公益社団法人であること、J3と百年構想クラブは株式会社、公益社団法人もしくは特定非営利活動法人であることとなっている。

▷4 たとえばスペインのFCバルセロナは、その組織形態は非営利法人（Non Profit Organization）であり、またドイツではクラブは非営利法人であることが前提である。

▷5 資金を出資した者（株主）に利益をのせて戻すこと。

▷6 一般的にプロスポーツクラブの事業形態は(1)興行、(2)普及、(3)育成の3つの事業から構成される。中でも普及・育成事業は地域住民を対象とする場合が多いため、特に学校や部活動、地域スポーツ協会、地方自治体などとの関わりは重要である。

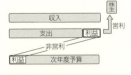

図1 営利組織と非営利組織の利益の扱い
出典：筆者作成。

1 Jクラブの法人格

現在（2016年）、Jリーグ（J1からJ3）には53クラブ（U-23を除く）が存在しますが、そのクラブの法人格に目を向けると、ほとんどが株式会社です。Jクラブの法人格に株式会社が多い理由として、従来の日本のプロスポーツの仕組みが大きく関係していると考えられています。

日本のプロスポーツの老舗はプロ野球です。プロ野球の仕組みとは、スポーツの興行＝親会社の広告宣伝という重要な役割を担っています。それゆえ球団名に企業名が入っているのです。このように親会社との関係性が非常に強いプロ野球では、組織の運営上、株式会社の方が都合がよいと考えられています。

一方、Jリーグはプロ野球とは異なり、企業から独立し、企業名をクラブ名には入れず、地域密着を前提とした新しいスポーツモデルの理想像を提唱しました。しかしその具体的な仕組みとしては、当時、参考にできるプロスポーツはプロ野球しかなかったため、クラブの法人格を株式会社にすることに対して何も疑いはありませんでした。しかしJリーグ参入の資格要件にはJクラブは株式会社でなければならないという決まりがあるわけではありません。またサッカーの本場であるヨーロッパでは、クラブ自体の法人格が株式会社ではないことも決して珍しくありません。

2 営利目的と非営利目的

法人格の種類によってその組織の目的が大きく変わります。法人格を考える上で一番重要なことは、その組織の目的が「営利」か「非営利」かという点です。営利目的とは、利益を一定の者に還元することであり、一方で非営利目的とは、利益を一定の者に還元せず、翌年の事業費に全額繰り越します。営利目的・非営利目的の違いは収益の有無や大小、また有償・無償の違いではないのです（図1）。

営利目的の代表例は株式会社で、株式会社には株主配当（利益の還元）があります。また非営利目的の代表例は、財団法人・社団法人・特定非営利活動（NPO）法人などです。営利目的か、非営利目的かによりその利益の使い方に大きな違いが出てくることを理解することは組織運営上、大変重要なことなのです。

3 営利法人×非営利法人＝ハイブリッド型スポーツクラブ

現在，株式会社が多かったJリーグにおいても新しい考え方が芽生え始めています。それは株式会社とは別に非営利目的の法人（以下，「非営利法人」）を新たに設立し，株式会社（営利法人）と非営利法人の両方をもつケースが増えてきたの

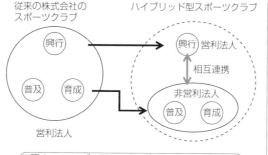

図2　ハイブリッド型スポーツクラブの構造

出典：筆者作成。

です。その理由としてJリーグの理念に関係するところが大きいようです。

Jリーグは地域密着を掲げてスタートしました。Jリーグの成功にスポーツと地域社会との友好な関係性を築くことは絶対に欠かせません。その地域社会では，一定の者の利益（＝営利）という考え方はあまり好まれず，むしろ不特定多数の者の利益（＝非営利）が好まれます。そこで株式会社であったがゆえに地域社会との友好な関係性を築きづらいことに鑑み，プロスポーツの「興行」「普及」「育成」といった3つの事業のうち，特に普及や育成といった地域社会との関わりが強い事業を非営利法人に分離し，株式会社×非営利法人という2つの顔をもつ組織形態をとるクラブが増えてきているのです。このような仕組みをハイブリッド型スポーツクラブとよびます（図2）。

④ 非営利法人をもつ意味：理念実現のためのスポーツクラブ

ハイブリッド型スポーツクラブ＝非営利法人をもつことの具体的なメリットは，地域社会との友好な関係性が築きやすいという点が第一にあげられます。次に税制の優遇を受けやすく，さらに公的な支援を受けやすいなどのメリットがあげられます。また非営利法人の意思決定は1人1票であり，出資額などの力関係によってクラブ運営が意図的に左右されることはなく，クラブ運営に関わるすべての者に平等な組織です。多数の者の意見が反映される仕組みであるため，ガバナンスが機能し，また地域社会の利益に貢献することが可能となります。地域社会の利益に貢献すれば，地域社会から応援されやすくなり，結果，持続可能なクラブ運営を実現することができるのです。

Jリーグの基本理念は，スポーツを通じて私たちの暮らしが豊かになり，私たちが幸せになることです。このような考え方はJリーグのみならず，他のスポーツでも今後重要視されるでしょう。私たちが目指すドイツのスポーツ文化では，スポーツクラブには社会公益性があるとまでいわれています。ですからJクラブにはたとえプロスポーツとはいえ，社会的な大きな責任が求められているのです。その理念や社会的責任を果たすための方法にハイブリッド型スポーツクラブ（株式会社×非営利法人）があるのです。

（谷塚　哲）

▷7　Jリーグで最初に非営利法人を設立したのは湘南ベルマーレ，今ではセレッソ大阪，横浜FCなど，全クラブ中40％程度のクラブが株式会社とは別に非営利法人を設立している。

▷8　非営利法人には営利法人にはない，いくつかの税制の優遇がある。たとえばスポーツ教室などスポーツを教えて報酬を得る「スポーツ指導の対価」は，現行の法人税法上では，非課税扱いとなる。

▷9　国や地方自治体などからの補助金，助成金など，さらには活動場所の提供などの支援は，営利法人より非営利法人のほうが受けやすいと考えられている。

▷10　営利法人は原則，出資の額（株式の数）により，意思決定が決まるが，非営利法人は必ず1人1票という公平性が保たれている。

▷11　社会公益性とは「参加者にとっての有用性だけではなく，同時に，参加しない『第三者』あるいは社会全体に対しても公共の福祉を促進する」（クリストフ・ブロイアー編著／黒須充監訳（2010）『ドイツに学ぶスポーツクラブの発展と社会公益性』創文企画）。

おすすめ文献

†クリストフ・ブロイアー編著／黒須充監訳（2010）『ドイツに学ぶスポーツクラブの発展と社会公益性』創文企画。
†谷塚哲（2011）『地域スポーツクラブが目指す理想のクラブマネジメント――ソシオ制度を学ぶ』カンゼン。
†谷塚哲（2013）『地域スポーツクラブの"法人格"を取得しよう！――理想のクラブ運営ガイド』カンゼン。

12 スポーツマネジメントと倫理・CSR

プロスポーツ組織の社会的責任

1 マネジメントにおける社会的責任の重要性

　2000年代に入ってから，わが国の産業界では「企業の社会的責任（Corporate Social Responsibility：CSR）」に対する関心が高まり，現在ではマネジメントにおける CSR の重要性に対する認識は定着しているといえます。この傾向はスポーツマネジメントにおいても同様です。アメリカで5版を重ねる *Contemporary Sport Management* では，各章の内容に関連する倫理的問題を考える節を章末に設けており，スポーツマネジメントにおいて取り組むべき社会的責任を考える機会を提供しています。また，近年の続発するスポーツ界の不祥事を省みると，スポーツ界全体として社会的責任に取り組む必要があります。

　スポーツは社会的に構築されたものであり，社会からの承認なしにはスポーツの持続可能性を維持，向上させることはできません。たとえば近年では，「社会的責任消費」の考え方が広がっており，社会的責任を果たしていない企業や組織の製品やサービスが消費者に避けられる傾向にあるため，スポーツが社会的責任を果たしていないのであれば，競技の普及やファンづくりに悪影響を及ぼすことになります。また，「社会的責任投資」や「CSR 調達」の取り組みが拡大しており，スポーツにとって重要なパートナーであるスポンサー企業の意思決定に，スポーツの社会的責任が影響を及ぼす可能性も考えられます。そこで本項では，まず一般的な CSR の考え方を説明した上で，プロスポーツチームの社会的責任を概説します。

2 企業の社会的責任の考え方

　CSR の考え方は様々な研究者が各々に定義しており，現在，唯一の答えがあるわけではありません。それを承知の上で，本項では多くの研究やテキストで引用されているキャロル（Carroll, A. B.）の「CSR のピラミッド」から企業が取り組むべき「責任」の内容を解説し，続いてフリーマン（Freeman, R. E.）の「ステークホルダー理論」から責任を果たす対象である「社会」を説明します。

　キャロルは CSR を，社会がある時点で企業に対してもつ経済的，法的，倫理的，そして裁量（社会貢献）的な期待と定義しました。「経済的責任」とは企業が消費者や取引先が求める製品やサービスを生産・販売することを，「法的

▷1 Pedersen, P. M. and Thibault, L. (2014) *Contemporary Sport Management (5th ed.)*, Human Kinetics.
▷2 Carroll, A. B. (1979) "A three-dimensional conceptual model of corporate performance," *The Academy of Management Review*, 4：497-505.
▷3 Carroll, A. B. (1991) "The pyramid of corporate social responsibility：Toward the moral management of organizational stakeholders," *Business Horizons*, 34(4)：39-49.
▷4 Freeman, R. E. (1984) *Strategic Management：A Stakeholder Approach*, Pitman.
▷5 大西孝之（2013）「プロスポーツチームの社会的責任——テキストマイニングによる概念モデルの構築」『環境と経営』静岡産業大学経営研究所，19(2)，1-20頁。
▷6 倫理的責任と法的責任にまたがる「スポーツパーソンシップ的責任」とは競技規則を遵守することやスポーツパーソンとして求められる姿勢や行動に関する責任であり，また

責任」とは企業が法律や規制の範囲内で経済活動を行うことを指し，これら2つの責任は企業が社会の中で活動する上で満たさなければならない基礎的な条件であるとしました。次の「倫理的責任」と「社会貢献的責任」を明確に区分することは困難ですが，「倫理的責任」とは法令には明文化されていないものの社会によって求められるモラルに従うことを，そして「社会貢献的責任」とは企業の任意的で自発的な活動を指し，それを行わなくても倫理的ではないとみなされることはない行為を意味します。

フリーマンは組織や企業の活動に影響を与えたり，受けたりする内外の集団や個人をステークホルダーと定義づけました。ステークホルダー理論は，組織や企業の目標達成に向けて活動する際には，相互に影響を及ぼし得る多様な集団との調整が必要であることを説き，この理論によりステークホルダーと良好な関係を築き，維持することで，組織の持続的な成長や価値向上に貢献することが認められるようになりました。この考え方がCSRの議論の中に取り入れられ，企業が責任を果たすべき対象である「社会」がステークホルダーであると考えられるようになりました。

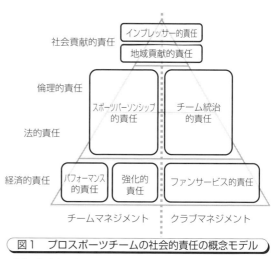

図1　プロスポーツチームの社会的責任の概念モデル

出典：大西（2013）。

3　プロスポーツチームの社会的責任モデル

キャロルの「CSRのピラミッド」の考え方をもとに，プロスポーツチームの社会的責任を概念化したモデルが図1です。このモデルはプロスポーツチームの主要なステークホルダーであるファンが，チームに期待するもしくは失望するとした行動や結果から概念化されています。また，図ではキャロルが示した4つの責任に加えて，プロスポーツチームのゼネラルマネジャーに求められる役割である「クラブマネジメント」と「チームマネジメント」の2つを横軸として，プロスポーツチームの社会的責任が分類されています。

プロスポーツチームのマネジャーはこのモデルが概念化した責任を洞察し，自身のステークホルダーから求められる具体的な取り組みを判断し，行動する必要があります。モデルから明らかなように，CSRはマネジメント全般に関わるものです。不祥事の防止や社会貢献活動のみを指して社会的責任と捉えるのではなく，スポーツマネジメント全般において常に検討を要する課題であると認識しなければなりません。自らの組織と社会全体の持続的な発展を確保するために，プロスポーツチームはこれらの責任を果たしながら，社会に対して高潔，誠実であるようにマネジメントし，社会における価値や意味を創造していく必要があります。

（大西孝之）

「チーム統治的責任」とは法令や倫理に背くことのないように行動することを要請する責任である。そして，社会貢献的責任に含まれる「地域貢献的責任」とはチームが活動する地域を活性化させることの期待に関する責任であり，また「インプレッサー的責任」とは「夢を与える」といったチームのパフォーマンスやクラブの様々な取り組みによって達成されるべき責任である。

おすすめ文献

†大西孝之（2015）「スポーツと社会的責任（CSR）」原田宗彦編著『スポーツ産業論（第6版）』杏林書院，330-343頁。

†松野弘・大西孝之（2016）「スポーツCSR入門」『企業診断』同友館（63巻4号から9号まで連載）。

†A．コトラー・D．ヘッセキエル・N．L．リー／ハーバード社会起業大会スタディプログラム研究会訳（2014）『グッドワークス！』東洋経済新報社。

第Ⅳ部　社会とスポーツマネジメント

12　スポーツマネジメントと倫理・CSR

トップアスリートのコンフリクトマネジメント

1　団体とアスリート間のコンフリクト

　団体と選手の関係は，一種の契約関係と考えられており，本来は対等の関係ですが，実際には多くの場面で，選手は団体の各種決定に従わざるを得ません。

　団体と選手間に起こる紛争には，審判の判定に始まり，代表選手の選考問題，ドーピング問題，各種処分による資格停止問題など様々なものがあります。団体による決定は絶対的なものなのでしょうか。近年，選手側が，団体の決定に不服がある場合に，第三者に判断を仰ぐシステムが構築されてきています。

▷1　井上洋一ほか（2007）『導入対話によるスポーツ法学（第2版）』信山社。

▷2　スポーツ基本法（平成23年6月24日，法律第78号）「スポーツ団体は，スポーツに関する紛争について，迅速かつ適正な解決に努めるものとする」（第5条3項）。

▷3　Australian Sports Commission (2005) *Tribunal Hearing Procedure*.

▷4　裁定パネルとは，仲裁において，仲裁人によって構成される審理の合議体のこと。通常仲裁の場合は3人，緊急仲裁の場合は1人で構成される。

▷5　利益相反関係とは，裁定人が当事者のいずれかと繋がりがあり，他方に対して不利益を生じさせる恐れのある関係をいう。第三者（裁定人）は，当事者いずれとも繋がりのないことが必要。

▷6　自然的正義の原理は適正な手続きと言い換えることもできるが，裁定人に偏見のないこと，公正な告知，聴聞の機会さらには公開審理などが原則として要求されている。

2　紛争解決手段

　一般的に紛争の解決手続には，裁判，調停，仲裁があります。これらのうち，調停や仲裁を裁判外（代替的）紛争解決手続といい，ADR（Alternative Dispute Resolution）ともよばれています。

> 裁判による解決…裁判所の判断を仰ぐということですが，裁判所が扱う紛争は「法律上の争訟」と限定されています（裁判所法第3条1項）。法律上の争訟とは，法律上の権利義務や法律関係の存在等に関して対立する当事者間の争いを意味します。したがって，スポーツでみられる代表選手選考や資格停止処分などは当たらないので，裁判で解決を図ることはできないということになります。そこで，裁判外による紛争解決の手続きが必要となります。
>
> 調停…調停人が当事者から話を聞き，解決案としての調停案を提示するというものです。この調停案には拘束力がなく，調停案に両当事者が合意すれば調停成立すなわち解決となります。
>
> 仲裁…主に専門機関や弁護士会の紛争解決センターなどで行われます。仲裁手続は，まず両当事者が「仲裁人の判断に従う」旨の合意（仲裁合意）が必要で，仲裁合意が得られると，次に仲裁人の選定が行われます。仲裁人は，各当事者が1名ずつ選び，もう一人を実施機関が選び，一般的に仲裁人の合議により仲裁判断が出されます。最初に仲裁合意が結ばれているので，仲裁人の判断に不服を申し立てることはできません。

3　競技団体におけるコンフリクトマネジメント

　2011年制定のスポーツ基本法が，競技団体に対して，スポーツに関する紛争について迅速かつ適正な解決の努力を求めていることからもわかるように，団体の自治とりわけ紛争解決手続については重要な課題の1つとなっています。

　スポーツ専門の紛争解決機関としては，国際オリンピック委員会が設立したスポーツ仲裁裁判所（CAS）や，（公財）日本オリンピック委員会，（公財）日本体育協会および（公財）日本障がい者スポーツ協会により設立された（公財）日本

スポーツ仲裁機構（JSAA）があります。CASやJSAAにおける仲裁による紛争解決では，基本的に，団体の下した決定に対する競技者などによる不服申立が対象となっています。

そこで問題となるのが「団体の下した決定」です。紛争は，まずは当事者間つまり団体内部で解決を目指すべきであり，そのためには，団体内で適正な手続きに基づいて審理されることが重要で，団体の決定に対して不服がある場合には，第三者機関へ上訴する権利が保障されなければなりません。

団体内における紛争解決に関して，オーストラリアスポーツ委員会は，競技団体は適切な行動基準の策定や安全で信頼される適切なスポーツ環境の提供に関する道義的責任を負っているとし，以下の点を指摘しています。

聴聞は団体における申立／懲戒手続の一部を成し，関連する手続きが規則などに記載されるべきである【規則化】。そして，適切な手続保障のために，団体に裁定パネルを形成する裁定人名簿の策定を求め【裁定人名簿】，裁定人は，関連するスキルや知識，経験をもっていることが望ましく，当事者らと利益相反関係のない者によりパネルが構成されるべきである【適格性】。そして，パネルの長には，法律専門家や関連する経験の豊富な者がつくべきである。

また，団体内における紛争解決手続においては，特定の法律上の正式手続に従う必要はなく，どのようにするかは，団体が決定することができる。ただし，公平で公正な手続きを保障するためには，自然的正義（natural justice）の原理原則には基づかなければならない。すなわち，処分に関わる手続きにあたっては，該当者に対して，問題の内容，違反している規則・ルール，与えられる罰などについて文書で通知すること【通知】，その文書には，聴聞会の日程や場所などに関する記載のあることや当該人の権利などについても記されていることを要求している【聴聞の機会】。そして，反論の機会が与えられることや，その準備のための十分な時間が確保されるべきである【権利保障】。裁定の判断にあたっては，関連する提示された証拠のみに基づかなければならず，他のいかなる情報源も影響を及ぼすべきではない【証拠・事実】。判断の決定は満場一致が望ましく，違反行為と科せられる罰との衡平といったバランスが考慮されなければならず，かつ判断結果は，合理的であり，透明性が確保され，同種の先例事案と同様の結果であることが求められ【比較衡量】，結果は速やかに通知されるべきである【結果通知】。そして，すべての判断結果に対して不服申立に関する手続きを保障することを求めている【不服申立】。

加えて日本でも，スポーツ団体のガバナンスに関する協力者会議が，競技団体が紛争解決制度の構築におけるポイントを整理して指摘しています。いずれにせよ，特別なことが競技団体に対して要求されているのではなく，一般社会の法規範に合致する手続きに基づいた団体内運営，特に選手の身分に関わるような事案ではなおさら適正な手続きが望まれているといえます。（森　浩寿）

▶7　スポーツ団体のガバナンスに関する協力者会議（2015）「NF組織運営におけるフェアプレーガイドライン〜NFのガバナンス強化に向けて」。
1）NFの懲罰制度，紛争解決制度（不服申立制度を含む）が規定され，規定に従って実施されていること，2）懲罰機関や紛争解決機関が，独立・中立であり，専門性を有すること，3）懲罰手続や紛争解決手続が，当事者に十分な手続保障がなされ，迅速性が担保されていること，4）懲罰手続，紛争解決制度の規定整備，実施に当たって，法律の専門家からサポートを受けていること，5）NFにおける全ての懲罰や紛争について，第一審手続，不服申立手続のどちらかで，日本スポーツ仲裁機構を利用できるよう，自動応諾条項等を定めていること，6）NFの懲罰制度や紛争解決制度に関する規程がNFのウェブサイトなどで公開されていること。

おすすめ文献

†（公財）日本スポーツ仲裁機構（2012）『トラブルのないスポーツ団体運営のために──ガバナンスガイドブック』。
†日本スポーツ法学会（2011）『スポーツ団体の自立・自律とガバナンスをめぐる法的諸問題（日本スポーツ法学会年報第18号）』エイデル研究所。
†日本スポーツ法学会監修（2016）『標準テキスト・スポーツ法学』エイデル研究所。

第Ⅳ部　社会とスポーツマネジメント

12　スポーツマネジメントと倫理・CSR

 スポーツリスクマネジメントの実践

▷1　2010年11月1日発行の国際規格 ISO26000は，従前の第三者認証規格と異なり，ガイダンス文書（手引書）である。異なる文化・価値観・歴史・慣習などの違いを超えて，ビジネス企業だけでなく営利・非営利の組織の世界的な共通理解として「社会的責任規格」を提示している。

▷2　スポーツ基本法は「具体的なスポーツ紛争解決制度について，支援と必要な施策を講ずるもの」とスポーツ界へ新しいルールが明示された。

▷3　国際スポーツ仲裁裁判所（Court of Arbitration for Sport : CAS）は，国際オリンピック委員会（IOC）が1984年設立し，その後独立してスポーツ仲裁国際理事会（ICAS）により運営され，本部がスイス・ローザンヌにある。ドーピング違反や五輪資格紛争など国際スポーツ界で起きた様々なトラブルを，裁判所ではなく，法律専門家で構成される一審制の仲裁機関として解決する。

▷4　（公財）日本スポーツ仲裁機構（Japan Sports Arbitration Agency）は，日本スポーツ界の様々な紛争を公平・公正・迅速に解決することを目指して，2003年4月7日設立された。http://www.jsaa.jp（2016年12月18日最終アクセス）。Ⅳ-12-5 を参照。

1　現代のスポーツリスクとは何か

　スポーツは人間の「楽しみ」ですが，たとえば音楽鑑賞・読書と異なり身体運動なので，事故で傷害を負う危険・リスクを常に抱えています。このスポーツにおける「内在する危険」を防御するため「安全のためのルール」が定められています。

　また，倫理・CSR に関連する法的リスクが高まっています。市民の草の根スポーツトラブルからプロスポーツにおける野球や大相撲のドーピング・覚醒剤使用・賭博や八百長・2020年東京オリンピック・パラリンピック開催を巡る諸問題を例にあげるまでもなく，勝手気ままな権力者によるスポーツ組織運営，恣意的な自由裁量権の乱用や先輩・兄弟子の封建的な無理強いなどアマ・プロスポーツ界には埋もれていたトラブル・法的紛争が露わになってきています。

　スポーツ関連不祥事がマスコミに報道され，法律家による第三者委員会の是正報告が出されますが，倫理・CSR に関連するスポーツ競技団体のリスクマネジメントの基礎が，国際規格 ISO26000の7つの原則のうち「説明責任」「透明性」「法の支配の尊重」を確保することです。

2　スポーツ基本法とスポーツ権

　スポーツ基本法は前文で「スポーツを通じて幸福で豊かな生活を営むことは，全ての人々の権利」と規定し，スポーツ庁を2015年に発足させ，スポーツに関する紛争を迅速かつ適正に解決すべく，スポーツ団体の努力義務条項を定めました。スポーツ権を侵害されたアスリートや市民が，スポーツの自治・自律や，ガバナンス（組織の統治），コンプライアンス（法令遵守）を通じたスポーツ組織の透明性・効率性を求め，幸福で豊かな生活を営むべく自己の権利の救済を訴訟・スポーツ仲裁で図る時代となりました。

　スポーツのトラブル紛争はスポーツ界のフェアプレイの精神・スポーツマンシップという古典的な理念に，法の下の平等を貫徹させて，透明性・公平・公正などの法律の理念に従って裁判所の訴訟手続と国際スポーツ仲裁裁判所（CAS）と（公財）日本スポーツ仲裁機構（JSAA）のスポーツ仲裁で解決されます。

3　スポーツ事故が生じたときの対策と訴訟リスクの回避法

スポーツ指導にあたって，スポーツ事故防止に万全の配慮をしなければなりません。民事責任や刑事責任をスポーツ指導者およびスポーツ施設管理者が問われるケースは多種多様です。

スポーツ活動には常に身体傷害の危険があり，スポーツ指導者が事故に直面することも避けられません。もし，スポーツ指導者が事故に直面した場合，まず，なすべきことは人命救護です。不幸にして，事故が発生し，重傷や死亡など重大な結果が生じたら，当然に責任問題が浮上し，それが紛争，事件に発展することは，われわれの見聞することです。事故発生時点でのスポーツ指導者の適切な対処が，その後の問題の円滑な解決に決定的な影響を及ぼすといってよいのです。ですから事故時における措置およびその後の措置を適切なものとするためには，少なくとも事故の責任についての基礎的な法律知識をもち，法的責任がいかなる場合に発生するかについて，十分に理解しておかなければなりません。

スポーツ事故によって不法行為責任（民法第709条）が発生する要件としては，(1)故意または過失，(2)他人の権利ないし利益を違法に侵害，(3)責任能力，(4)因果関係の4つの面から検討します。この4つがそろったときに，加害者に不法行為責任（民法第709条）が生じます。裁判の場では「安全配慮義務」という注意義務を尽くしたか否かが，過失責任の要件事実であり事故発生に至る過程の中で問われることになります。

❹ スポーツにおける安全管理：示談書と免責同意書の違い

スポーツ指導者・スポーツ施設管理者やスポーツ競技大会主催者にとって「スポーツの安全管理」はスポーツリスクマネジメントの基本です。

スポーツを楽しむ積極的な安全対策は，スポーツに危険がともなう限り，完全な事故防止は不可能であるという大前提を認識することです。日本スポーツ少年団で提唱する訴訟リスクを回避する6つの逆転の発想が重要です。スポーツ参加者の心と身体の状態を把握し，危険を予知（予見可能性）し，いかにすれば事故の発生を少なく，事故の被害を小さくできる（回避可能性）か，とのリスクに立ち向かう実践的な発想が安全を創り出します。

スポーツ界における大会主催者の安易な発想は，大会参加者から事前に免責に関する同意書をとろうとすることです。紙切れ1枚で法的責任がなくなれば便利です。しかし，事故発生前の免責同意書面は民法第90条の公序良俗違反で無効です。

他方，示談は有効です。示談の法律用語は「和解契約」といいます。「免責同意書」は，万一事故が起こったときにあらゆる責任を負わないということです。署名捺印した人はまさか，死ぬと思って，損害賠償請求権を放棄する気持ちはありません。事故後の示談の場合は，治療費や慰謝料など，損害額がすべてわかった段階での解決です。無効な「免責同意書」と有効な「示談書」との違いは事前事後，予見の有無なのです

（菅原哲朗）

《過去の法構造》

▶5 最高裁判例（昭和50年2月25日第三小法廷判決）で確立した概念である。安全配慮義務とは「ある法律関係に基づいて特別な社会的接触の関係に入った当事者間において，当該法律関係の付随義務として当事者の一方又は双方が相手方に対して信義則上負う義務である」と定義づけられる。そして「その内容は，当該法律関係の性質，当事者の地位及び安全配慮義務が問題となる具体的状況によって決せられる」と判例はいう。

▶6 〈紛争に対処する6つの指針〉
(1)人命救助など果たすべきことをまず果たす。(2)事故の事実関係を把握する。(3)先例を学ぶ。(4)説得と論証。(5)仲間・父母後援会の信頼を得る。(6)自己の行動に正しいという確信を持つ。

おすすめ文献

†日本スポーツ法学会編(2011)『詳解スポーツ基本法』成文堂。
†道垣内正人・早川吉尚編(2011)『スポーツ法への招待』ミネルヴァ書房。
†菅原哲朗・望月浩一郎編(2013)『スポーツにおける真の勝利——暴力に頼らない指導』エイデル研究所。

第Ⅳ部　社会とスポーツマネジメント

13　スポーツマネジメント人材の養成

1　スポーツマネジメントを担う人材

1　スポーツマネジャーが活躍する領域

マネジメントは「組織の目標を達成するために，個人や集団とともに，またはこれらを通して働くこと[1]」ですから，スポーツ組織において，その目標を達成するためにマネジメントを担う人材を"スポーツマネジャー"とよびます。本書において取り上げてきたスポーツマネジメントの領域を参考にして，スポーツマネジャーの具体例を整理したものが表1です。

このようにスポーツマネジャーは，様々なスポーツ組織において，それぞれの組織目標を達成するために，目的設定と計画（意思決定機能），人員配置と動機づけ（組織化の機能），チェック・診断・修正活動（評価・統制の機能）[2]を遂行します。スポーツマネジャーの特徴として，スポーツを専門にするマネジャーと業務の一部としてスポーツ事業を担当するマネジャーがいること，仕事として従事する職業的スポーツマネジャーとボランティアとして関わるボランタリースポーツマネジャーがいることがわかります。またマネジメントの階層として，トップ・マネジメント（経営者層），ミドル・マネジメント（中間管理層），ロワー・マネジメント（下部管理層）に分けることもできます。

▷1　ハーシ，P.・ブランチャード，K. H.／山本成二・水野基・成田攻訳（1978）『行動科学の展開――人的資源の活用』日本生産性本部。

▷2　八代勉・中村平編著（2002）『体育・スポーツ経営学講義』大修館書店。

表1　スポーツマネジメント領域とスポーツマネジャーの具体例

	スポーツマネジメントの領域	スポーツマネジャーの具体例
参加型スポーツ	学校体育・スポーツ 　例）幼・小・中・高・大学・専門学校	管理職，保健体育科教員，体育主任，部活動顧問，監督，コーチ
	地域スポーツクラブ 　例）任意団体・法人格・総合型地域スポーツクラブ	会長，理事長（運営委員長），理事（運営委員），クラブマネジャー
	公共スポーツ施設 　例）財団（事業団）・市区町村・都道府県・国	管理者，所長（館長），運営スタッフ（管理職）
	商業（民間営利）スポーツ施設 　例）フィットネスクラブ・スイミング・テニス場・ゴルフ場・球場	経営者，支配人，運営スタッフ（管理職）
	参加型スポーツイベント＆スクール 　例）競技会・交流会・測定会・発表会，教室	主催者（団体），運営スタッフ，ボランティアリーダー
観戦型スポーツ	観戦型スポーツイベント 　例）国内大会・国際大会	主催者（団体），運営スタッフ，ボランティアリーダー
	プロスポーツ 　例）野球・サッカー・バスケット・ゴルフツアー	経営者（オーナー），球団社長，GM，球団社員（管理職）
	競技統括団体（組織規模が大きいもの） 　例）IOC・JOC・日本体育協会・FIFA・日本サッカー協会	会長，理事長，専務理事，理事，職員（管理職）
	メディアスポーツ 　例）放送媒体（テレビ・ラジオ）・印刷媒体（新聞・雑誌）	（テレビ）プロデューサー，ディレクター，キャスター，（新聞・雑誌）編集長，編集委員，デスク

2 スポーツマネジャーに求められる能力

　マネジメントのプロセスを遂行するためには3つの能力が必要であるとされてきました。(1)経験，教育，訓練を通して習得できる，特定業務の遂行に必要な知識，方法，技術，器具を使用する能力（専門的能力：テクニカルスキル），(2)他人とともに，もしくは他人を通して働く能力と判断力（対人的能力：ヒューマンスキル），(3)組織全体の複雑な構造を理解し，自分の職務活動が全体活動のどこに，いかに組み込まれているかを理解する能力（概念的能力：コンセプチュアルスキル）です。一般的にマネジメントの階層が高いほど概念的能力が重要となり，階層が低いほど専門的能力が重要になるといわれています（対人的能力はどの階層でも同じく重要）。しかし一般の企業組織と同じように比較的規模の小さい，中小零細スポーツ組織においては，トップ・マネジメントであってもスポーツ事業に関連した専門的能力が求められ，ロアー・マネジメントにも全体を見通すことができる概念的能力が必要になります。すなわち，現場で指導にあたる監督やコーチにも，マネジメント能力が問われることになります。

3 人材確保・養成の課題

　表1からもわかるように，スポーツ事業に仕事として携わる職業的スポーツマネジャーはそれほど多くありません。少子化によって，これまで有望な労働市場であった保健体育教員（兼指導者，競技団体役員）の道は狭まってきました。それ以外の代表的な例は，プロスポーツのフロント業務を統括する球団経営者や管理職ですが，一般企業のように公募がなされ，採用された社員が内部で昇進していくキャリアパスは少ないようです。そもそもいわゆる新卒採用がまれですし，あっても極めて採用枠は限られています。

　一方，体育・スポーツ系の学部は，27（2010年）から32（2013年）に増え，学生数も3万6,754人（2010年）から4万1,317人（2013年）に増加しています。それと並行して，スポーツマネジメントを教える学科，コースや専攻も増加しています。"大学は単なる職業教育ではなく，学問の場である"という議論もありますが，学生にとって学んだことと職業の不一致の増大は，学習へのモチベーションを低下させるかもしれません。職業的スポーツマネジャーの労働市場が急拡大することは考えにくいので，一般企業などを経由したキャリアパスを前提としたスポーツマネジメント教育への転換と卒業生に対する継続的な情報提供とリカレント教育の場をつくることが不可欠です。もちろん有能な人材が目指す魅力的な職業として職業的スポーツマネジャーが認められるようになることが前提です。

（木村和彦）

おすすめ文献

†武藤泰明（2013）『プロスポーツクラブのマネジメント　第2版』東洋経済新報社。
†八代勉・中村平編著（2002）『体育・スポーツ経営学講義』大修館書店。
†山下秋二・原田宗彦編著（2005）『図解　スポーツマネジメント』大修館書店。

第Ⅳ部　社会とスポーツマネジメント

13　スポーツマネジメント人材の養成

　保健体育科の教員養成制度

　保健体育科の教員養成とスポーツマネジメント

　現在，教員養成については，様々な課題や改善点について指摘がなされています。その背景として，多様化する教育問題への対応，教員の大量退職にともなう世代交代の加速化により教員の質保証が求められている，といったことがあげられます。大学における保健体育授業の指導力の養成について，その方策の1つに，学生が保健体育の授業を計画し，教師役と生徒役に分かれて行う模擬授業づくりがあげられます。これは，自分が授業を設計し教授することを通して，授業を受ける側から教える側へと視点の転換を図る上で大変有効な方法だといえます。学生が生徒役になるため，実際の中学・高校生より指示が通りやすいということはありますが，授業を行うためにはどのような準備が必要で，どのように生徒と関わればよいのかを，具体的にイメージすることに繋がります。

　また，保健体育科の教員には，授業での指導力以外にも体育的行事の企画運営や部活動運営，校外での部活動関係の大会運営など，学校全体や組織全体をマネジメントする能力が求められます。これらは，経験しながら身に付けていくという側面もありますが，大学での体育・スポーツ経営学領域の授業を受講したり，部活動や研究活動の中で何か企画運営を担当したりすることで，組織をマネジメントする素地を身に付けることに繋がっていくと考えられます。

　さらに，実際の学校現場での指導経験の必要性から，学校インターンシップや学校ボランティアの取り組みも進んでいます。これは「学生が長期間にわたり継続的に学校現場等で体験的な活動を行うことで，学校現場をより深く知ることができ，既存の教育実習と相まって，理論と実践の往還による実践的指導力の基礎の育成に有効である」[1]と指摘されているように，今後も教員養成の1つとして重要視される内容であり，大学の授業としての位置づけや教育実習との関連が検討されていくことになります。併せて「教育委員会と大学との連携・協働により教職生活全体を通じた一体的な改革，学び続ける教員を支援する仕組みを構築する必要がある」[2]との指摘もあり，教員養成系大学においては各都道府県教育委員会と連携した形で，教職大学院の設置および運用が進められています。また，教師塾などを開講する教育委員会もみられ，学生時代から現職教員と接する場を設けるといった取り組みも多くなってきています。[3]

▶1　文部科学省（2015）「これからの学校教育を担う教員の資質能力の向上について（答申）」。http://www.mext.go.jp/b_menu/shingi/chukyo/chukyo0/toushin/1365665.htm（2016年12月21日最終アクセス）

▶2　文部科学省（2012）「教職生活の全体を通じた教員の資質能力の総合的な向上方策について（答申）」。http://www.mext.go.jp/b_menu/shingi/chukyo/chukyo0/toushin/1325092.htm（2016年12月21日最終アクセス）

▶3　教職大学院とは，大学院高度専門職業人養成としての教員養成に特化した専門職大学院のこと。学校教育における諸課題に対応しうる高度な専門性と豊かな人間性・社会性を備えた力量ある教員養成を行うことを目的として設置されている。

教員養成については，大学の授業だけにとどまらず，地域，各学校，教育委員会との連携・協力が必要不可欠であり，学生が積極的に学校現場に関われるよう制度設計が進むとともに，学生の積極的参加が必要になります。

2　教員免許制度のしくみ

教員免許状には，普通免許状，特別免許状，臨時免許状の3種類がありますがここでは，普通免許状について述べていきます。教員免許を取得するためには，必要単位の修得が条件となります。単位の修得については，教員養成系大学の他にも，保健体育科に係る教職課程を設けている一般大学でも可能です。保健体育科の1種免許状を取得するためには，それぞれの大学で開講されている「教科及び教科の指導法に関する科目」，「教育の基礎的理解に関する科目」，「道徳，総合的な学習の時間等の指導法及び生徒指導，教育相談等に関する科目」を履修する必要があります。これらの必要科目の単位を修得した上で，各都道府県教育委員会へ免許申請を行うことにより，教員免許状が交付されます。一般的には，各大学からの一括申請を行うことになりますが，個人で申請する際には，手続きについて確認しておく必要があります。なお，普通免許状の有効期限は10年間とされており，期限内に大学などが開設する30時間以上の免許更新講習を受講・終了し，各都道府県教育委員会に申請し更新することが必要です。

近年では，中等教育学校の設置もみられ，当分の間は中学校または高等学校のどちらか一方の免許しか所有していなくても保健体育科を担当することができるとされていますが，今後は両方の免許を取得しておくことが望ましいと考えられます。また，義務教育学校が制度化されるなど，今後教員免許制度については見直し検討がなされていくので注視していく必要があります。

3　教員採用の動向

教員免許状を取得しても，各自治体が行う教員採用選考試験に合格し，教員採用者名簿に登載されなければ，正規採用の教諭として勤務することはできません。しかし，免許を取得していれば，各自治体の教育委員会に講師登録することで，欠員や補充があった場合に常勤講師または非常勤講師として，期限付きで勤務することが可能です。各自治体の採用選考試験においては，有能な人材を確保するため多種多様な選考方法を採用しています。また，より専門的な知識や実践的な指導力を身に付けてから学校現場へ出られるよう，大学院合格（在籍）者への採用猶予制度を設ける自治体も増えています。さらに，複数の免許所有や英語資格取得による加点制度を設ける自治体もみられます。保健体育科においては，競技力や指導経験を重視したスポーツ特別選考などが特徴的な選考方法としてあげられます。国体やインターハイ開催にともない，選考内容に変更がある自治体もみられます。

(三田部　勇)

▷4　文部科学省（2015・2016）「教員免許状を取得可能な大学等」。http://www.mext.go.jp/a_menu/shotou/kyoin/daigaku/index.htm（2016年12月21日最終アクセス）
▷5　中等教育学校とは，生徒一人ひとりの能力・適性，興味・関心，進路希望などに応じた多様で柔軟な教育の必要性から設けられた学制制度。中高一貫教育の利点を活かし，6年間を通した特色あるカリキュラムを編成することができる。
▷6　義務教育学校とは，心身の発達に応じて，義務教育として行われる普通教育について，基礎的なものから一貫して施すことを目的として設けられた学制制度。小中一貫教育の利点を活かし，9年間を通した特色あるカリキュラムを編成することができる。
▷7　▷1に同じ。

(おすすめ文献)
†髙橋健夫・岡出美則・友添秀則・岩田靖編著（2010）『新版体育科教育学入門』大修館書店。
†伊藤博子（2014）『保健体育科教師になろう！』大修館書店。
†杉山重利・佐藤豊・園山和夫編著（2015）『新・めざそう！保健体育教師』朝日出版社。

第Ⅳ部　社会とスポーツマネジメント

13　スポーツマネジメント人材の養成

3 スポーツマネジメントと指導者資格制度

1 資格とは

　資格とは一般的に「身分や地域，立場。また，そのために必要とされる条件」といわれています。資格を認定する団体から「国家資格，公的資格，民間資格」と分類され，国家資格がもっとも信頼性が高く社会的認知度も高いといわれています。また，法的根拠のある「職業資格」と法的根拠のない「それ以外」に大別することができ，「それ以外」については一定の知識と技能を備えた証としての「能力認定資格」ということもできます。

　資格の機能については，3つの視点から考えることができます。1つ目は，有資格者に対して何らかの権利・特典・独占業務を与えるという機能，2つ目は，第三者に一定の知識と技能を身に付けたということを証明する公証機能，3つ目は，自分の興味・関心に応じて新たな知識や技能を体系的に学ぶ機会を得るという機能です。資格と一口にいっても，その機能や資格の意味合いは大きく異なります。

2 スポーツの資格と制度

　日本におけるスポーツ指導者は，オリンピック・東京大会翌年の1965（昭和40）年に（財）日本体育協会（当時）が着手しました。その趣旨は，東京オリンピックでの競技者の育成・強化のノウハウを全国に知らせ，今後の競技者の育成・強化に活かしていくというものでした。その後，1977（昭和52）年に，スポーツ指導者の役割に応じた資格認定と指導体制の確立の必要性から，加盟団体などと協力して「公認スポーツ指導者制度」を制定しました。この資格制度によって，同一のカリキュラムですべての受講者が一斉に学ぶ「スポーツトレーナー」▷1の養成から，競技別の「スポーツ指導員」「コーチ」「上級コーチ」の養成が開始されました。

　国は，1972（昭和47）年の保健体育審議会答申において，体育・スポーツの指導者の養成・確保と指導体制の確立について「国においてもこれらの指導者の社会的信頼を高めるなどの見地から，その資質・技能審査事業の認定制度について考慮する必要がある」と述べ，1984（昭和62）年に文部大臣は「社会体育指導者の知識・技能審査事業に関する規定」を告示しました。公認スポーツ指導者資格は制度を改定し，1985（昭和63）年に文部大臣の事業認定を受けま

▷1　スポーツトレーナーとは，現在の公認アスレティックトレーナーのことではなく，競技種目に限定しない競技力向上を担当する指導者のこと。

した。これにより、試験内容などを定めた法令・条例などに基づき、地方行政機関や国などの指定を受けた機関が実施する「公的な資格」として位置づけられました。しかし、2000（平成12）年の行政改革大綱によって、2005（平成17）年度末をもって事業認定制度の廃止が決定しました。

現在の公認スポーツ指導者制度は、2005（平成17）年に改定されたもので、資格の種類と役割は表1の通りです。2018（平成30）年10月現在で、55万3,475人のスポーツ指導者が（公財）日本スポーツ協会に登録しています。

③ スポーツ指導者資格の活用

日本ではスポーツに関する「国家資格」や「業務独占資格」といったものは、ほとんど存在しません。保健体育教員免許やプロライセンスなどが職業資格として存在するのみです。スポーツ指導に関する仕事としてトレーナーやインストラクターなどが紹介されることもありますが、職に就くために必須の資格はほとんど存在しません。スポーツ指導には高度な専門知識や特殊な技能が必要とされながらも、実際には「資格」に縛られない業界なのです。しかし一方で、総合型地域スポーツクラブやスポーツ少年団、学校運動部活動では、指導者、特に専門的な知識と技能を備えた有資格指導者が不足しているという問題があります。

④ スポーツをマネジメントする指導者

スポーツの普及・振興や競技力向上において、スポーツ愛好家や選手を支えるスポーツ指導者の存在は、これからますます重要になります。「体育・スポーツ国際憲章（1978年第20回ユネスコ総会）」に「体育・スポーツの教授、コーチおよび行政は、有資格者によって行われるべきである」と述べられています。指導者は正しい知識と技能をもつべきで、その知識と技能を獲得・担保する手段として資格制度を整備することは、わが国の豊かなスポーツライフを実現するためのスポーツのマネジメントにとって重要なことです。

また、近年は技術指導者だけではなく総合型地域スポーツクラブを運営・経営するためのマネジメント（組織）指導者の資格認定も行われています。総合型地域スポーツクラブの経営、競技団体の経営、スポーツイベントの経営、スポーツボランティアの経営といった分野にもスポーツ指導者資格をもった人材が活躍する機会がますます増えることでしょう。

生涯スポーツ社会を背景とした、民間技能審査事業が廃止されてからは、国が公的に認めたスポーツ指導者資格は存在しません。スポーツ指導者資格をすべて国家資格・業務独占資格とする必要はありませんが、スポーツを「行う・みる・支える」という関わり方と資格の機能や役割に応じた資格制度を整備し、スポーツ指導者資格をスポーツ現場で運用・活用していくというマネジメントも今後重要になります。

（馬場宏輝）

表1 公認スポーツ指導者の種類と名称

スポーツ指導基礎資格	競技別指導者資格	フィットネス資格	メディカル・コンディショニング資格	マネジメント資格
スポーツリーダー	スタートコーチ、コーチ1、コーチ2、コーチ3、コーチ4	スポーツプログラマー、フィットネストレーナー、ジュニアスポーツ指導員	アスレティックトレーナー、スポーツドクター、スポーツデンティスト、スポーツ栄養士	アシスタントマネジャー、クラブマネジャー

▶2 民間技能審査事業とは、英検や漢検等、公益法人などが試験を実施するもののうち、社会的に奨励すべきものとして国などが事業を認定するもので、国家資格ではない。2000年の行政改革大綱によって、2005年末までに一律廃止となった。

おすすめ文献

†日本体育協会（1986）『日本体育協会75年史』広研印刷。

13　スポーツマネジメント人材の養成

スポーツビジネスと求められる人財

▶1　佐伯年詩雄（2006）『これからの体育を学ぶ人のために』世界思想社。

▶2　多木浩二（1995）『スポーツを考える——身体・資本・ナショナリズム』ちくま新書。

▶3　原田宗彦編著（2007）『スポーツ産業論（第4版）』杏林書院。

1　スポーツビジネスの発展

　欧米から日本に輸入された近代スポーツは，19世紀後半から学校におけるスポーツ活動を中心に普及してきました。子どもたちは様々なスポーツ活動を行う際に，身体活動の機能面に優れたスポーツウェア（体育着），スポーツシューズ（運動靴），スポーツ用具（運動用具）が必要となり，同時に欧米より輸入された近代スポーツへの憧れから，欧米人と同じスポーツウェアや靴を着用したいという願望も大きくなってきました。また，近代スポーツが普及することで，規定の体育館（コート），グラウンド（陸上競技場，ピッチ，野球場など），プールといった「場」が必要不可欠となります。そのため，日本の小・中学校・高等学校には必ず体育館，グラウンド，プールが整備され，また，国民体育大会の全都道府県開催によってすべての都道府県に全国規模のスポーツ大会が開催できる総合スポーツ施設が整備されました。1964年のオリンピック・東京大会以降は，国際大会の開催可能な大規模スポーツ施設が整備され，スポーツ施設・空間ビジネスが産業として位置づけられてきました。さらに，スポーツビジネスは，行う人々を対象とするだけではなく，情報を得る人々も対象として成立してきました。近年は，雑誌，新聞，テレビといった媒体だけでなく，SNS（ソーシャルネットワーキングサービス）を介した様々なスポーツ情報の提供がなされており，今後はますます大きなビジネスに発展するでしょう。このようにスポーツビジネスは「スポーツ用品産業」「スポーツ施設・空間産業」「スポーツサービス・情報産業」の領域から興隆・発展してきました。

2　スポーツビジネスの拡大

　高度経済成長期からバブル経済期を迎えた1980年代以降，スポーツサービス産業が拡大と減衰を繰り返しながらビジネスとして注目されてきました。レジャー活動が盛んとなり，子どもから高齢者までスポーツに親しむ生涯スポーツ社会が到来すると，多様なスポーツライフに対応するため，従来の学校や公共施設におけるスポーツ活動だけではなく，スキー，スノーボード，ゴルフ，フィットネス，その他様々なスポーツ活動の場とサービスを提供するスポーツサービス産業が発展してきたのです。一方，プロスポーツに目を向けてみると，国際的なスポーツのプロ化の流れに対応すべく，1986年の「日本体育協会アマ

チュア規定」が改訂されてプロ選手が容認されました。このことで，従来のプロ野球，大相撲などといった限られたプロスポーツに加えて，サッカーＪリーグ，バスケットボールＢリーグ，野球の独立リーグなど，様々なスポーツがプロとして成立してプロスポーツの興行ビジネスが拡大してきました。そのため，リーグ運営，各球団やチームの運営，選手のマネジメント，エージェントといったビジネスが成立しています。さらに近年は，スポーツイベントへの参加やスポーツ活動をしながら旅行を楽しむスポーツツーリズムといった新しいビジネスも誕生しており，サービスの多様化と高度化によって領域横断的なビジネスに発展してきています。

▷4 選手の身の回りの世話，取材対応，スポンサー契約などの選手契約以外の仕事。
▷5 選手契約を代理交渉するもの。

3 スポーツビジネスに求められる人財の力量

スポーツをビジネスとして成立させるためには，スポーツという商品の特性を理解した上で，魅力的に商品を企画・立案して，消費者に提供することが重要となります。ただし，スポーツという商品は，店に陳列されている服や食料品，カタログに掲載されている車といった一般消費財や耐久消費財とは違った特性を有しています。たとえば，Ｊリーグの試合という商品は，その場とそのときに生まれては消える一過性であることから計画的な生産ができません。また，観客にとって，大差で勝敗が決まる退屈な試合よりも，僅差で競った緊張感のある試合の方が商品価値は高いかもしれません。さらにスポーツは文化としての特性や人間形成のような教育の特性も有していることから，ビジネスの手段としては扱いにくい側面があります。そのため，スポーツビジネスに求められる人財は，自らの多様なスポーツ経験からスポーツという商品の特性を十分に理解することが重要です。それぞれのスポーツを行ったりみたりすることがなぜ楽しいのかということをよく理解することと，どのようにスポーツを行ったりみたりするとスポーツを楽しむことができるのかという創造性を働かせることが重要です。また，スポーツにどのような人が接近して，どのような人が興味を示さないのかといったことを把握した上で，興味を示さない人々が興味を示すような仕掛けや働きかけを行う力量が必要です。

このように，スポーツビジネスに求められる人財は，文章に書かれた知識や１つの正解を求める形式知の習得だけではなく，創造性を働かせて魅力的なスポーツを創り出していく暗黙知が必要になります。これまでスポーツマネジメントに携わる「人材」に必要な力量の議論は行われていますが，実践的な力量を高める試みはなされていません。それは創造性という暗黙知が内包されているためです。今後はスポーツビジネスの構造や仕組み，財務会計といったテキストに載っている形式知という知識の習得による「人材」育成のみならず，暗黙知という力量を備えた創造性を発揮できる「人財」が求められます。同時にその育成の研究と実証も重要な課題となってくるでしょう。

（西原康行）

▷6 文章や図表，数式などによって説明・表現できる知識のこと。明示的知識ともよばれる。
▷7 経験や勘に基づく知識のことで，個人はこれを言葉にされていない状態でもっている。
▷8 中原淳編（2014）『企業内人材育成入門』ダイヤモンド社。
▷9 稲垣佳世子・鈴木宏昭・大浦容子『認知過程研究――知識の獲得とその利用』放送大学教育振興会。

おすすめ文献

†多木浩二（1995）『スポーツを考える――身体・資本・ナショナリズム』ちくま新書。
†原田宗彦編著（2007）『スポーツ産業論（第４版）』杏林書院。
†中原淳編（2014）『企業内人材育成入門』ダイヤモンド社。

第Ⅳ部　社会とスポーツマネジメント

14　スポーツマネジメントの研究動向

国内の研究動向

１　体育・スポーツ学術研究団体

　体育・スポーツ学術研究団体とは，「体育やスポーツにかかわる諸現象について，科学的・学術的に研究することを主たる目的にして結成・組織された団体の総称」であり，その団体の目的や活動内容などから，A．体育・スポーツにかかわる広領域を包括的に統合した団体，B．体育・スポーツの学問分野・領域別に組織化された団体，C．構成メンバーに独自性をもつ団体，D．研究目的・内容に独自性をもつ団体の４つに類型化することができます。

　たとえば，スポーツマネジメントに関わる主な学術研究団体には，A類型＝日本体育学会［体育経営管理専門領域］，B類型＝日本体育・スポーツ経営学会，および日本スポーツマネジメント学会があります。そして，各学会は，スポーツマネジメントに関する学術研究や実践研究などをそれぞれの独自の視座と研究方法を用いて展開し，その研究成果を蓄積・公開しています。なお，C類型には，主な構成メンバーが女性からなる日本女子体育連盟などが該当します。

２　日本体育学会［体育経営管理専門領域］

　日本体育学会は，1950年に体育・スポーツ・健康科学領域の研究促進を目的に設立された，会員数約6,000名の学術研究団体であり，15の専門領域と18の地域で構成されます。体育経営管理専門領域はその１つ（会員数約270名）であり，最近では，「学校体育・スポーツ」（26.1％）や「地域スポーツ」（20.1％），「プロスポーツ」（14.2％），および「スポーツ行政／スポーツ政策」（9.7％）などの参加型スポーツのマネジメント研究が多くみられます（表１）。

３　日本体育・スポーツ経営学会

　日本体育・スポーツ経営学会は，体育・スポーツ活動を普及・推進するためのスポーツ事業の展開と，そのための組織的活動の経営に関する科学的研究および実践的な経営技法の開発を目的に，1952年に「体育管理学会」として設立されました。その後，1977年には「体育経営学会」へと名称変更し，1984年に現在の名称となった学術研究団体です。会員数は約260名で，研究機関関係者をはじめ，学校・行政関係者，業界などの実務家などが所属しています。過去４年間の学会大会では，「地域スポーツ」（24.8％）や「学校体育・スポーツ」

▷１　日本体育協会監修・岸野雄三編集代表（1987）『最新スポーツ大事典』大修館書店，715-718頁。

▷２　15の専門領域はB類型として，また18の地域区分はC類型として，個別学会の機能を担っている。詳細は，（一社）日本体育学会 http://taiiku-gakkai.or.jp/（2016年７月27日最終アクセス）を参照のこと。

▷３　体育・スポーツ経営の実践領域を「学校」「公共スポーツ施設」「地域スポーツ」「職場（企業）スポーツ」「商業スポーツ施設」「スポーツイベント」「スポーツ行政」などに分類し，「体育・スポーツ事業論」「運動生活論」「経営過程論」「リーダーシップ論」「スポーツマーケティング論」「経営組織論」「組織風土」「経営戦略論」「動機づけ論」「スポーツ法」といった様々な視点からアプローチしている（日本体育・スポーツ経営学会 http://jsmpes.jp/（2016年７月27日最終アクセス））。

▷４　詳細は Ⅳ-14-2 を参照。

表1　スポーツマネジメントの研究動向

	スポーツマネジメントの実践領域	JSPEHESS[1] (n1=134)	JSMPES[2] (n2=153)	JASM[3] (n3=108)	合計 (N=395)
参加型スポーツ	学校体育・スポーツ（大学体育・スポーツ関連も含む）	35 (26.1%)	33 (21.6%)	9 (8.3%)	77 (19.5%)
	地域スポーツ/地域スポーツクラブ （子ども・高齢者・障がい者，各種教室，ボランティアなど）	27 (20.1%)	38 (24.8%)	11 (10.2%)	76 (19.2%)
	公共スポーツ施設 （管理運営，指定管理者，施設整備など）	6 (4.5%)	3 (2.0%)	2 (1.9%)	11 (2.8%)
	スポーツ行政／スポーツ政策	13 (9.7%)	3 (2.0%)	3 (2.8%)	19 (4.8%)
	スポーツ団体［統括団体・種目別競技団体］ （競技力向上，指導者資格・養成，ガバナンスなど）	9 (6.7%)	3 (2.0%)	5 (4.6%)	17 (4.3%)
	スポーツ大会・イベント （地域イベント，各種競技大会，国民体育大会など）	3 (2.2%)	6 (3.9%)	3 (2.8%)	12 (3.0%)
	商業（民間営利）スポーツ施設 （スポーツ・フィットネスクラブ，ゴルフ場，スキー場など）	7 (5.2%)	5 (3.3%)	5 (4.6%)	17 (4.3%)
	企業スポーツ／職場スポーツ	3 (2.2%)	6 (3.9%)	11 (10.2%)	20 (5.1%)
観戦型スポーツ	プロスポーツ［NPB，Jリーグ，bjリーグ，プロゴルフなど］ （リーグ運営，球団・クラブ経営，イベント観客動員など）	19 (14.2%)	33 (21.6%)	35 (32.4%)	87 (22.0%)
	メガ・スポーツイベント／メディアスポーツ （オリンピック・パラリンピック，ワールドカップなど）	0 (0.0%)	0 (0.0%)	6 (5.6%)	6 (1.5%)
	スポーツツーリズム	1 (0.7%)	4 (2.6%)	2 (1.9%)	7 (1.8%)
	その他［原理的研究・領域横断的研究など］	11 (8.2%)	19 (12.4%)	16 (14.8%)	46 (11.6%)

注1）：日本体育学会［体育経営管理専門領域］2013～2016年度の学会発表
　2）：日本体育・スポーツ経営学会 2012～2015年度の学会発表
　3）：日本スポーツマネジメント学会 2012～2015年度の学会発表

(21.6%)，「プロスポーツ」(21.6%)など，参加型か観戦型か，ないしは営利か非営利（公共部門）かを問わない総合的な視点からの研究が多いようです。

④ 日本スポーツマネジメント学会

　日本スポーツマネジメント学会は，スポーツビジネスやスポーツツーリズム，スポーツと地域イノベーションといった視点から国内のスポーツマネジメント教育・研究に関する諸課題にアプローチするとともに，国外の学会組織（北米のNASSM［1985年］，ヨーロッパのEASM［1993年］，オーストラリア＆ニュージーランドのSMAANZ［1995年］，およびアジアのAASM［2002年］など）との連携・協力をも視野に入れた活動を展開することを目的に，スポーツマネジメントの学術的研究を統括する学会組織として2007年に設立されました。会員数は約390名であり，最近は，「プロスポーツ」(32.4%)や「企業スポーツ」(10.2%)など，営利部門の研究が多くみられる一方で，「原理的研究・領域横断的研究」(14.8%)も実践されています。

⑤ スポーツマネジメント関連学会の研究動向

　このように，学会ごとにスポーツマネジメント研究の動向を概観してきましたが，各学会の研究活動にはそれぞれの特徴があります。たとえば，日本体育学会［体育経営管理専門領域］は，A類型であるがゆえに広範囲のスポーツマネジメント研究を展開しています。日本体育・スポーツ経営学会は，学校体育・スポーツや地域スポーツといった非営利部門のスポーツマネジメント研究が多々みられます。一方，日本スポーツマネジメント学会は，学会の目的にもあるように，プロスポーツや企業スポーツなどのスポーツビジネス中心のスポーツマネジメント研究が比較的多い傾向にあるといってもよいでしょう。

　これらの学会以外にも，産官学の共同に基づいてスポーツ産業の健全な発展に寄与する「日本スポーツ産業学会」（D類型）などもあります。　（中西純司）

▷5　主な研究・実践分野は，「スポーツマーケティング」「マネジメント・リーダーシップ」「スポーツ政策」「ファイナンス＆エコノミクス」「ファシリティマネジメント」「スポーツマネジメント教育」「スポーツツーリズム」「スポーツ法学」「スポーツコミュニケーション」などに分類されている（日本スポーツマネジメント学会。http://e-jasm.jp/（2016年7月27日最終アクセス））。

▷6　「スポーツ産業の健全な発展に寄与できる学会」「産官学の共同による開かれた学会」「国際性豊かな学会」を目指して1990年に設立された。会員数は約490名で，多領域の研究者やスポーツ用品製造業，プロスポーツ，広告代理店，メディアスポーツ，スポーツ健康産業，余暇産業など，様々な会員が所属している（日本スポーツ産業学会。https://www.spo-sun.gr.jp/（2016年7月27日最終アクセス））。

おすすめ文献

†日本体育学会体育経営管理専門領域編『体育経営管理論集』。

†日本体育・スポーツ経営学会編『体育・スポーツ経営学研究』（NII 学術情報ナビゲータ［CiNii］。http://ci.nii.ac.jp/vol_issue/nels/AN1013841X_ja.html（2016年7月27日最終アクセス））

†日本スポーツマネジメント学会編『スポーツマネジメント研究』創文企画（総合電子ジャーナルプラットフォーム［J-STAGE］。https://www.jstage.jst.go.jp/browse/jjsm/-char/ja/（2016年7月27日最終アクセス））

14 スポーツマネジメントの研究動向

国外の研究動向

1 北米スポーツマネジメント学会の研究活動

　もっとも早く設立されたスポーツマネジメントを冠する国際的な学会は，北米スポーツマネジメント学会（North American Society for Sport Management：NASSM）です。1985年に設立され，1986年には第1回学会大会が開催され，1987年には学会誌の *Journal of Sport Management* が創刊されました。この学会において，スポーツマネジメントは複数の学問分野に関わる研究領域であると考えられています。その関連分野には，マネジメント，リーダーシップ，組織，倫理，マーケティング，コミュニケーション，ファイナンス，経済，法的問題，ガバナンスそしてスポーツビジネスの社会的背景などが含まれます。

　毎年5月末に開催される学会大会での近年の発表内容を確認すると，マーケティング（スポンサーシップを含む）関連研究がもっとも多く，全体の約4分の1を占めています。最近は，スポーツ観戦者のIT機器利用を研究対象にしたり，IT機器を用いたスポンサー看板認知の測定をしたりするなど，IT発展に誘発された研究も多くなっています。研究方法としては量的データを収集する調査研究が多く，統計的手法を駆使した実証的研究が比較的多いのも特徴です。マーケティング研究に次いで近年多くなったのは，スポーツマネジメントの社会・文化的側面に関する研究です。ここでは「みるスポーツ」よりも「行うスポーツ」を対象にしたものが多く，発展途上国でのスポーツによる地域開発なども注目を集めるテーマとなっています。これら2つの研究に続いて多いのが，以前はマーケティングと同じくらい多かったマネジメント・リーダーシップに関する研究です。さらにコミュニケーション，組織論・組織文化，人材の多様性，ガバナンスに関する研究などが続いて多くみられます。

2 ヨーロッパスポーツマネジメント学会の研究活動

　北米に次いで，1993年に設立されたのがヨーロッパスポーツマネジメント学会（The European Association for Sport Management：EASM）です。この学会が発行している学術雑誌は *European Sport Management Quarterly* です。この学会誌は，スポーツ組織がどのように構成され，経営，運営されているのかを理解することに貢献しています。また，あらゆるタイプのスポーツ組織を対象としており，公共・民間非営利・民間商業的な各種スポーツ団体，アマチュア

▷1　NASSMはアメリカ，カナダの研究者が中心に活動し，プロスポーツ・カレッジスポーツを対象にしたマーケティング研究が多い。

▷2　北米スポーツマネジメント学会ウェブサイト。http://www.nassm.com/NASSM/Purpose（2016年5月1日最終アクセス）

▷3　浅田瑛・隅野美砂輝（2015）「北米スポーツマネジメント学会2014年度大会」『スポーツマネジメント研究』7(1)，39-43頁。

▷4　EASMは会員・大会参加者，研究対象，研究領域，すべてにおいてもっとも多様性のある学会である。

とプロの両者，スポーツ関連商品製造業，そしてスポーツ産業におけるサービス組織が研究対象になっています。さらには地方自治体，監督官庁，スポンサーなど，非スポーツ組織であってもスポーツ組織の構造とプロセスに影響を与えるものについては研究対象としています。

毎年9月上旬に開催される学会大会にはヨーロッパ圏外の北米やアジアからも多くの参加者が集まります。研究発表の中で演題数が多いテーマは，ガバナンス，マーケティング（スポンサーシップ含む），スポーツファン，国際スポーツイベント，スポーツ参加などです。北米の学会に比べてガバナンスに関する研究が多いのはヨーロッパの特徴です。

3 世界のスポーツマネジメント学会の動向

表1にあるように，北米，ヨーロッパに次いで設立されたのが，オーストラリア・ニュージーランドスポーツマネジメント学会（Sport Management Association of Australia and New Zealand：SMAANZ）です。学会誌である *Sport Management Review* は，前出の2誌と同様に高水準の学術論文が掲載されています。

アジアスポーツマネジメント学会（Asian Association for Sport Management：AASM）は2002年に設立されました。2006年に日本（東京）で開催された第3回学会大会を契機として，学会運営組織が整えられ，学会活動が活性化されました。2007年には学会誌 *Asian Sport Management Review* が刊行され，2008年以降は毎年学会大会が開催されるようになりました。

2010年には中南米およびアフリカに，それぞれ学会が設立され，これで世界の各大陸に学会組織が成立しました。その後2012年に，各大陸の学会における情報共有ならびに研究活動促進を目的として世界スポーツマネジメント学会（World Association for Sport Management：WASM）が設立されました。2014年9月にスペイン・マドリードにて第1回学会大会が開催され，6大陸48カ国からスポーツマネジメント研究者が参加しました。

表1 世界のスポーツマネジメント学会

学会名	略称	設立
北米スポーツマネジメント学会	NASSM	1985
ヨーロッパスポーツマネジメント学会	EASM	1993
オーストラリア・ニュージーランドスポーツマネジメント学会	SMAANZ	1995
アジアスポーツマネジメント学会	AASM	2002
ラテンアメリカスポーツマネジメント学会	ALGEDE	2010
アフリカスポーツマネジメント学会	ASMA	2010
世界スポーツマネジメント学会	WASM	2012

（松岡宏高）

▷5 ヨーロッパスポーツマネジメント学会ウェブサイト。http://www.easm.net/esmq/（2016年5月1日最終アクセス）

▷6 岩月基洋・松橋崇史・岩田大佑（2014）「ヨーロッパ・スポーツマネジメント学会2013年度大会」『スポーツマネジメント研究』6(1)，73-77頁。

▷7 小川祥加・庄子博人（2015）「ヨーロッパ・スポーツマネジメント学会2014年度大会」『スポーツマネジメント研究』7(1)，51-57頁。

▷8 SMAANZでは「するスポーツ」を対象とした研究が比較的多くみられる。質的研究も多い。

▷9 AASMは多様な研究が受容される発展途上の学会で，英語が苦手な学生研究者に対しても寛容な雰囲気がある。

おすすめ文献

†日本スポーツマネジメント学会（2015）『スポーツマネジメント研究』第7巻第1号，創文企画。
†松岡宏高（2006）「スポーツ経営学研究の国際比較」山下秋二・畑攻・中西純司・冨田幸博編『スポーツ経営学 改訂版マーケティング』大修館書店。

索　引

・ページの**太字**は項目見出しであることを示す。

あ行

アウトドアスポーツ　74
アカウンタビリティ　31
アクセシビリティ　148
アクティブ80ヘルスプラン　140
浅田真央　114
アジアスポーツマネジメント学会
　　→　AASM
アダプテッドスポーツ　146, **150**
新しい公共　8, 41, 45, 51, 53, 54
アマチュアリズム　110
アメニティ　81
安全配慮義務　193
石毛宏典　98
イノベーション　76
　　──・マネジメント　76
　　オープン・──　77
　　サービス・──　62
　　地域──　56
　　ユーザー──　77
イノベーター　76
インクルージョン　149, 150
　　ソーシャル・──　155
インターネット　86, 105, 107, 109, 112
インテグリティ　179, 180, 182
インテグレーション　148
インバウンド　75
運動遊び　120
運動部活動　26, 28
営業システム　60
衛星放送　106
エージェント　201
エリアサービス　73, 118
エンパワメント　71, 91
オーストラリア・ニュージーランド
　　スポーツマネジメント学会
　　→　SMAANZ
公の施設　159
行うスポーツ　3, 4
オリンピズム　85
オリンピック　82
　　──・ロサンジェルス大会　84, 106
　　──憲章　82, 158, 182
　　──・ムーブメント　83, 84, 176
温泉入浴指導員　141
温泉利用指導者　141

か行

会員システム　61
介護保険法　142
介護予防　137, 142
海馬　134
外部指導者　17, 27, 28, 30
学社融合　30
学社連携　30
学習指導要領　13, 22, 28
　（──の）総則　15
学習プログラム　14
学校運営協議会　31
学校開放　46
学校体育
　　──の経営計画　**16**
　　──の経営評価　**32**
　　──の経営目的　**16**
　　──の経営目標　**16**
　　──の経営理念　**16**
学校評議員　31
ガットマン, L.　152
ガバナンス　93, 97, 183, **184**, 192
　　スクール・──　30
カリキュラム　15
　　──・マネジメント　15, **22**
川上哲治　109
観戦行動　102
観戦動機　102
管理　4
企業スポーツ　96
規則　162
義務教育学校　197
キャロル, A. B.　188
ギャングエイジ　121
教員研修　25
教員免許制度　197
教員養成　**196**
教職大学院　196
業態　**62**
共同利用化　46
キラー・コンテンツ　104
クーベルタン, ピエール・ド　84, 114, 176
クラブサービス　73, 119
クラブマネジャー　53
クラブライセンス制度　96
経営　4
　　──形態　**44**
　　──資源　6, 16, 17, 20, 25, 68
　　──条件　32
　　──成績　32
　　──戦略　68
　　──組織　68
健康運動実践指導者　140
健康運動指導士　140
健康寿命　136, 138
健康増進施設　**140**
健康日本21（第一次）　135, 140
健康日本21（第二次）　138
権利ビジネス　84, 93, 174
後期高齢者　132
顧客管理　**70**
顧客満足　61, 66
顧客ロイヤルティ　70
国際オリンピック委員会　→　IOC
国際競技団体　→　IF
国際競技力　169
国際仲裁裁判所　→　CAS
国際パラリンピック委員会　→　IPC
国体ムーブメント　89
国内オリンピック委員会　→　NOC
国民体育大会　88
国立スポーツ科学センター　→　JISS
心の健康　**136**
5大疾病　136
ゴッフマン, E.　110
コマーシャル・タイムアウト　105

コミュニティ・スクール 31	スイミングクラブ 58, 61	スポーツ法 158
コミュニティ・スポーツ 38, 40	鈴木大地 164	スポーツ放送 106
顧問会議 28	ステークホルダー 2, 31, 81, 96, 182, 188	スポーツ予算 48
ゴルフ練習場 72		スポーツ読物 109
コンセプチュアルスキル 126, 195	スペシャルオリンピックス 144	スポーツリーグ 92
コンプライアンス 182, 192	スポーツイベント 80, 108	スポーツ立国戦略 51, 54
コンフリクト 98, **190**	スポーツ映画 110	スポンサー 83
	スポーツ基本計画 39, 40, 46, 51, 54, 145, 155, 158, 160, 163, 168, 185	——シップ 85, 93
さ行		スマート・エクセレンス 62
サービス・エンカウンター 71	スポーツ基本法 51, 56, 124, 145, 150, 155, 158, 163, 168, 182, 190, 192	スマート革命 112
サービス・クオリティ 66		スマートフォン 112
サービス・デリバリー・システム 67	スポーツ行政 164	生活習慣 138
サービス・プロフィット・チェーン 63	スポーツ経営（学） 3, 6	——病 141
	スポーツ権 155, 192	政策ネットワーク 170
サクセスフル・エイジング 132	スポーツ国際法 158	精神疾患 136
サポータートラスト 101	スポーツ国家法 158	ぜいたく税制度 100
参加動機 91	スポーツ固有法 158	世界スポーツマネジメント学会 → WASM
三間 120	スポーツサービス 7, 66, 118	
ジェンダー 110	スポーツ財政 166	世界保健機関 → WHO
事業 7	スポーツ雑誌 108	セグメンテーション 70
市場占有率 14	スポーツ産業 4	全国高等学校体育連盟 34
指定運動療法施設 140	スポーツ事業 7	全国障害者スポーツ大会 144, 177
指定管理者 95	スポーツ指導者 123, 198	全国身体障害者スポーツ大会 144
——制度 43	——制度 198	全人的健康づくり 135
指導者資格制度 198	少年—— 128	セントラル・リーグ 94
シナジー 98	スポーツジャーナリズム 108	総合運動部 35
社会環境 138	スポーツ少年団 119, 126	総合型地域スポーツクラブ 8, 39, 43, 45, 47, 51, **52**, 54, 124
社会関係資本 81, 138	——認定員 123	
社会体育 38, 40	スポーツ審議会 161, 165	総合保養地整備法（リゾート法） 74
社会の責任 → CSR	スポーツ振興基金 123	相乗効果 23
ジャパンパラリンピック 144	スポーツ振興基本計画 41, 51, 52, 163	ソーシャルキャピタル → 社会関係資本
収益シェアリング制度 100		
シュミット，B. H. 65	スポーツ振興くじ → toto	ソーシャルサポート 137, 139
シュムペーター，J. A. 76	スポーツ振興法 38, 50, 88	ソーシャルネットワーク 137
障害者差別解消法 149, 150	スポーツ新聞 109	ソーシャルビジネス 98
障がい者スポーツ 144	スポーツ推進委員 38, 127, 165	ゾーニング 42
——指導者 154	スポーツ推進会議 164	組織文化 68
生涯スポーツ 38	スポーツ推進審議会 165	
商業主義 83, 111	スポーツ政策 160, 168	**た行**
消費行動モデル 86	スポーツ制定法 158	体育管理（学） 3
正力松太郎 108	スポーツ宣言 162	体育経営（学） 3
勝利至上主義 110	スポーツ専門チャンネル 107	体育経営管理専門領域 202
条例 162	スポーツ団体 172	体育事業 14, 22
女性アスリート 115	スポーツ庁 48, 160, 164, 166, 171	体育指導委員 → スポーツ指導委員
女性スポーツ 114	スポーツツーリズム 171, 201	体育授業 20
女性ファン 114	スポーツトレーナー 198	大学スポーツ 36
人的資源 25, 68	スポーツビジネス 200	第三波フェミニズム 115
——マネジメント 68	スポーツ・フォー・トゥモロー 179	第二波フェミニズム 115
新聞社 108	スポーツ文化 110	ダイバシティ 150
心理的健康 131		タイブレイク制 105

索　引

多チャンネル **106**
タレント発掘　125
地域スポーツクラブ連合　39, 50
地方スポーツ推進計画　158, 163
中央競技団体　→　NF
中間集団　40
中等教育学校　197
テクニカルスキル　195
テニスクラブ　73
特定非営利活動法人　→　NPO法人
特別支援教育　150
独立リーグ　**98**
飛田穂洲　109

な行

ナショナルトレーニングセンター　→　NTC
21世紀における国民健康づくり運動　→　健康日本21（第一次）
日常生活動作　134
日本オリンピック委員会　→　JOC
日本障害者スポーツ協会　→　JSAD
日本スポーツ協会　→　JSPO
日本スポーツ産業学会　203
日本スポーツ少年団　122
日本スポーツ振興センター　→　JSC
日本スポーツ仲裁機構　→　JSAA
日本スポーツマネジメント学会　203
日本体育学会　202
日本体育協会　→　JASA
日本体育・スポーツ経営学会　202
日本中学校体育連盟　34
日本パラリンピック委員会　→　JPC
日本レクリエーション協会　→　NRJA
認定NPO法人　54
ネーミングライツ（命名権）　43
ノーマライゼーション　148, 155
ノベルティグッズ　81

は行

パーソナルトレーナー　72
バーンアウト　121
　──症候群　35, 119
ハイパフォーマンスセンター　→　HPC
波及効果　81
派遣社会教育主事（スポーツ担当）　38
パシフィック・リーグ　94
長谷部誠　109

発達障害　129
発達段階　118
パラスラマン，A.　66
パラリンピック　82, 144, 146, 152
バリアフリー　**148**
　──・コンフリクト　149
　──新法　148
　──スポーツ　146
　心の──　149
ヒーナース，C.　77
非営利組織　126
ヒッペル，E.　76
ヒトラー，A.　105
ヒューマンスキル　126, 195
ファンコミュニティ　103
フィットネスクラブ　58, 60, 62, 66, 70, 72
フィナンシャル・フェア・プレイ（FFP）規制　→　FFP規制
複数校合同部活動　27, 29, 35
プラットフォーム　107
フランチャイズ（本拠地）制　101
フリーマン，R. E.　188
プレリーダー　120
プログラムサービス　73, 118
プロスポーツ　92, 100
プロダクト　64, 93
プロ野球　92, **94**
ベストフ，V. A.　8
ヘルスプロモーション　134
ベルルスコーニ，S.　106
法規範　162
放送権　83, 84, 93, 94, 106
ボウリング場　73
ポートフォリオ　63
ホームタウン制度　96
北米スポーツマネジメント学会　→　NASSM
保健体育審議会　42, 50
ホスピタリティ　99
　──マネジメント　**70**
ボランティア　81, **90**, 122, 126, 133, 135
　スポーツ──　90
ホログラフィック映像　113

ま行

マーケティング　**64**
　──・ミックス　64
　インターナル・──　65

　インタラクティブ・──　64
　エクスターナル・──　64
　関係性──　57
　経験価値──　65
マードック，R.　106
マネジメント　4, 6, 98
　──機能　7
　クオリティ──　66
　ナレッジ・──　18
　ニュー・パブリック・──　161
　場の──　19
　リスク──　182, **192**
三鷹方式　38, 50
ミッション　126
みるスポーツ　3, 4, 108
みんなのスポーツ　38, 39
メディア
　──スポーツ　104, 112
　──・テクノロジー　105
　──・バリュー　104
　ソーシャル──　86
　映画──　**110**
免責同意書　193

や行

役割期待　115
有酸素運動　137
ユニバーサルスポーツ　146
ユニバーサルデザイン　149
ヨーロッパスポーツマネジメント学会　→　EASM
読むスポーツ　109

ら・わ行

ラリーポイント制　105
リゾート型施設　**74**, 77
料金システム　61
倫理　**182**
ルーキードラフト制度　100
レガシー　80, **82**, 171
　──・キューブ　82
レジスタンス運動　137
ワークプレイス　19
ワールドカップ　82, 87

A〜Z

AASM　203, 205
AIDMA　86
Athletic Department　37
Bリーグ　92
CAS　190, 192
CL　106

CSR 8, **182**, 188, 174
CSV 174, 183
EASM 203, 204
EPL **100**
FFP規則 101
FIFA **86**
HPC 179
ICT **112**, 114
IF 180, 185
IOC 82, 84, 145, 176
IPC 84, 145, 152
JASA 176
JSPO 49, 171, 176
JISS 169, 177, 178
JOC 169, 171, 174, 176

JPC 171, 174
JSAA 184, 190, 192
JSAD 145, 154, 171, 177
JSC 161, 169, 171, **178**
Jリーグ 92, **96**
　——配分金 96
　——百年構想 96
MLB 36, 92, **100**
NASSM 2, 203, 204
NBA 36
NCAA 36
NF 173, 174, **184**
NFL 36
NHL 36
NOC 174, 176

NPB 94, 95, 99
NPO 54
　——法人 53, 54, 186
　スポーツ—— **54**
NRJA 124, 177
NTC 169, 177, 178
QoL **130**
SECIモデル 19
SMAANZ 203, 205
SNS 114
toto 49, 55, 123, 166, 179
UEFA 101
WASM 205
WHO 130, 138

執筆者紹介 (氏名／よみがな／現職)　　　＊執筆担当は本文末に明記

朝倉雅史（あさくら・まさし）
　筑波大学人間系特任助教

天野和彦（あまの・かずひこ）
　東北学院大学教養学部准教授

石井十郎（いしい・じゅうろう）
　東海大学経営学部講師

石坂友司（いしざか・ゆうじ）
　奈良女子大学研究院生活環境科学系准教授

市井吉興（いちい・よしふさ）
　立命館大学産業社会学部教授

大藏倫博（おおくら・ともひろ）
　筑波大学体育系教授

大塚眞一郎（おおつか・しんいちろう）
　公益社団法人日本トライアスロン連合専務理事／国際トライアスロン連合副会長／公益社団法人日本オリンピック委員会理事

大西孝之（おおにし・たかゆき）
　龍谷大学社会学部准教授

大野貴司（おおの・たかし）
　帝京大学経済学部准教授

岡田真平（おかだ・しんぺい）
　公益財団法人身体教育医学研究所所長

小澤多賀子（おざわ・たかこ）
　茨城県立健康プラザ介護予防推進部研究員・講師

金山千広（かなやま・ちひろ）
　立命館大学産業社会学部教授

川崎登志喜（かわさき・としき）
　玉川大学教育学部教授

川邊保孝（かわべ・やすたか）
　東海大学体育学部准教授

木村和彦（きむら・かずひこ）
　早稲田大学スポーツ科学学術院教授

黒田　勇（くろだ・いさむ）
　関西大学社会学部教授

齋藤健司（さいとう・けんじ）
　筑波大学体育系教授

齊藤隆志（さいとう・たかし）
　日本体育大学スポーツマネジメント学部教授

境田正樹（さかいだ・まさき）
　東京大学理事・弁護士

作野誠一（さくの・せいいち）
　早稲田大学スポーツ科学学術院教授

佐藤彰宣（さとう・あきのぶ）
　流通科学大学人間社会学部講師

嶋﨑雅規（しまざき・まさき）
　国際武道大学体育学部教授

清水紀宏（しみず・のりひろ）
　奥付編著者紹介参照

菅原哲朗（すがわら・てつろう）
　弁護士・キーストーン法律事務所

杉本厚夫（すぎもと・あつお）
　（一社）子ども未来・スポーツ社会文化研究所代表
　京都教育大学・関西大学名誉教授

関根正敏（せきね・まさとし）
　中央大学商学部准教授

執筆者紹介（氏名／よみがな／現職）　　　　　　　　　　＊執筆担当は本文末に明記

高岡敦史（たかおか・あつし）
岡山大学教育学研究科准教授

髙﨑尚樹（たかざき・なおき）
株式会社ルネサンス代表取締役社長執行役員
2020年逝去

竹下俊一（たけした・しゅんいち）
至学館大学健康科学部教授

武田　文（たけだ・ふみ）
筑波大学体育系教授

田中喜代次（たなか・きよじ）
筑波大学名誉教授

辻　大士（つじ・たいし）
筑波大学体育系助教

角田憲治（つのだ・けんじ）
山口県立大学社会福祉学部准教授

出口順子（でぐち・じゅんこ）
東海学園大学スポーツ健康科学部准教授

中路恭平（なかじ・きょうへい）
南山大学体育教育センター教授

永田秀隆（ながた・ひでたか）
仙台大学大学院スポーツ科学研究科教授

長積　仁（ながづみ・じん）
立命館大学スポーツ健康科学部教授

中西純司（なかにし・じゅんじ）
奥付編著者紹介参照

中　比呂志（なか・ひろし）
京都教育大学理事・副学長

中村祐司（なかむら・ゆうじ）
宇都宮大学地域デザイン科学部教授

浪越一喜（なみこし・いつき）
帝京大学教育学部教授

西崎信男（にしざき・のぶお）
九州産業大学人間科学部教授

西原康行（にしはら・やすゆき）
新潟医療福祉大学健康科学部教授

二宮浩彰（にのみや・ひろあき）
同志社大学スポーツ健康科学部教授

根本みゆき（ねもと・みゆき）
筑波大学附属病院病院講師

野﨑武司（のざき・たけし）
香川大学教育学部教授

橋本純一（はしもと・じゅんいち）
日本ウェルネススポーツ大学教授

馬場宏輝（ばば・ひろき）
帝京平成大学健康医療スポーツ学部准教授

原田尚幸（はらだ・なおゆき）
和光大学現代人間学部教授

藤井和彦（ふじい・かずひこ）
白鷗大学教育学部教授

藤田雅文（ふじた・まさふみ）
鳴門教育大学大学院学校教育研究科特命教授

藤田紀昭（ふじた・もとあき）
日本福祉大学スポーツ科学部教授

藤本淳也（ふじもと・じゅんや）
大阪体育大学体育学部教授

古屋武範（ふるや・たけのり）
フィットネスビジネス編集長

執筆者紹介 （氏名／よみがな／現職）

＊執筆担当は本文末に明記

松岡久美（まつおか・くみ）
香川大学経済学部准教授

松岡宏高（まつおか・ひろたか）
早稲田大学スポーツ科学学術院教授

松永敬子（まつなが・けいこ）
龍谷大学経営学部スポーツサイエンスコース教授

溝口紀子（みぞぐち・のりこ）
日本女子体育大学教授

三田部 勇（みたべ・いさむ）
筑波大学体育系准教授

村田真一（むらた・しんいち）
静岡大学学術院教育学領域准教授

森岡裕策（もりおか・ゆうさく）
公益財団法人日本スポーツ協会専務理事

森 浩寿（もり・ひろひさ）
大東文化大学スポーツ・健康科学部教授

門間貴史（もんま・たかふみ）
筑波大学体育系助教

谷塚 哲（やつか・てつ）
東洋大学法学部助教

柳沢和雄（やなぎさわ・かずお）
奥付編著者紹介参照

山田仁一郎（やまだ・じんいちろう）
京都大学経営管理大学院教授

山本悦史（やまもと・えつし）
新潟医療福祉大学健康科学部助教

行實鉄平（ゆきざね・てっぺい）
久留米大学人間健康学部准教授

横山剛士（よこやま・たけし）
金沢大学人間社会研究域准教授

吉田勝光（よしだ・まさみつ）
桐蔭横浜大学名誉教授

《編著者紹介》

柳沢和雄（やなぎさわ・かずお／1955年生まれ）
　武庫川女子大学健康・スポーツ科学部教授
　『コミュニティ・クラブと社会的ネットワーク』（共著，不昧堂出版，1996年）
　『体育・スポーツ経営学講義』（共著，大修館書店，2002年）
　『テキスト総合型地域スポーツクラブ（増補版）』（共著，大修館書店，2004年）
　『メガ・スポーツイベントの社会学』（共著，南窓社，2006年）
　『総合型地域スポーツクラブの発展と展望—KSCC30年の軌跡』（共編著，不昧堂出版，2008年）
　『スポーツ推進委員ハンドブック』（共編著，（公社）全国スポーツ推進委員連合，2014年）
　『テキスト体育・スポーツ経営学』（編著，大修館書店，2017年）

清水紀宏（しみず・のりひろ／1961年生まれ）
　筑波大学体育系教授
　『体育・スポーツ経営学講義』（共著，大修館書店，2002年）
　『テキスト総合型地域スポーツクラブ（増補版）』（共著，大修館書店，2004年）
　『総合型地域スポーツクラブの発展と展望—KSCC30年の軌跡』（共著，不昧堂出版，2008年）
　『たのしいたいいく』（共編著，大日本図書，2009年）
　『基礎から学ぶスポーツリテラシー』（共著，大修館書店，2013年）
　『運動部活動の理論と実践』（共著，大修館書店，2016年）
　『テキスト体育・スポーツ経営学』（編著，大修館書店，2017年）

中西純司（なかにし・じゅんじ／1963年生まれ）
　立命館大学産業社会学部教授
　『体育・スポーツ経営学講義』（共著，大修館書店，2002年）
　『改訂版　スポーツ経営学』（編著，大修館書店，2006年）
　『子どもの未来を拓け　学校体育』（共著，アイオーエム，2007年）
　『総合型地域スポーツクラブの時代〈第1巻〉部活とクラブとの協働』（共著，創文企画，2007年）
　『健康・スポーツ科学のための調査研究法』（共著，杏林書院，2014年）
　『図とイラストで学ぶ　新しいスポーツマネジメント』（編著，大修館書店，2016年）
　『テキスト体育・スポーツ経営学』（共著，大修館書店，2017年）

やわらかアカデミズム・〈わかる〉シリーズ
よくわかるスポーツマネジメント

| 2017年3月31日 | 初版第1刷発行 | 〈検印省略〉 |
| 2021年11月30日 | 初版第4刷発行 | |

定価はカバーに
表示しています

編 著 者	柳沢和雄
	清水紀宏
	中西純司
発 行 者	杉田啓三
印 刷 者	藤森英夫

発行所　株式会社　ミネルヴァ書房
607-8494　京都市山科区日ノ岡堤谷町1
電話代表（075）581-5191
振替口座 01020-0-8076

ⒸÅ柳沢・清水・中西ほか，2017　　亜細亜印刷・新生製本

ISBN978-4-623-08014-4
Printed in Japan

―――――――――――――――――――――――――――――――
やわらかアカデミズム・〈わかる〉シリーズ
―――――――――――――――――――――――――――――――

よくわかるスポーツマネジメント　柳沢和雄・清水紀宏・中西純司編著　本体 2400円

よくわかるスポーツ倫理学　友添秀則編著　本体 2400円

よくわかるスポーツ文化論［改訂版］　井上俊・菊幸一編著　本体 2500円

よくわかるスポーツ人類学　寒川恒夫編著　本体 2500円

よくわかるスポーツマーケティング　仲澤眞・吉田政幸編著　本体 2400円

よくわかるスポーツとジェンダー　飯田貴子・熊安貴美江・來田享子編著　本体 2500円

よくわかるスポーツ心理学　中込四郎・伊藤豊彦・山本裕二編著　本体 2400円

よくわかる現代経営　「よくわかる現代経営」編集委員会編　本体 2400円

よくわかる経営戦略論　井上善海・佐久間信夫編　本体 2500円

よくわかる組織論　田尾雅夫編著　本体 2800円

よくわかる経営管理　高橋伸夫編著　本体 2800円

よくわかる現代の労務管理　伊藤健市著　本体 2600円

――――――――――― ミネルヴァ書房 ―――――――――――
https://www.minervashobo.co.jp/